教行信証の宗教構造

真宗教義学体系

梯 實圓著

法藏館

序文

宗教の中核をなすものは、信心あるいは悟りと呼ばれる超越的な宗教経験である。しかし勝れた宗教経験は単に個人的な経験に止まらず、個人をこえて生きとし生けるすべてのものと響き合い、世界全体を包摂するような意味を持っている。釈尊の悟りや親鸞聖人の信心は特にそのような性格を顕著に持っていた。それについて例えば、『安楽集』上には、菩提心の徳をたたえて、

もし心を発し仏にならんと欲すれば、この心広大にして法界に遍周せり。この心究竟して等しきこと虚空のごとし。この心長遠にして未来際を尽す。

といわれている。時間・空間を超えて法界（世界）を包むような心を悟りというが、悟りを実現する因である菩提心（信心）の本質は、悟りそのものと同質である。それゆえ菩提心（信心）は個人の心に開きながら一切を包むような意味を持つというのである。

このような信心は、その人の生きる歴史的・社会的な現実のなかに自からをさまざまな形で表現していく。超理性的な信が、自己を理性的な言葉で表出したとき祖師が示されたような教義が成立する。また信心が個人的に、または集団的に身体的動作を伴って表出されるとき宗教儀礼が成立していく。そしてまた同信の行者を中核として、その信心に基づく社会的な集団を形成したとき教団が成立する。

このように教義と儀礼と教団という三者は、一つの信心あるいは悟りの必然的な自己表現であるから、互いに密接な関連を持ち、互いに影響しあいながら現実の世界に展開していくのである。

さて超越的な宗教経験である信心が、言葉によって論理的に表現され、普遍性を持った宗教的世界観として体系化されたものが教義とか教理といわれる。しかしそれはもともと理性をも超えた領域を論理的に表現したものであるから、合理性の枠を超えた領域を常に指示しており、儀礼や教団とも関連する極めて実践的な性格を持ち、人々に目覚めを呼びかけていく伝道の体系でもあった。法然聖人がその信体験を「選択本願の念仏」といい表し、その思想体系を『選択本願念仏集』（『選択集』と略称する）という教義書として開示されたのも、それを伝承した親鸞聖人が、自らの宗教経験に基づく宗教的世界観を、本願力回向の二回向四法の体系として表し『顕浄土真実教行証文類』（『教行証文類』と略称する）を述作されたのも、いずれもその深遠な信心の世界を教義として開顕されたものであった。

それらを見ればわかるように法然聖人や親鸞聖人の教義は、言葉では言い表すことの出来ない不可思議なる信の領域を思議し、言葉化したものだった。法然聖人は、『選択集』本願章で、阿弥陀仏が念仏一行を選取し、それ以外の一切の諸行を選捨された選択の願心を尋ねて、

聖意測りがたし、しかりといへども、いま試みに二義をもってこれを解せば、一つには勝劣の義、二つには難易の義なり。

といい、勝劣・難易の二義をもって念仏選択の仏心を解明しようとされていた。そこには測り難き聖意をはかるという形で選択本願の教義が形成されていることがわかる。だれもが実践できる庶民的な

行である称名念仏は易行ではあるが劣行であり、出家の知者・賢者の行である顕密の諸行は、難行ではあるが勝行であるとみなされてきた従来の行業の価値観を完全に転換して、称名こそ至易にしてしかも最勝の行であると確定されたのであった。このように行業の価値観を転換したということは、実は従来の仏教理解の枠組みを転換したことを意味しており、阿弥陀仏の本願を中心とした全く新しい世界観の成立を告げるものであった。しかも『選択集』は単に客観的に教義を論述するというものではなくて、聖道門を捨てて浄土門に入り、本願に帰して称名一行を専修せよと実践を勧める書であり、読む人に厳しい回心を迫る伝道の書でもあったのである。

同じことが親鸞聖人の『教行証文類』でもいわれる。「信文類」の中核をなす三心釈のなかの法義釈の初めに、「三心が本来一心ならば、なにゆえ本願には三心と誓われたのか」と、本願に三心と誓われたゆえを問うのに答えて、「仏意測りがたし。しかりといへども、ひそかにこの心を推するに……」といい、有名な機無、円成、回施、成一と呼ばれる妙釈を施して、本願力回向の信心のもつ深いいわれを開顕されている。ここにもまた不可思議を思議することによって深遠な教義が誕生していく有様を見ることが出来る。

真に人間を超えた不可思議なるものに触れた人は、自己のはからいを打ち砕かれながら、逆に限りなく思索を促され続けるものである。如来とは完全に思慮分別（虚妄分別）を超えた不可称・不可説・不可思議なるものに名づけた名であるが、それは不可称なるがゆえに無限に称讃し続けられるものであり、不可説なるがゆえに、無限に説き続けられるものであり、不可思議なるがゆえに、無限の思議を信心の行者に促すのであった。不可思議なるものを思議し続ける勝れた教義書には著者の思いをも超えた真実が宿るものである。それゆえ個人を超えた普遍性と、歴史を超えた永遠性を獲得するのである。しかしそのような教義書には完成はないといえるかも知れない。親鸞聖人が五十歳代の初めに書き始められた『教行証文類』を、二十数年の歳月を費やして校正を重ねて一往完成されるが、さらに八十歳を過ぎてもなお加筆し続けられたのはその故であろう。

そのような教義書に呼び覚まされて、聖人と同じ仏道を学ぼうとする学問が教義学である。従って浄土真宗の教義学は、いうまでもなく親鸞聖人の主著である『教行証文類』を始めとする聖人の著述の研究が中心になる。しかし親鸞聖人の教えの宗教構造を正確に理解するためには真宗教義の歴史的展開を考察する教理史の研究と、厳密な聖典学がなければならない。聖人の教義の背景を知るためには仏教の長い歴史的展開を顧みる必要があるが、特に聖人が多くの浄土教徒の中から選定された龍樹菩薩から法然聖人に至る七高僧の伝統を正確にとらえていかなければならない。また聖人の思想形成に関わった同時代の多くの人々との交流や、聖人を取り巻く生活環境・さらに広くいえば歴史的・社会的状況も出来る限り正確に把握しておく必要もある。さらに聖人の法灯を継がれた真仏房・顕智房・唯円房などの直弟子を始め、覚如上人・存覚上人・蓮如上人といった勝れた伝承者の教学的・教団的な営みも正確に学ばねばならない。それぞれがその時代と社会のなかで親鸞聖人の教えを確認されていたからである。

また浄土真宗の信と行の拠り所となる経・論・釈を聖典（聖教）というが、それの文献学的な研究と同時に、聖教をいわゆる聖教量として信順していくことの意義を統合的に研究する聖典学が、教義学には欠かせない重要性を持っている。こうして教理史と聖典学と教義学とが相まって真宗教義学は成立すると考えている。

しかし教義学は単なる聖典の解説に止まってはならないし、論理的整合性だけを求めるものであってはならないであろう。理性を無視するものであってはならないが、理性を正邪の判定者とするような単なる合理的な体系であってはならない。教義書がそうであったように教義学を律するものも信心の智慧なのである。また教義学は、過去の遺産を学ぶだけの学問ではない。仏祖の教えを学ぶことを通して与えられた智慧に導かれながら、私どもが現実に直面している歴史的・社会的なさまざまな問題と呼応し、実践的に応答していくような学問でなければならない。そのためには真宗という宗教が現実の社会、あるいは国家と接して営む教団活動を見据えていく必要がある。教団が果たすべき社会責任が問われるからである。その意味で教義学は教団論を切り離すことは出来ない。さらに真宗信者の行動様式を規定するような意味を持つ独自の儀礼論とも深く関連していく。こうして真宗学とは教理史や聖典学を統合した教義学と、儀礼論、教団論を統合した学問であると私は考えている。

真宗の教義学が真宗学の中で占める位置とその性格について私なりの考えの一端を述べた。それは私がこの書の副題として「真宗教義学体系」という従来あまり用いられなかった名称を用いたからである。もっともこの書では教義学の基礎となる『教行証文類』の教義の綱格について論述するに止まった。それも全体ではなくて、『教行証文類』の中の主要部分である「往・還二種の回向」と「教・

行・信・証」の四法についての論述だけで終わっている。つづいて「真仏土文類」を中心とした親鸞聖人の如来・浄土観や、「化身土文類」に表されている聖人の浄土教批判と仏教観、さらには宗教批判、とくに聖人の神祇観などについて順次考察を進めていきたいと思っている。

なおこの書に収録した論文は、本願寺派の『宗報』の平成四年六月号から、平成九年三月号まで、五十三回にわたって連載した『真宗教義学入門』に加筆し増広したものである。校正の労を煩わせた浄土真宗教学研究所の聖典専門委員・菅野隆一先生と、出版に当たり一方ならぬご尽力を戴いた法蔵館の和田真雄先生に衷心から感謝を捧げる。

平成十三年三月二十日

梯　實圓

教行信証の宗教構造　目次

序文

教行信証の宗教構造

——真宗教義学体系——

第一章　浄土真宗の成立

第一節　浄土真宗の開宗

浄土真宗とは『大無量寿経』に依って立つ教法である。この経に説かれた阿弥陀仏の本願のみ言葉を信じて念仏し、浄土に生まれて生死の迷いを絶ち、愛憎の苦悩を超えていこうとする宗教だからである。この教えを浄土真宗と名づけたのは親鸞聖人（一一七三～一二六二）であった。

親鸞聖人は、その主著『顕浄土真実教行証文類』において、この『大無量寿経』の宗教についての自身の深い領解を体系的に述べていかれるが、その冒頭にこの教法を「浄土真宗」と名づけて次のように言われる。

つつしんで浄土真宗を案ずるに、二種の回向あり。一つには往相、二つには還相なり。往相の回向について真実の教行信証あり。（註釈版聖典、一三五頁）

これから開顕しようとする浄土真宗とは、往相・還相という二種の回向を軸として展開し、教、行、信、証という四法をもって顕わされるような教法であるというのである。

このように親鸞聖人は、自身が聞信している教法を浄土真宗とよばれたわけであるが、聖人はこの教法は恩師法然房源空聖人（一一三三～一二一二）によって開かれたものであるといわれる。『高僧和讃』源空讃に、

智慧光のちからより　本師源空あらはれて

浄土真宗をひらきつつ　選択本願のべたまふ（註釈版聖典、五九五頁）

と讃詠し、「正信偈」の源空章には「真宗の教証、片州に興す。選択本願悪世に弘む」といい、『教行証文類』後序にも「真宗興隆の大祖源空法師」といわれている。すなわち浄土真宗をわが国で開宗されたのは、法然聖人であるというのが、親鸞聖人の一貫した信条であった。

たしかに法然聖人には、浄土宗を立てるという意志もあり、言葉もあり、そのための教義的な釈顕もされていた。『拾遺語灯録』所収の「浄土随聞記」に「我れ浄土宗を立つる元意、凡夫の報土に往生することを顕示せんが為なり」（真聖全四、六九五頁）といい、はっきりと浄土宗を立てると言い切られている。その主著『選択本願念仏集』は浄土宗独立の宣言書でもあったのである。

独自の教義体系を樹立して、新しい一宗を開闢することを立教開宗というが、法然聖人は、『選択集』述作に先立つ八年前（五十八歳）の文治六年（一一九〇）、俊乗房重源の招きをうけて東大寺で「浄土三部経」の講釈をされたときに、すでに立教開宗の宣言を行われていた。それが建久九年の『選択集』において完成するわけであるが、その「二門章」には、宗名の確定、所依の経論の選定、教判論の確立、伝統相承の明示という教義論的な営みを通して「浄土宗」の独立を宣言していかれたのであ

った。そのことについては後に詳述する。

それに引きかえ親鸞聖人には、浄土真宗という一宗を立教開宗するという意志の表明はどこにもされていないし、まして法然聖人の浄土宗のほかに特別に浄土真宗を立てるというような教説も見出すことはできない。むしろ先にのべたように法然聖人が立教開宗された「浄土真宗」を継承するものであるといいつづけておられるのである。

もっとも「浄土真宗」という宗名は、現存する法然聖人の著作や法語のなかには一箇所も見ることができない。したがって「浄土真宗」というのは親鸞聖人が名づけられたものであろう。[1]にもかかわらず浄土真宗は、法然聖人が立教開宗された宗教であるといわれるのは、法然聖人の浄土宗の真実義を開顕すると同時に、浄土宗こそ真実の仏法であるということを顕彰するために、あえて浄土宗を浄土真宗といわれたものと考えられる。

法然聖人の教えほど誤解された宗教はなかった。浄土宗はさまざまな誤解にさらされていたのである。聖人の在世中から滅後にかけて、南都・北嶺の旧仏教側からは悪意に満ちた激しい糾弾をうけ、専修念仏は仏法を破壊する邪道であるとまで非難された。そのために承元元年（建永二年）に起った承元（建永）の法難（一二〇七）をはじめ、元仁元年（貞応三年）の念仏停止（一二二四）、引き続く嘉禄三年の嘉禄の法難（一二二七）など、次々と苛酷な弾圧が加えられたのである。また、当代一流の仏教学者であった解脱上人貞慶（一一五五～一二一三）の『興福寺奏状』、明恵上人高弁（一一七三～一二三二）の『摧邪輪』『摧邪輪荘厳記』をはじめ、著名な学僧たちからは非難の集中攻撃を受けていた。

法然聖人から『選択本願念仏集』を伝授され、その真影（肖像画）の図画まで許されて、浄土宗の将来を托されていた親鸞聖人は、そうした論難に応答し、選択本願念仏の法門こそ、弥陀、釈迦、諸仏の本意にかなった真実の仏法であることを論証しなければならなかった。それが師恩に報い、遺弟としての思想責任をはたすことだったのである。そのために浄土真宗という宗名をたてて、浄土宗の真実義を釈顕していかれたのが、『教行証文類』だった。その後序に、

ひそかにおもんみれば、聖道の諸教は行証久しく廃れ、浄土の真宗は証道いま盛んなり。しかるに諸寺の釈門、教に昏くして真仮の門戸を知らず、洛都の儒林、行に迷ひて邪正の道路を弁ふることなし。（註釈版聖典、四七一頁）

といって承元の法難の顛末をのべ、さらに法然聖人からの法門伝授について詳述されるのは、「浄土の真宗」を開顕することの動機と意義を明らかにされたものであるといえよう。

法然聖人の宗教が、その門弟たちにさえ、善意の誤解をうけていたことは、聖人の在世中からすでに起こっていた一念義と多念義との論争や、反倫理的な造悪無礙（反倫理的な言動を認め助長するもの）の邪義に見ることができる。聖人の滅後には、諸行本願義を主張して、選択本願の宗義の根幹をゆるがすものなどが現れたため、浄土宗義の混乱は、さらに一層深刻さの度合いを深めていったのである。親鸞聖人もその『御消息』のなかに、深い歎きの思いをこめて、

法然聖人の御弟子のなかにも、われはゆゆしき学生などとおもひあひたるひとびとも、この世には、みなやうやうに法文をいひかへて、身もまどひ、ひとをもまどはして、わづらひあうて候ふ

めり。（註釈版聖典、七三八頁）

といわれている。法然聖人から、正しい浄土宗の伝法者として嘱望されていた遺弟の一人として、親鸞聖人は、浄土宗の真実義を顕彰していく責任を強く感じられていた。

『親鸞聖人御消息』第一通によれば、

浄土宗のなかに真あり、仮あり。真といふは選択本願なり、仮といふは定散二善なり。選択本願は浄土真宗なり、定散二善は方便仮門なり。浄土真宗は大乗のなかの至極なり。（註釈版聖典、七三七頁）

といわれている。浄土へ往生することをめざす教法としての浄土宗（広義の浄土宗）のなかには、定善とか散善といった自力の行をもって往生を求める法門（要門）と、そのような自力の行を選びすてて、他力の念仏一行を選び取り、万人の救いの道と選び定めたもうた阿弥陀仏の選択本願を信じ、念仏して往生しようとする法門（弘願）とがある。[2] この選択本願に依って立つ他力の法門こそ仏の本意にかなう真実の教法であるから浄土真宗である。それに対して定散二善をもって往生を求めようとする法門は、仏が自力の執着の強いものを育て導いて、最終的には自力を捨てしめ他力に気づかせるための教育的手段として、暫く仮りに説かれた方便仮門である。さらに広く仏教全体からみても、万人を平等に救って、速やかに仏にならしめる浄土真宗こそ究極の大乗仏教であるといわねばならない。すなわち浄土真宗こそ大乗仏教のなかでも究極の教法であり、最高の仏法であるといわれるのである。

法然聖人が『選択集』で明かそうとされたことは、定散二善を廃して、選択本願の念仏を無二の救済法として確立することにあったのであるから、その浄土宗は浄土真宗であったといわねばならないというのが親鸞聖人の信念であった。

『教行証文類』の「総序」とよばれる序文が終わって「教文類」がはじまる直前に、この書にあらわされる項目が列挙されているが、そのはじめに「大無量寿経 真実之教 浄土真宗」と標挙されている。すなわち『教行証文類』であらわすのは、全体として『大無量寿経』の法義であるが、この経こそ釈尊が、その本意を開顕された「真実の教」であり、そこに説示されている法義が「浄土真宗」であるといわれるのである。同じことが「行文類」の「正信偈」の序文にも見られる。そこには『教行証文類』にあらわされている法義を選択本願の行信・因果に要約し、「これすなはち誓願不可思議一実真如海なり。『大無量寿経』の宗致、他力真宗の正意なり」（註釈版聖典、二〇二頁）といわれている。これによって浄土真宗とは『大無量寿経』の宗教であり、それは、この経の核心（宗致）である選択本願（第十八願）をさしているということがいよいよ明らかになる。『親鸞聖人御消息』に「選択本願は浄土真宗なり」といわれた所以である。

その選択本願に誓われている事柄を「大経和讃」にはさらに要約して、

念仏成仏これ真宗　　万行諸善これ仮門
権実真仮をわかずして　　自然の浄土をえぞしらぬ（註釈版聖典、五六九頁）

と讃嘆されている。浄土真宗とは、如来によって選択され回向された南無阿弥陀仏を往生成仏の因と信受して称えていく念仏成仏の大道をさしていたのである。そこで親鸞聖人は、『大無量寿経』という真実の教によって、南無阿弥陀仏を真実の行と信じて成仏の証果を得しめられていく宗教が浄土真宗であるというので、その内容を教、行、信、証の四法として開示していかれたのであった。

註

（1）浄土真宗という用語を使った最初の人が誰であるかは定かではない。真宗という名称は善導大師（六一三〜六八一）の『観経疏』「散善義」（註釈版聖典七祖篇、五〇一頁）や、法照禅師（?〜八三八頃）の『五会法事讃』（大正蔵四七、四七九頁）ですでに用いられているが、その場合は「仏法」を意味しており、必ずしも「浄土真宗」の意味ではなかった。浄土真宗と同義語として「真宗」という用語を『教行証文類』以前に用いた例としては、幸西大徳（一一六三〜一二四七）の『玄義分抄』（建保六年・一二一八）に「凡頓一乗の真宗」とか「真宗」といわれているし、隆寛律師（一一四八〜一二二七）の『極楽浄土宗義』下（承久二年・一二二〇）に「真実願」を根拠として「真宗」という言葉を使っている。しかしいずれも「浄土真宗」という名称はない。『教行証文類』以後では、信瑞上人（?〜一二七九）の『明義進行集』下に法然聖人の教えを「浄土真宗」と呼んでいる。証空上人（一一七七〜一二四七）の弟子で西山派深草流を開く円空上人立信は、自坊を真宗院といい、その弟子の顕意上人（一二三九〜一三〇四）は『楷定記』にしばしば浄土真宗、真宗の名称を用いている。また顕意上人の著といわれている『竹林鈔』にはしばしば浄土真宗という名称が用いられている。しかし現在、文献的に確かめられるものとしては『教行証文類』が「浄土真宗」の最もはやい使用例であろう。

（2）定善とは、心を静めて、如来・浄土を心に想い浮かべる観察の行で、それによって罪障を除き、心が浄化されるから浄土に往生できるという。散善とは、心は散乱した状態であっても、悪を止めて、善を修行すれば、その功徳によって往生ができるという。『観経』には定善として浄土と如来と菩薩を観想する十三種の観法をあげ、散善として世・戒・行の三福行が説かれている。世福は世間で一般に勧められている善であり、戒福は小乗仏教で勧められている戒律を中心とした善であり、行福は大乗仏教で勧められている自利利他の善をいう。

第二節　親鸞聖人の立教開宗

ともあれ浄土真宗とは、法然聖人によって開宗された宗教であって、聖人こそ真宗興隆の大祖である、わたしは聖人の弟子として、その教えを信奉し、祖述するばかりであると親鸞聖人は自身を位置づけておられた。

しかし、法然聖人の主著『選択本願念仏集』と、親鸞聖人の主著の『教行証文類』とを対照してみると、たしかにその教説の本質的なところは完全に一致しているが、その教義のあらわし方や体系の立て方には大きなへだたりのあることが一見してわかる。

立教開宗とは、仏祖の教えに導かれて、独自の教義体系を樹立し（立教）、新しい一宗を開く（開宗）ことであって、そのような大事をなしとげた人物を後の人は宗祖とたたえるのである。ところで立教開宗を完成するためには、まず宗の名称を定め（宗名）、その教えが依って立つ根拠となる経典や論書を明示し（所依の経論）、その教えが仏教全体のなかで、どのような位置を占めているかを明らかにするために教判を行い（教判）、さらにその教えが、釈尊以来、どのような人々によって伝えられてきたかという伝統（師資相承）を明示しなければならないとされていた。

法然聖人は、すでに述べたように、『選択集』の第一章（「二門章」）において、これらの四項目について独自の見解を示して、浄土宗の立教開宗、すなわち浄土宗の独立宣言を行っていかれたのであった。それに対して親鸞聖人の『教行証文類』には、立教開宗宣言といわれるような形では述べられていない。しかし、よく見ると随所に、上にあげたような四項目についての独自の見解が示されている。すなわち聖人自身には立教開宗をするという意識はなかったであろうが、『教行証文類』を述作された結果として、「浄土真宗」という独自の宗教を開くということが事実として成立していたのである。後世、その教えの流れをくむ私どもが宗祖と仰がずにおれないような偉大な業績を完成されていたのであった。

法然聖人が、選択本願念仏の教えを「往生浄土宗」と名づけて立教開宗されたのは『選択集』の撰述をさかのぼること八年前の文治六年（一一九〇）、東大寺において「浄土三部経」の講釈をされた時からであったということは前述のとおりである。[1]

浄土宗とは、阿弥陀仏の本願を信じ、念仏して、ひたすら浄土に往生することをめざす教えという意味だった。すなわちそれは往生浄土宗の略称で、浄土に往生してさとりの完成をめざすことを教えの本旨としているような宗教であるということをあらわしていた。

法然聖人は、浄土宗という名称は、古くからすでに用いられていたものであるといわれる。しかもそれは愚かな凡夫の救いを本意とし、兼ねては聖者にもその救いを及ぼしていくような、凡夫のための宗教であるとみなされていたということを証明するために、『選択集』「二門章」には、

浄土宗の意、本凡夫のためなり、兼ねては聖人のためなりと。（註釈版聖典七祖篇、一一八五頁）

という新羅の元暁大師（六一七～六八六）の『遊心安楽道』の文を引用されている。(2) ただし元暁大師の文は「浄土の宗意は」と読むべきで「浄土教の核心」ということで、必ずしも宗名として用いたものではなかったと考えられる。浄土宗という宗名をもって聖道門の諸教に対して一宗を独立されたのはあくまでも法然聖人だったのである。

これに対して親鸞聖人は、法然聖人の浄土宗の真実義を顕彰するために、あえて「浄土真宗」という宗名を用いられたということは先にくわしく述べた通りである。ところで、浄土真宗という名称の、特に「真宗」という言葉の依りどころとなったものは、おそらく善導大師の『観経疏』「散善義」に「真宗遇ひがたく、浄土の要逢ひがたし」（註釈版聖典七祖篇、五〇一頁）という文や、法照禅師の『五会法事讃』の「念仏成仏はこれ真宗なり」（大正蔵四七、四七九頁）といわれたものであろう。そのことは「行文類」や「大経和讃」などに引用された文言によって知ることができる。しかし善導大師や法照禅師の場合は、外道の邪宗に対して仏法を「真宗」といわれたものであって、必ずしも浄土真宗を意味していたわけではない。それを浄土宗の意味で用いるのは、隆寛律師や幸西大徳であって、親鸞聖人はその意をついで展開されたのである。ともあれ法然聖人と親鸞聖人とでは、その内実は同じであったとしても、異なった宗名が用いられていたことは明らかである。

仏教のなかにさまざまな宗が分立していくのは中国、日本の仏教の特徴であるが、いずれにせよ仏教であるかぎり、教主釈尊の教説を根本の依りどころとしていることはいうまでもない。宗祖たちは、自身に有縁の経典に依って生死を超える信心（あるいはさとり）を確立し、一宗を開いていかれたのであった。なかには禅宗のように、さとりの体験は師から弟子へと直伝していくのだから、経典に依りどころを求めない（教外別伝・以心伝心）というような宗旨もある。それでも菩提達磨大師が『楞伽経』を伝法のしるしとして二祖慧可禅師に授けたとか、六祖慧能禅師が『金剛般若経』によってさとりを開いたと伝えられており、これらの経典が重視されてきたという歴史がある。

天台宗は、天台法華宗ともいわれるように『法華経』に依って立ち、華厳宗は『華厳経』に、真言宗（東密）は『大日経』『金剛頂経』によって、それぞれ教義体系を立てている。これを経に依って宗を開く（依経開宗）といいならわしてきた。このように経に依って立てられた宗を経宗という。それに対して、特定の経典に依らずに、すべての大乗経典を貫いている空思想を論述する『中論』『百論』『十二門論』に依って立つという三論宗などは論宗とよばれてきた。いずれにせよ、中国や日本で成立した仏教の諸宗は、特定の経典、もしくは経典のこころをインドの論師が釈顕された特定の論に依って、それぞれの宗義（教義）を展開してきたのである。

法然聖人は、阿弥陀仏について説かれた多くの経典のなかから、とくに『無量寿経』（『大経』）二巻、『観無量寿経』（『観経』）一巻、『阿弥陀経』（『小経』）一巻の三部四巻を選び取り、これを「浄土三部経」と名づけて浄土宗の教義の正しき依りどころ（正所依の経典）とされたのであった。ところが親鸞聖人は、「浄土三部経」の中からさらに『大経』のみを選び取って、これを真実教とし、『観経』と『小経』は方便教であると判定し、浄土真宗が正しく依りどころとする経典（正依経）は『大経』のみであるといわれたのであった。浄土真宗とは『大経』の宗教であるといわれるのはその故である。

ところで法然聖人が、浄土宗とは「浄土三部経」を正依の経としており、三部経の教えを浄土宗というとされたとき、その宗義は選択本願念仏をさしていた。そのことは『選択集』の終りに、上来十六章にわたって明かしてきた「浄土三部経」の法義を要約して、八種の選択に集約し、さらにそれを一つにつづめて「三経ともに念仏を選びてもつて宗致となすのみ[3]」といわれたものによって明らかである。ところで念仏一行を万人の往生の行として選び取った根源は、いうまでもなく阿弥陀仏の本願（第十八願）であるが、そのことを詳しく開説された経典は『大経』であるから、「浄土三部経」にのべられた選択本願念仏の根源は『大経』にあったとしなければならない。そこで法然聖人も、三部経の中では『大経』を本とするといわれるのである。「法然聖人御説法事」にそのこころをのべて、

次に双巻無量寿経、浄土三部経の中には、この経を根本とするなり。……しかれば観経、弥陀経にとくところの念仏往生のむねも、乃至余の経の中にとくところも、みなこの経にとけるところの本願を根本とするなり。（『西方指南抄』上末、真聖全四、八五頁）

といわれている。

これによって法然聖人が浄土宗の正依の経典として「浄土三部経」を選び定められたとき、それは選択本願（第十八願）の法義を説く経典とみなしてのことであったことがわかる。したがって法然聖人も『観経』に広く説かれている十三種の定善の観法や、三福九品の散善行などは、未熟な者の要請に随ってしばらく仮りに説き与えた教育的手段としての方便行であり、仏の本意にかなった真実の行は本願の念仏だけであるとみられていたわけである。『選択集』「念仏付属章」にはそのこころを、

随他の前にはしばらく定散の門を開くといへども、随自の後には還りて定散の門を閉づ。一たび開きて以後永く閉ぢざるは、ただこれ念仏の一門なり。弥陀の本願、釈尊の付属、意これにあり。

（註釈版聖典七祖篇、一二七三～一二七四頁）

といわれていた。

親鸞聖人が『観経』を方便教であるといわれたのは、定散二善を顕わに説く経としての『観経』のことであった。しかしこの経には、仏の本意にかなった真実の行としての念仏を、隠されたかたちで説かれているといい、しかもそれは『大経』に説かれている本願の念仏であるから、『大経』の法義とみなすべきだといわれるのである。このように親鸞聖人が『観経』に顕説と隠彰の両面を見られたのは、善導大師や法然聖人の『観経』観を徹底されたものであった。

なお『小経』について法然聖人は、特別の教示はされてない。しかし親鸞聖人は『観経』に准じてみていくと、『小経』の文面に顕わに説かれている、一日七日の念仏によって、臨終の来迎を期待するというのは自力念仏の教説とみられるといわれた。そして本願他力の念仏は、『観経』と同じように隠されたかたちで説かれているといい、『小経』にもまた隠顕の両面を見られたのであった。

こうして親鸞聖人は、法然聖人の三部経観をうけながら、さらに徹底して、『観経』と『小経』の文面に顕説されているところは自力方便の教説であるから、真宗の正依経とはできない。ただ終始一貫、他力真実の仏意を顕示されている『大経』だけが真実教であり、正依経であると論定されたのであった。

註

（1）「立教開宗」という言葉は「大経釈」（古本『漢語灯録』真聖全四、二六二頁）に出ている。なお「往生浄土宗」という言葉は「小経釈」（真聖全四、三八一頁・三八二頁）に出ている。「浄土宗」という言葉は「法然聖人御説法事」（『西方指南抄』上本、真聖全四、五六頁）ではじめて用いられたようである。この「法然聖人御説法事」（古本『漢語灯録』所収の「逆修説法」）は、『選択集』以前の法語と考えられるからである。

（2）『遊心安楽道』（大正蔵四七、一一九頁）は、その内容からみて今日では元暁大師の真撰ではなかろうといわれているが、法然聖人の当時は元暁の真撰と信じられていた。なお「本為凡夫、兼為聖人」の語は、もとは迦才の『浄土論』中（浄全六、六四三頁）に「法蔵比丘の四十八大願は、初めに先づ一切凡夫の為にし、後に始めて兼ねて三乗の聖人の為にす。故に知る浄土の宗意は本と凡夫の為にして兼ねて聖人の為にするなり」といわれていた。

（3）『選択集』（註釈版聖典七祖篇、一二八五頁）。このように「三部経」所説の法義を廃立を通して念仏一行に帰一していく顕わし方を三経の終帰一致門といいならわしている。親鸞聖人も「化身土文類」において三経について隠顕を説き、『観経』と『小経』の隠彰の法義は、『大経』と同じであるとして「三経の真実は、選択本願を宗とす」といわれていた。

第三節　二双四重の教判

立教開宗をするためには教判をおこなって、自宗が仏教のなかで占める位置を明らかにし、また新しい宗を立てねばならない必然性を示さなければならない。

教判とは、教相判釈の略称で、さまざまな経典に示されている教義（教）を、その特色（相）にしたがって分類（判）し、仏教全体を統一的に解釈（釈）していくことである。たとえば、仏教を大乗と小乗に分類するのも一種の教判であるが、教判を盛んに行ったのは中国仏教やそれを承けた日本仏教の特徴であるといわれている。

多くの場合、教判はある特定の経典に説かれている教えを中心にして、そこから全仏教を統一的に解釈するという方法が用いられた。代表的なものとしては、天台宗の智者大師智顗（五三八～五九七）が『法華経』を中心として全仏教を分類統一した五時八教判とか、華厳宗の賢首大師法蔵（六四三～七一二）が『華厳経』を中心におこなった五教十宗判とか、真言宗の開祖弘法大師空海（七七四～八三五）が『大日経』『金剛頂経』を中心に仏教のみならず、すべての宗教を分類統一した十住心判とか顕密二教判などをあげることができる。

さて、法然聖人は、道綽禅師（五六二～六四五）が、自力難行道を聖道門とよび、他力易行道を浄土門といわれたものをうけて、仏教を聖道門と浄土門に分類する聖浄二門の教判を立て、浄土宗を位置づけていかれた。さらに、善導大師が、仏教には速やかに悟りを開くことのできる頓教と、永劫のあいだ修行をつづけなければ悟りを完成できない漸教とがあるといわれたのをうけて、浄土宗はまことの意味における頓教であるともいわれていた。

ところで教判といえば、一般に教理の浅深に関心がそそがれ、教理が深遠であることがすぐれた仏教であるというふうにみられていた。しかし、法然聖人は、教理の浅深よりもその教えがわが身に実践可能なものであるかどうかに焦点をしぼって仏教をみていかれる。

　聖道門の修行は、智慧をきわめて生死をはなれ、浄土門の修行は、愚痴にかへりて、極楽にむまるると(1)。

という法然聖人の法語は、そのことを端的にあらわしている。どんなに深遠な教義論が展開されていたとしても、それが自分自身の救いにならなかったら絵に描いた餅に過ぎない。生死本来空なりと語ってみても、そうなり切る智慧と実践がともなわなければ、現実の生死のまどいを絶つことはできない。教えのとおりになり切れない自身の愚かさに気づくことから浄土教は始まるのである。

　浄土門の本体は、万人を平等に救おうと願いたもうた阿弥陀仏の大悲の本願である。それは愚悪のものをもらさず救うために如来はその勝れた仏徳のすべてを易行の念仏にこめて万人の道として選びとられた。こうして成就された念仏往生の法義は、一切の衆生を善悪・賢愚のへだてなく完全に救うことのできる普遍の法門であって、これこそ諸仏の本意であるというのが法然聖人の聖浄二門判であった。

　さて聖道門は、此の土において生死一如とさとる智慧を開いて、聖者となる教えであるから、此土入聖の法門とよび、浄土門は浄土において証を得る教えであるから、彼土得証の法門といいならわしている。そこには、此の世に生きてあるかぎり煩悩の火を燃やしつづける愚かな凡夫でしかあり得ないという自身への深い断念があった。こうして浄土門とは、教理の浅深を争うよりも、自身の愚悪の現実から決して目をそらさず、かかる身にそそがれる如来の大悲に感応し、み名を称えつつ、人生を浄土への道と領解していく仏教であった。

親鸞聖人は、こうした法然聖人の聖浄二門判を継承しながら、仏教全体をさらに詳細に分類し、体系化していかれた。それが二双四重の教判であり、その帰結としての誓願一仏乗説であった。二双四重の教判を図示すれば、次のようになる。(2)

（二双）　（四重）

- 仏教
  - 竪（聖道門）
    - 竪出（漸教）
      - 小乗──倶舎宗・成実宗
      - 権大乗──法相宗・三論宗
    - 竪超（頓教）──実大乗──華厳宗・天台宗・真言宗・禅宗
  - 横（浄土門）
    - 横出（漸教）
      - 要門──第十九願
      - 真門──第二十願
    - 横超（頓教）──弘願──第十八願──浄土真宗

「竪」とは「たてさま」ということで、自力による成仏を説く聖道門をあらわす言葉であり、「横」とは「よこさま」ということで、他力による往生成仏を説く浄土門をあらわす言葉として用いられている。聖道門というのは、釈尊が制定された、出家者としての正しい生活規範（戒律）を守って身心を浄化し、煩悩をしずめ、精神を統一して（禅定）智慧をみがき、生死を超え悟りを完成するという自力による断証の因果を説く教えであった。それは凡夫が賢者となり、聖者となり仏になるというように次第順序を追って向上していくから、竪（たて）に迷いを超え出ていく法門ということができる。

それはまた人間の理性によってとらえることのできる思議の法門ともいわれる。それに対して、人間の思いはからいを超えた本願他力による救いを説く浄土の教えは、人間の理性的な思議を超えているから不可思議の法門であるともいわれる。それは次第順序を追って向上していくという理性的な連続性を破る理外の理とでもいうべき法門である。それは、凡夫と仏とを竪に見ていくものではなかった。凡夫をそのまま包摂し、煩悩を転じて仏陀たらしめる本願力のはたらきは、横さまに超えるという言葉がふさわしかった。それゆえ自力断証の思議の法門を竪とよぶのに対して、他力救済の不思議の法門を横とよばれたのである。もともと横という言葉は、『大経』に「横截五悪趣(横さまに五悪趣を截る)」といい、「玄義分」に「横超断四流(横さまに四流を超断する)」といわれたものに依っていた。[3] いずれも横とは、順序次第を超えた理外の理をあらわしていた。

『六要鈔』三本(真聖全二、二九三頁)によれば、仏道のなかで自力の修道を竪出とよび、他力による救いを横出と名づけたのは、中国宋代の桐江択瑛法師(一〇四五～一〇九九)であって、親鸞聖人は宗暁大師の『楽邦文類』をとおしてそれを学ばれたといわれている。[4] すなわち横出、竪出という言葉をうけながら、善導大師の「横超」に対して竪超という言葉を立て、横・竪と超・出という四種の概念を組み合わせて二双四重の判目(教判概念)を定立していかれたのであった。

なお『西方指南抄』所収の「浄土宗の大意」(真聖全四、二一九頁)という法語の中に浄土宗を「二超の中には横超也」と位置づけられていた。この法語を解説されたと考えられるものが『親鸞聖人御消息』第一〇通であるが、そこには「二超といふは、一には竪超、二には横超なり。いまこの浄土宗は横超なり。竪超は聖道自力なり」（註釈版聖典、七五七頁）といわれている。これによれば、すでに法然聖人が二超の名目を用いられていたことになり、親鸞聖人はそれを承けられたことがわかる。

「出」というのは、超に対する概念で、永劫にわたる長時の修行によって漸次に生死を出ていく漸教をあらわしており、「超」とは、極めて速やかに生死を超越していく頓教を意味する名目として採用されたものである。

同じ竪の法門（聖道門）のなかでも、倶舎宗とか成実宗などは小乗仏教に属する教えであり、法相宗、三論宗、華厳宗、天台宗、真言宗、禅宗などは大乗仏教である。そのなか倶舎、成実、法相宗などは漸教すなわち竪出に属するし、華厳、天台、真言、禅の諸宗は、一念頓悟（一瞬にして頓かに悟りを開く）、即身成仏（この身のままで仏陀となる）と説くから頓教すなわち竪超に属する。華厳宗や天台宗の立場からいえば、小乗教や法相宗などは、漸教であるばかりか仏になれるものとなれないものがあると説くから、仏が本意をかくして未熟の機に応じて説かれた権仮方便の教えである。真実の仏教は「一切衆生、悉く仏性あり」と説いて、すべてのものが、速やかに仏になることができると教えられた一乗教（唯一絶対の教法）であって、それが華厳宗であり、或は天台宗であるというふうに主張していた。そこで親鸞聖人も彼らの主張にしたがって小乗や法相宗を竪出とよび、聖道門のなかの方便教とし、華厳、天台などを竪超とよび、聖道門のなかの真実教と位置づけられたのであった。

親鸞聖人は、さらに浄土門、横の法門のなかにも漸教と頓教を分け、浄土の漸教を横出とよび方便教と位置づけ、浄土の頓教を横超と名づけ真実教とみていかれた。浄土の漸教すなわち横出とは、自力をもって諸の行を修め、その功徳をもって阿弥陀仏の救いにあずかることができると説かれた法門のことである。浄土へ生まれたいと願いながら、阿弥陀仏の本願他力に気づかず、善行を積まねば救いにあずかれまいという考えにとらわれているものに応じて、自力の諸行による往生や、自力の念仏による往生が『観経』や『小経』には説かれている。前者を要門、後者を真門という。こうした要、真二門の教えは未熟のものを育て導いていく教育的手段であって権仮方便の教えという。往生しても方便化土しか感得できず、最終的には第十八願の真実に帰入しなければならない法門であるから漸教といい、横出と名づけられたのである。

横超とは、第十八願の法門のことである。それは、極悪のものをはじめとして、一切の衆生を平等に救うて涅槃の浄土に生まれしめ、往生と同時に、阿弥陀仏と全く同じ最高のさとりを得しめていく不可思議の本願力を説くから、浄土門のなかの頓教であり、横超とよばれる。それゆえ、「信文類」には、

> 大願清浄の報土には品位階次をいはず。一念須臾のあひだに、すみやかに疾く無上正真道を超証す。ゆゑに横超といふなり。（註釈版聖典、二五四頁）

とたたえられたのである。

親鸞聖人は、この横超の法門を誓願一仏乗といわれた。本願他力のみ教えは、万人を平等に包摂して仏にならしめていく唯一絶対の教法だからである。一切の衆生が本来仏子であり、仏陀となるべき存在であると説き示すのが一乗仏教であるが、聖道門の一乗（竪超）は、理論としては一切衆生、悉

く成仏すると説くが、実際、その難行に堪えて成仏しうるものは、よほどすぐれた能力をもった賢善者に限定される。それも究極の意味における成仏は、永劫の未来を期さねばならないといわれる。その意味で万人を包摂して、速やかに成仏せしめることは事実としては不可能であった。

こうして、真に一乗真実の教えといえるのは、老少、善悪をえらばず包摂して速やかに生死を超えしめ、最高の涅槃のさとりを実現せしめていく横超の法門であるといわねばならない。親鸞聖人は「行文類」の一乗海釈に、

大乗は二乗・三乗あることなし。二乗・三乗は一乗に入らしめんとなり。一乗はすなはち第一義乗なり。ただこれ誓願一仏乗なり。（註釈版聖典、一九五頁）

といわれる。仏陀は、それぞれの機縁にしたがうが故にさまざまな教えを説かれる。しかしその本意は、万人を平等に生死を超脱せしめる一点にあるとすれば、誓願一仏乗のほかに真の仏教はないといわねばならない。他はすべて本願の大道に人びとを導き入れるための教育的手段として説かれたものである。いいかえればすべての教法が、そこから出てそこへ帰着するような一乗真実の法が『大経』に説き示された本願のみ教えであって、それを浄土真宗と名づけて立教開宗していかれたのが親鸞聖人であった。

註

（1）『西方指南抄』下本（真聖全四、二一九頁）、『和語灯録』五（真聖全四、六七七頁）

（2）二双四重をあらわすのに、『愚禿鈔』上（註釈版聖典、五〇一頁）には超・出を二双とし、それに横・竪を組み合

わせて四重とされている。しかし「信文類」（註釈版聖典、二四六頁）の菩提心釈や「化身土文類」（註釈版聖典、三九四頁）などは横・竪を二双とし、それに超・出を組み合わせて四重とされているから、今はそれに依った。聖浄二門判を展開させた教判だからである。

（3）『大経』下（註釈版聖典、五四頁）、「玄義分」（註釈版聖典七祖篇、二九七頁）

なお五悪趣とは迷いの境界を地獄・餓鬼・畜生・人間・天上の五種に分類したものである。四流とは生・老・病・死の四苦とする場合と、欲暴流・有暴流・見暴流・無明暴流という煩悩のこととする説がある。

（4）『楽邦文類』巻四所収の桐江法師択瑛の『弁横竪二出』（大正蔵四七、二一〇頁）には、声聞乗・縁覚乗・菩薩乗の三乗を竪出とし、それに対して、念仏して浄土に生れることを求める法門を横出と呼んでいる。その横出に定散二善ありとし、善導大師によって専雑二修を明かし、千中無一の雑修をさしおいて、百即百生の専修に帰入すべきことを勧めている。

第四節　七祖の相承

立教開宗の要件として、その教法の相承の系譜が明らかにされなければならない。相承とは、教法が師から弟子へと相い承けつがれていくことで、血脈ともいわれている。心臓を出た血液が血管を通って全身を循環し栄養を送るように、釈尊から流れ出た仏法が、師資相い伝えて、インド・中国・日本と流伝して来たところから、師資相承の系譜を血脈とよぶのである。

インドに発祥し、中国、朝鮮半島を経てわが国に伝えられた浄土教は、その長い歴史を通じて、国境と民族を超えて、無数の民衆の生の依り処となり、死の帰依処を与えていったが、また多くのすぐれた高僧を育て、その教法をいよいよ荘厳してきたのであった。とくに中国では、すばらしい発展をとげた。法然聖人はその中国浄土教には、廬山の慧遠（三三四～四一六）の流れをくむ廬山流と、道綽・善導流と、慈愍三蔵慧日（六八〇～七四八）の系統の慈愍流という三つのちがった系譜があるといい、いま浄土宗として独立したのは、道綽・善導流の浄土教であるといわれている。

『選択集』「二門章」には、その道綽・善導流の師資相承を明かすといって、道綽禅師の『安楽集』に示された菩提流支・慧寵・道場・曇鸞・大海・法上の六師相承説と、唐・宋両高僧伝によって自ら構成された菩提流支・曇鸞・道綽・善導・懐感・少康の六師相承説をあげられた。(1) この両説についての取捨はされていないが、道綽・善導両師の名の出ない前説よりも、道綽・善導を中心にして構成された後説の方を取られていたことはいうまでもない。事実『漢語灯録』や『西方指南抄』所収の「五祖伝」によれば、後説の六祖のなかから、菩提流支を省略した五祖をもって、浄土宗の相承の師と定められている。(2) 菩提流支を省いたのは、彼が『浄土論』の翻訳者で、曇鸞大師に浄土の経典をさずけたという伝説があるだけで、浄土願生者であったことを実証できるような著作がなかったからであろう。もっとも『選択集』後述の文によれば、偏えに善導一師に依って浄土宗を立てたと断言されているから、五祖相承といっても聖人にとっては一往の説であって、真の相承は善導一師であったことがわかる。これを「偏依善導」といいならわしている。(3)

法然聖人を無二の師と仰ぎ「親鸞におきては、ただ念仏して弥陀にたすけられまゐらすべしと、よきひとの仰せをかぶりて信ずるほかに別の子細なきなり」[4]（『歎異抄』第二条）といい切られた親鸞聖人は、まさに「偏依法然」といえるような一面があった。しかし、浄土真宗の伝統相承については、師説と異なるかにみえる七祖相承説を展開されている。インドの龍樹菩薩と天親（世親）菩薩、中国の曇鸞大師、道綽禅師、善導大師、日本の源信僧都、法然（源空）聖人の七高僧がそれである。この七祖相承説は「正信念仏偈」と「念仏正信偈」のそれぞれ後半の部分、いわゆる依釈段と、『高僧和讃』にくわしく示されていることは周知のとおりである。

聖人が、このように七高僧を真宗相承の師として選定された理由として、先哲の多くは、①自身が浄土願生者であること、②撰述された聖典があり、③そこに本願力の救いが強調されていることの三点をあげているが、④さらに法門について独自の発揮があることという条件を加える人もいる。たしかに自身が願生者でないような人物は、どれほど浄土教学に精通していたとしても、その所説は信頼に価しないし、著作がなければその信仰や教学を正確に知ることができない。その著作には、阿弥陀仏の本願力の救いが顕されていなければならないが、その顕し方に独自の法門発揮があって、本願の宗教が顕揚されており、浄土教史に劃期的な貢献をされたような方でなければ祖師と仰ぐことができないからである。

龍樹菩薩（一五〇〜二五〇頃）は、『十住毘婆沙論』をあらわして難易二道を示し、天親（世親）菩薩（四〇〇〜四八〇頃）は、『浄土論』において無碍光如来に帰命する一心に五念二利の徳が具わっていることを顕示し、曇鸞大師（四七六〜五四二）は、『往生論註』や『讃阿弥陀仏偈』をあらわして、浄土に往生する往相も、浄土から還り来て人々を救う還相も、すべて本願他力によって成ずることを釈顕されていた。道綽禅師（五六二～六四五）は、『安楽集』において仏教を聖道門と浄土門に分判し、時機相応の教法は浄土の一門であるといい、善導大師（六一三～六八一）は、『観経疏』をはじめとする五部九巻の書をあらわして、中国浄土教を理論的にも実践的にも大成していかれた。とくに称名は、第十八願に往生の行として誓われているから正定業であるといい、愚悪の凡夫も称名すれば本願力に乗じて報土に往生することができるという凡夫入報説を確立された。源信僧都（九四二～一〇一七）は、『往生要集』をあらわして、浄土には専修のものの生まれる報土と、雑修のものの生まれる化土のあることを明かされた。そして、法然聖人（一一三三～一二一二）は、『選択集』を撰述して浄土宗を独立し、選択本願に立脚して念仏一行の専修を強調し、本願を信ずるか疑うかによって迷悟が分かれるという信と疑の決判を顕示された。

七高僧とは、それぞれこのような法門発揮を行って浄土真宗を宣揚された方であると「正信偈」等に述べられている。その「正信偈」の依釈段のはじめには、七高僧の徳を総讃して「印度西天の論家、中夏日域の高僧、大聖興世の正意を顕し、如来の本誓、機に応ぜることを明かす」といわれている。(5) 大聖釈尊の本意は『大経』を説いて弥陀の本願を開示することにあったことを顕し、その本願（第十八願）の法門こそ、濁悪の機にふさわしい真実の救いの道であることを明らかにしていかれたのが七高僧であるといわれるのであって、聖人の七祖選定の想いは、この四句に尽くされているといえよう。

ところで親鸞聖人の七高僧観を子細にみていくと、善導・法然系と、天親・曇鸞系の二種の教系が綜合されていることがわかる。第一の善導・法然系というのは、法然聖人の立場をうけつぐもので、『歎異抄』第二条に、自身の信心の系譜をのべて、弥陀・釈迦二尊についで、善導・法然・親鸞という相承をあげられたものがそれである。[6] すなわち法然聖人の「偏依善導」と、親鸞聖人の「偏依法然」ともいうべき立場を綜合したもので、専修念仏の系譜をあらわしている。それに法然聖人を道綽・善導流の浄土教へ導く機縁となった源信僧都と、曇鸞教学をうけついで、その「往生浄土の法門」を末法の凡夫を救う時機相応の法門として位置づけ、善導大師を育て上げられた道綽禅師を加えると、道綽、善導、源信、法然という専修念仏の相承が成立するのである。

第二の天親・曇鸞系というのは、曇鸞大師の教学を中心として、インドの天親・龍樹二菩薩へとさかのぼる系譜である。法然聖人は『選択集』「二門章」で、浄土宗の所依の経論をあげるとき「浄土三部経」とともに『浄土論』を「正明往生浄土教」と判定し、正依の論とされていた。[7] しかし、不思議なことに『浄土論』の教義について述べられることは全くなかった。ところが親鸞聖人は、『浄土論』を註釈した曇鸞大師の『論註』の釈義をとおして論の幽意をさぐり、『浄土論』は五念二利の行徳をもって、信心が内包している広大無碍の徳義を開顕し、信心が成仏の正因であることを顕示するものであるとして、それが正依の論といわれるゆえんを明らかにされたのであった。

また法然聖人は、龍樹菩薩の『十住毘婆沙論』を『大乗起信論』などと同じく「傍明往生浄土教」と判定して、傍依の論とみなされていた。したがって龍樹菩薩を浄土宗の祖師とはみなされなかったのである。[8] しかし親鸞聖人は『論註』の釈意をうけて、正依の論とし、龍樹菩薩を真宗の第一祖とされたのである。曇鸞大師は『浄土論』を註釈するにあたって、まず論の教格を定めるために『論註』の冒頭に『十住毘婆沙論』を引いて難易二道の分判を行い、往生浄土の道は易行道であるから、『浄土論』も他力易行の道を説くものとみなければならないと断定されている(9)。これは龍樹菩薩が仏道を難行道と易行道に分け、浄土教を易行道として位置づけられたのは、浄土教を領解するための基本的な枠組みを示すものであると大師は見られていたからである。このような大師の釈意に従うならば、浄土教領解の基本的な枠組みを設定された龍樹菩薩は、浄土真宗の初祖と仰ぐにふさわしい方であったといわねばならない。こうして曇鸞大師を中心として、龍樹・天親二菩薩にさかのぼり、インドから中国への浄土真宗の教系が確定していったのである。

この曇鸞大師を中心とした教系と、法然聖人を中心とした教系とを統合することによって、インド、中国、日本と三国を貫いて流伝してきた七高僧の伝法血脈譜が成立したと考えられる。親鸞聖人によれば、この七高僧の教系を一貫しているのはいうまでもなく第十八願の法義であるが、善導・法然系が専修念仏という本願の行信の相状を明らかにするものであるのに対して、天親・曇鸞系の教学は、主としてその行信の徳義を開示するものとみられていたようである。すなわち、法然聖人から伝承した選択本願の念仏は、『論註』の釈義によれば、無明の闇を破り、一切の志願を満たすような徳用をもつ名号が私の口に顕現している大行であり、選択本願を信ずる信心は『浄土論』によれば、如来・浄土の徳にかなった広大無碍の徳義をもつ一心であり、よく成仏の因種となる大信心であることがわかるというのである。そのことを如来回向の大行・大信として開顕されるのが『教行証文類』だったのである。

『教行証文類』は、恩師法然聖人の念仏往生の法義の真実性を、釈尊と祖師たちの釈義をとおして釈顕されたものであるが、すでに述べたように宗名といい、所依の経論といい、教判といい、相承といい、いずれも法然教学を超えるところがあった。のみならずこれから述べるように『教行証文類』にあらわされる本願力回向を主軸とした二回向・四法の教義体系は、他に類例をみないものであり、この書が浄土真宗の立教開宗の根本聖典と尊崇されるにふさわしい内容をもっていた。そして、それが聖人を浄土真宗の宗祖と仰がずにおれないゆえんでもあった。

註

（1）『選択集』「二門章」（註釈版聖典七祖篇、一一九一頁）

（2）『漢語灯録』九（真聖全四、四七七頁）、『西方指南抄』上末（真聖全四、一〇五頁）

（3）『選択集』後述（註釈版聖典七祖篇、一二八六頁）。そこには、この『選択集』が善導大師の説に依って論述している理由を明かして、師の道綽禅師は三昧を発得していないから、その説の信憑性に欠ける所があり、弟子の懐感禅師は三昧発得しているが、師説に背く義が多く見られるから、究極の依り処にはならないとして、偏えに善導一師に依ると論定されている。

（4）『歎異抄』第二条（註釈版聖典、八三二頁）

（5）「正信念仏偈」（註釈版聖典、二〇四頁）。「念仏正信偈」（註釈版聖典、四八六頁）にも同意の文が見られる。

（6）『歎異抄』第二条（註釈版聖典、八三三頁）

（7）『選択集』「二門章」（註釈版聖典七祖篇、一一八七頁）

（8）『選択集』「二門章」（註釈版聖典七祖篇、一一八八頁）

（9）『往生論註』序題（註釈版聖典七祖篇、四七頁）

第二章　『教行証文類』の概要

第一節　顕真実の意義

親鸞聖人の主著は『顕浄土真実教行証文類』と名づけられているように、浄土への往生をめざす浄土宗のなかで、特に真実の教と行と証とを顕わすために、そのことを顕示されている経、論、釈の文を、それぞれの項目ごとに集めた書であった。その内容を標列されたところには、顕真実教、顕真実行、顕真実信、顕真実証、顕真仏土、顕化身土と六項目があげられていて、順次真実なる教と行と信と証と仏土と、そして方便の化身土の法義がそれぞれ顕わされている。

こうしてこの書には真実と方便の法義が開顕されていくが、方便を顕わすのは、真実ならざるものを簡びわけることによって、真実の法義を明確にするためであったから、全体としては「顕真実」の書であった。それゆえ、『顕浄土真実教行証文類』と名づけられたのである。このように真実を方便に対し、真仮対で用いるのは教判論的な意味で真実を顕わされるからである。

ところが親鸞聖人には、真実を無明煩悩（迷い）に対する菩提（さとり）、凡夫に対する仏をあらわす言葉として用いられることがあった。それは虚偽に対して真実を顕わすものであるから、虚実対とか真偽対という。『歎異抄』の後序の、

煩悩具足の凡夫、火宅無常の世界は、よろづのこと、みなもつてそらごとたはごと、まことあることなきに、ただ念仏のみぞまことにておはします。（註釈版聖典、八五三頁）

というご法語などがそれである。

親鸞聖人の生涯は、まさに真実の何たるかを追い求め確認していくことにささげられていたといえよう。「うそ、いつわり」なくしては生きていけない人の世にあって、自らの内にも外にも「うそ、いつわり、へつらい」を許さなかった聖人の人生は、まことに厳しいものがあった。

浄土真宗に帰すれども　　真実の心はありがたし
虚仮不実のわが身にて　　清浄の心もさらになし（註釈版聖典、六一七頁）

「愚禿悲歎述懐」と題された十六首の和讃は、こうした深い痛みをこめた慚愧の言葉ではじまっている。『正像末和讃』の最後におかれていることからみて、それを詠まれたのは八十五、六歳に達しておられたことであろう。その長い人生をただ一すじに真実を見すえて生き、きびしい弾圧にも屈することなく、また権力におもねることも、世間にこびることもなく、自らの信ずる道をひたすら歩みつづけられた親鸞聖人が、自身の内奥をずばりと言い切られたのがこの言葉だったのである。浄土真宗に帰依し、念仏する身ではあるが、わが身は虚仮不実であって、真実清浄な心はかけらほどもないと断言されたこの言葉には、むしろ聖人の真実ということについての透徹した想いが表わされていた

というべきであろう。

聖人が自身のうえに真実を認めることを許されなかったのは、その次の和讃に、

外儀のすがたはひとごとに　賢善精進現ぜしむ
貪瞋邪偽おほきゆゑ　奸詐ももはし身にみてり

悪性さらにやめがたし　こころは蛇蝎のごとくなり
修善も雑毒なるゆゑに　虚仮の行とぞなづけたる

といわれたところに言いつくされている。この二首は、いずれも善導大師の『観経疏』「散善義」の至誠心釈に依られたものであるが、[1]大師の文をかりて自身をふくめた人間の心の内奥を悲歎されたものであった。

人はたとえ外には賢者のように、善人のようにふるまうことはできても、内心にゆれる愛憎の邪念を断つことはできない。うそいつわりにみちた邪悪な性分を改めることができない以上、心は毒蛇、さそりのようである。たとえ善を行じても、我欲がまじっているならば、いつわりの行というほかはないといわれるのである。同じことが『唯信鈔文意』にもいわれている。

われらは善人にもあらず、賢人にもあらず。賢人といふは、かしこくよきひととなり。精進なるこころもなし、懈怠のこころのみにして、うちはむなしく、いつはり、かざり、へつらふこころのみつねにして、まことなるこころなき身なりとしるべしとなり。（註釈版聖典、七一五頁）

そこにはいささかのうそいつわりも許さない自身に対する徹底した厳しさがある。しかし、それは

実は、如来の智慧の光を真っ向からあびているものにだけ見える虚偽であり、また如来の光に包まれているがゆえに自身の虚偽の凝視にたえられるのだともいえよう。如来の教説は、人間が虚構した世界をくまなく照らし出す智慧の光であり、如来の慈悲は、煩悩をかかえたその人間を摂め取って捨てたまわぬ摂取の光明だったのである。

真実は人間のがわにはないといい切ることは、真実とは人間の虚妄分別を超えた無分別智の領域をいい、無分別智を開いて、我執を去り万物一如と達観して万人をへだてなく包摂する如来のはたらきだけが真実であるということをあらわしていた。「信文類」に『涅槃経』を引いて「真実といふはすなはちこれ如来なり。如来はすなはちこれ真実なり」といわれたのはその故であった(2)。

ところで如来だけが真実であるという場合の真実とはどのようなことがらをさしているのであろうか。親鸞聖人はそれを曇鸞大師の『論註』上巻の「真実功徳釈」をとおしてたしかめていかれたようである。それは『浄土論』の「我依修多羅真実功徳相」を釈されたものであった(3)。

真実功徳相とは、二種の功徳あり。一には有漏の心より生じて法性に順ぜず。いはゆる凡夫人天の諸善、人天の果報、もしは因もしは果、みなこれ顚倒、みなこれ虚偽なり。このゆゑに不実の功徳と名づく。二には菩薩の智慧清浄の業より起りて仏事を荘厳す。法性によりて清浄の相に入る。この法顚倒せず、虚偽ならず。名づけて真実功徳となす。いかんが顚倒せざる。法性により て二諦に順ずるがゆゑなり。いかんが虚偽ならざる。衆生を摂して畢竟浄に入らしむるがゆゑなり。(註釈版聖典七祖篇、五六頁)

功徳とは、善なる行為によって将来されるすぐれた性質、性能のことである。あるいは、すぐれた利益をもたらす善なる行為を功徳ということもある。ところでその善なる行為に不実と真実とがあり、したがって功徳にも不実功徳と真実功徳があるというのである。不真実なる善とは、有漏（煩悩）の心から出た善であり、煩悩を助長していくような性質をもった善のことである。それは自己中心的な我欲がまじっているから、善ではあっても煩悩の寂滅した真実の安らぎの境地である涅槃に到ることはできない。せいぜい人間もしくは天上界の楽果を得るに過ぎず、それは無常な果報であるから、いつかはくずれて逆に深い悲哀の渕に沈まねばならない。悪はもちろん善といえども、煩悩がまじっているかぎり、因も果も顚倒虚偽であるといわれるのである。

顚倒とは「さかさま」ということで、西を東と誤認するように、虚なるものを実とおもい、偽なるものを真と誤認していることをいう。本来は自他一如であるのに、虚妄の分別心によって自と他とを截然と分けてへだてをし、自己中心にものを考え行動していくから、愛と憎しみの世界が描き出されてくる。生死も本来は空であって、不生不死であるのに、私どもは生と死を分別して実体視し、生に迷い死におびえている。こうした顚倒の妄分別によって描き出された愛憎、生死の世界を不実の迷界というのである。

それに対して、真実の功徳とは、迷いの根源である虚妄分別を破る無分別智（般若＝智慧）を開いた菩薩が、我欲や憎悪のまじわらない清らかな自利と利他の行いを積みかさね、国土を浄化し、仏徳を完成し、衆生を教化することをいう。そのような真実を具体的に表現したものが本願であった。この本願の因によって完成された国土と仏と聖衆の三種の清浄な果徳を真実功徳という。その因も果も不顛倒であり、不虚偽であるからである。

不顛倒とは、怨親平等・自他一如の実相をさとる無分別智によって愛憎・生死を超越する（第一義諦）とともに、言葉を超えたさとりの領域を適切な言葉で表現して人々に伝達する（世俗諦）仏・菩薩の智慧の活動をいう。真如実相にかなっているからである。不虚偽とは、妄念によって虚構の世界におちいっている衆生をよびさまし、人びとにまことの実りをもたらし、煩悩をはなれた究極の清浄処である浄土へ導き入れる慈悲の活動をいう。

こうして真実とは、智慧をもってまことの世界をさとり、慈悲をもって万人を教化してまことの世界に入れしめ、自他ともにまことを実現する仏・菩薩の智慧と慈悲、自利と利他の実践を意味していた。『大経』は法蔵菩薩の本願と、その成就の相である浄土と仏と聖衆の三種荘厳をもって真実の何たるかをあらわす経典であった。それを『浄土論』には「修多羅（経）の真実功徳相」といわれていたのである。このように真実は、一面においては三種の荘厳であらわされるような浄土となって顕示されていくが、一面では南無阿弥陀仏、帰命尽十方無碍光如来という救いの名のりとなって迷いの世界のすみずみにまでひびき、人びとをよびさましてさとりの世界へと導いていくのである。

親鸞聖人が『一念多念文意』に、

真実功徳と申すは名号なり。一実真如の妙理、円満せるがゆゑに、大宝海にたとへたまふなり。……よろづの衆生をきらはず、さはりなくへだてず、みちびきたまふを、大海の水のへだてなきにたとへたまへるなり。この一如宝海よりかたちをあらはして、法蔵菩薩となのりたまひて、無碍のちかひをおこしたまふをたねとして、阿弥陀仏となりたまふがゆゑに、報身如来と申すなり。

（註釈版聖典、六九〇頁）

といわれたのは、自他一如・怨親平等といわれるような真実の功徳は本願成就の如来となり、本願の名号となって万人をよびさましつづけていることを教えられたものである。『教行証文類』は、その一如真実が、教、行、信、証となって虚仮不実な私のうえに実現してくるありさまを釈顕されたものであり、『歎異抄』の「ただ念仏のみぞまことにておはします」という法語は、真実は念仏となって、私の不毛の人生を実りあるものに転じたまうことを感佩されたものであった。

註

（1）『観経疏』「散善義」（註釈版聖典七祖篇、四五五頁）

（2）「信文類」至心釈（註釈版聖典、二三四頁）

（3）『浄土論』（註釈版聖典七祖篇、二九頁）

※なお『論註』の真実功徳釈の全文が「行文類」（註釈版聖典、一五八頁）に引用されており、また「信文類」（註釈版聖典、二二一頁）には、信心の徳義を不顛倒・不虚偽をもってあらわされているところからみて、聖人の真実観の基本になった釈と考えられる。

第二節　真実と方便

真実を虚妄に対する言葉として用いるときは、仏陀の悟りそのものを意味していた。それは仏陀の智慧と慈悲の活動として構造的にあらわされていたが、その仏陀の真実は、虚妄の衆生を救うための教化活動となって、私どもに働きかけてくる。その仏陀の教化活動のなかに真実と方便があるといわれる。

さきに一言したように、真実を教判論的な意味で見ていくときは、方便に対する言葉になるのである。これを真仮対の真実という。その場合、真実と方便とは、法然聖人が「随他の前には暫く定散の門を開くと雖も、随自の後には還りて定散の門を閉づ。一たび開きて以後永く閉ぢざるは、唯是念仏の一門なり(1)」といわれているように、仏の随自意の説（自らの本意に随って説かれた教法）を真実といい、随他意の説（他の者の意向に随って説かれた教法）を方便というのである。

いいかえれば真実とは、仏陀がその本意をありのままに説き顕わされたものであるから、出世の本懐であるような教法であり、究竟（究極）の仏法ともいうべきものである。それに対して、方便とは、仏陀の真意を理解できない未熟のものを育て導くために、しばらく本心を隠し、相手の理解力に応じて仮りに説かれた過程的な教法を意味していた。そこでこれを権仮方便の教ともいうのである。

このような真実と方便という考え方が、最も顕著にあらわされているのが『法華経』である。その

「方便品」によれば、未熟の機を誘引するために「諸仏は方便力をもって一仏乗に於て、分別して三と説く」といわれている。(2)仏になる道は本来、唯一無二であるが、人びとの理解力に優劣があって、直ちに仏の本意を領解できないものがいるために、相手に応じて声聞乗・縁覚乗といった小乗教や、それに対して菩薩乗とよばれる大乗の法を説かれた。しかし、人びとが仏陀の本意を理解できるようになれば、仏法は唯一無二の成仏道(一乗)のほかにないと開顕されるわけで、『法華経』はそのために説かれたというのである。すなわち仏教にさまざまな教説や修行法が説かれているのは、未熟な者のために、一乗を分けて三乗と説いたからで、三乗は方便説に過ぎない。仏陀の意途がわかってみれば、三乗といっても一乗のほかに別の実体があるわけではなく、真実に存在する究極の仏法は一乗の法門だけであるというのである。これを「方便品」には「十方仏土の中には、唯一乗法のみありて、二もなくまた三もなし」といっている。(3)このような三乗方便・一乗真実というふうに仏教を領解するものを一乗仏教というのである。もっとも法相宗では三乗真実・一乗方便といい、一乗仏教と鋭く対立していた。

方便とは、ウパーヤ(upāya)の訳語で、「近づく」「到達する」などの意味をもった動詞ウパ・イ(upa-√i)をもととする言葉で、「目的に近づき、それに到達するための手段方法」という意味で用いられるといわれている。

ところで仏教では方便という言葉は、いろいろな意味に用いられる。たとえば、慧遠の『大乗義章』の巧方便義には、進趣方便、権巧方便、施造方便、集成方便の四種をあげており、『大乗義章』

二智義にもほぼ同じような釈が見られる。[4] 進趣方便とは、見道以前の行位に七方便という言葉があるように、修行によって果に近づき進み趣くことから修行のことを方便という場合である。施造方便とは、十波羅蜜の中の第七方便波羅蜜のことで、菩薩がとらわれをはなれた智慧をもって利他の手段方法を造作していくことであり、集成方便とは、たとえば一つの事柄には必ず総相（全体）と別相（部分）、同相と異相、成相（生成）と壊相（破壊）といった六つの相が集合して成り立っていくことから、このような諸相の集成を方便というのである。

権巧方便とは、「二智の中の方便等の如し、実に三乗なきも権巧してこれを為す」といっている。二智の中の方便とは、実智に対する方便智（権智）、無分別智（根本智）に対する後得智のことである。また、「実に三乗なきも権巧してこれを為す」というのは、さきにのべた『法華経』「方便品」のような方便をさしていると考えられる。一般には、前者を善巧方便といい、後者を権仮方便といいならわしている。

善巧方便とは、すでにのべたように、自己中心的な虚妄分別を破って、自他一如、生死一如という、万物のあるがままのありようを直覚する無分別智（実智）を開いた仏陀が、生死に迷う人びとのあわれむべきすがたをみそなわし、人びとを真実にめざめさせるために、巧みに教法を説いて教化される大悲の智慧を方便智とか権智というわけである。それは、真実そのものが、巧みな教法となって人びとに近づき、人びとを導いて真実に近づかしめていくわけであるから善巧方便という。

阿弥陀仏を方便法身という場合の方便がそれにあたる。すなわち真如（法性法身）が、迷える衆生を救うために大悲の智慧をもって本願の因果を示現し、阿弥陀仏というすがたをあらわし、南無阿弥陀仏という名号となって人びとに近づき、よびさまし、真如に近づけていくから方便法身というのである。さきに虚妄に対する真実には、不顚倒と不虚偽の二相があるといったが、不顚倒は実智・権智相即の智慧で、法性法身にあたり、不虚偽は権智のはたらきとしての大悲・方便、すなわち方便法身にあたるわけで、権実ともに真実である。

この真実なる方便法身が、みずからの本意である自他一如、万人平等の救いをあるがままに説き示されたものを、真実の教法といい、そのような仏の真意を理解することのできないもののために、相手の理解力に応じて仮りに説き与えられた教法を権仮方便という。未熟な者を育てて、真実の教えに近づけていくための教育的手段として暫く仮りに用いる教えだからである。

権仮方便は「暫用還廃」の教法であるといわれている。未熟なものを教え育てていくために「暫らく用いる」が、真実の仏意を領解できるようになった純熟のもののためには、不要となるから「還って廃す」るというのである。たとえば、一階から二階へ上がるためには階段が必要であるが、二階へ上ってしまえば階段を離れていくようなものである。このように未熟のものに方便の教えを権りに用いることを権用といい、純熟のものに対して、方便を捨てしめ真実に帰せしめることを廃立という。方便の教えを用いることを廃め、真実の教法のみを立てるからである。

ところで親鸞聖人は『教行証文類』に、真とは仮に対し偽に対する言葉であるといわれている。「信文類」の、真仏弟子釈に、同じ仏弟子といっても、真なるものと、仮なるものと、偽なるものがあるといい、真仏弟子とは仮、偽に簡んでいう称讃の詞であるといわれたものがそれである。

真の言は偽に対し仮に対するなり。弟子とは釈迦・諸仏の弟子なり、金剛心の行人なり。この信行によりてかならず大涅槃を超証すべきがゆゑに、真の仏弟子といふ。（中略）仮といふは、すなはちこれ聖道の諸機、浄土の定散の機なり。（中略）偽といふは、すなはち六十二見・九十五種の邪道これなり。（註釈版聖典、二五六〜二六五頁）

第十八願の法義を信受して念仏し、大涅槃の悟りを必ず得ることに決定している金剛心の行者を真の仏弟子という。それに対して、聖道門の教えを実践している自力の修行者や、浄土を願いながらも自力のはからいを捨てきれず、如来の不可思議の救いを信受できないものは仮の仏弟子という。そして、自己中心的な煩悩を肯定し、助長していくような仏教以外の教え（外教）を信じているものを偽なるものというわけである。それはインドでいえばバラモン教や六師外道をはじめ、諸種の外教がそれであり、中国でいえば、儒教や道教であり、日本でいえば神道とよばれるものがそれにあたる。いわゆる良時・吉日をえらび、天神・地祇をあがめ、卜占祭祀をつとめとしているような宗教現象を総称して、邪偽の宗教とされたのであった。なお「偽の仏弟子」という場合は、仏教に帰依していながら、内心は邪偽の宗教を信じているようなものをいう。日の吉凶を信じて卜占をしたり、神々を崇拝している仏教徒を誡めたものである。(5)

こうして仏教からみれば偽なる生き方を教えているとみられる外教（外道）と、仏教に入りながらも、仏陀の真意を領解しえないものを教育していくために設けた権仮方便の教えと、人びとを真の仏弟子たらしめていく真実の教法があるといわれているのである。これによって親鸞聖人は宗教形態を真実と権仮と邪偽の三種に分類されていたことがわかる。

すでに述べたように、『顕浄土真実教行証文類』六巻は、真実の教法を教、行、信、証、真仏土に分けて顕わされる前五巻と、方便と邪偽の教えをあらわす「方便化身土文類」とにわかれていた。それゆえ「顕真実」といわれた場合の真実とは、方便と邪偽の教えに対する言葉であったことがわかる。そしてその真実とは、根源的には如来のさとりそのものであると釈顕する虚実対あるいは真偽対の真実の意味も含まれていたことはいうまでもない。

ともあれ真実の教法とは、如来の本意にかなって説き示されたもので、具体的には『大無量寿経』の法義をさしていた。それは善悪、賢愚のへだてなく、万人を平等に救うて涅槃のさとりを得しめると誓われた第十八願の法門に収約されるが、この法門こそ、自他一如のさとりの真実が、そのまま救いの法として具現しているものであって、それゆえ仏の本意にかなう真実の教法といわれるのである。

しかし、万人が平等に救われ、涅槃の浄土へ生まれしめられるというような教説は、人間の思議を完全に超えている。そのために自己中心的な生き方を肯定し、煩悩を助長するような生き方を教える外教の信者はいうまでもなく、仏教を聞きながらも、悪行をやめて、善行にはげみ、煩悩の心を浄化しなければ、さとりの境地には至れないと信じ、自己の修行能力をたのみにしているものにも、第十八願の仏意は決して領解できない。

そこで先ず邪教に沈んでいるものを教育するために聖道門の教えが説かれ、聖道門から浄土門に誘引するために要門（第十九願）の諸行往生の法門が説き与えられ、さらに諸行から念仏に関心を向けさせるために真門（第二十願）の自力念仏の法門が説かれた。こうして最後に不可思議の仏の救いを疑う自力のはからいを破って弘願（第十八願）の真実へと導き入れていくのが阿弥陀仏の本願の御はからいであり、それをうけた釈尊の教化の始終であると見ていかれたのが親鸞聖人の仏教観であった。しかもそれは、単に学問的な仏教理解からでたものではなくて、聖人自身の求道体験に即して領解された方便と真実、さらにいえば真と仮と偽の体系であった。そのことは聖人の有名な三願転入の表白のうえに読みとることができる。

註

（1）『選択集』「付属章」（註釈版聖典七祖篇、一二七三頁）
（2）『妙法蓮華経』「方便品」（大正蔵九、七頁）
（3）『妙法蓮華経』「方便品」（大正蔵九、八頁）。なお『法華経』の三乗と一乗の関係について、三乗の中の菩薩乗のことを一乗（仏乗）とみる説（三車家）と、三乗の外に一仏乗を立てる説（四車家）とがあり、法相宗や三論宗は前者であり、天台宗や華厳宗は後者である。道綽禅師や善導大師は前者であり、法然聖人や親鸞聖人は後者の立場を採用されていた。
（4）『大乗義章』十五「巧方便義」（大正蔵四四、七六六頁）、『大乗義章』十九「二智義」（大正蔵四四、八四六頁）。
（5）「化身土文類」（註釈版聖典、四二九頁）に「それもろもろの修多羅によつて、真偽を勘決して、外教邪偽の異執を教誡」されたものや、「悲歎述懐」（註釈版聖典、六一八頁）に「かなしきかなや道俗の、良時・吉日えらばしめ、天神・地祇をあがめつつ、卜占祭祀つとめとす」といわれたものがそれである。

第三節　本願の真仮

『教行証文類』六巻のなか、第一の「教文類」から第五の「真仏土文類」までの五巻には真実の法義が、第六の「方便化身土文類」には、方便の法義が顕わされるが、「方便化身土文類」のはじめに、「至心発願の願」「至心回向の願」と標挙されている。前者は、第十九願名であり、後者は第二十願名である。これは以下に論述する方便の法門は、主として第十九願、第二十願に誓われている法義であるということをあらかじめ知らせるためであった。しかも第十九願名の右側には「無量寿仏観経の意」、第二十願名の右には「阿弥陀経の意なり」と、それぞれ書きそえられている。これによって親鸞聖人は、阿弥陀仏の第十九願の法義を釈尊が顕説されたものが『観経』であり、第二十願の法義を顕説されたのが『小経』であるとみられていたことがわかる。

ところで真実の法義をあらわす前五巻をみると、「行文類」には「諸仏称名の願」と第十七願名が、「信文類」の初めには「至心信楽の願」と第十八願名が、「証文類」の初めには「必至滅度の願」と第十一願名が、「真仏土文類」には「光明無量の願、寿命無量の願」と第十二、第十三願名がそれぞれ標挙されている。すなわち真実行は第十七願、真実信は第十八願、真実証は第十一願によって回向された往相の法義であり、真仏と真土は第十二、第十三願によって成就されたものであるといわれるのである。また「証文類」の後半には、第二十二願が還相回向の願としてあげられ、この願によって還相が回向されると示される。なお、「教文類」には願はあげられていないが、真実教はいうまでもなく第十七願の諸仏讃嘆の具現であった。このように願によって、教、行、信、証、真仏、真土といった法義を立てていくことを取願立法（願を取って法を立つ）という。それらがいずれも如来の願によって成就されたものであることをあらわす妙釈であった。

親鸞聖人によれば、五願（第十七・第十八・第十一・第十二・第十三願）六法（教・行・信・証・真仏・真土）の法義は、第十八願の内容を開いて示したものであった。すなわち開けば五願六法と展開するような第十八願の法義を釈尊が開説されたのが『大無量寿経』だったというのである。「正信偈」の序文にはそのこころを、

おほよそ誓願について真実の行信あり、また方便の行信あり。その真実の行の願は、諸仏称名の願（第十七願）なり。その真実の信の願は、至心信楽の願（第十八願）なり。これすなはち選択本願の行信なり。その機はすなはち一切善悪大小凡愚なり。往生はすなはち難思議往生なり。仏土はすなはち報仏・報土なり。これすなはち誓願不可思議一実真如海なり。『大無量寿経』の宗致、他力真宗の正意なり。（註釈版聖典、二〇二頁）

といわれている。阿弥陀仏の四十八願のなかに真実の行信を誓う願と、方便の行信を誓う願とがある。その方便の行信を誓う願が「化身土文類」に明かされる第十九願と第二十願であり、真実の行信を誓うものが第十七願（行）と第十八願（信）であって、これを「選択本願の行信」というといわれている。

ところで『教行証文類』のなかで、選択本願という名目は「信文類」に第十八願名としてあげられているから、真実の行信とは第十八願の称名と信心のことであった。それを第十七、十八両願に開示されたことについては、のちに行信論として詳述するであろう。

ともあれ真実の行信とは第十八願の行と信であり、あらゆる善悪の機が平等に往生成仏する難思議往生とよばれる真実の証果を得る因であった。その証果を開く場所は、真仏のいます真実報土である。それは第十八願に「若し生れずは正覚を取らじ」という誓いに報いて実現した往生正覚一体の往生であり、正覚、すなわち真仏真土であった。こうして行信のみならず、証果も仏土もすべて第十八願によって成就したものであった。それをあえて行は第十七願、信は第十八願、証は第十一願によって回向され、真仏真土は、第十二、第十三願によって成就するといわれたのは、第十八願の内容をくわしく示すと同時に、真宗の法義はすべて第十八願一つに収約することを顕わすためであった。

ともあれ開けば五願六法という衆生の往生成仏の因果となって展開する第十八願の法義は、自他一如、生仏不二の真如実相の顕現した真実の法であって、『大無量寿経』の中に説き示されたこの法を他力真宗の正意とするといわれるのである。

『教行証文類』において、真実と方便を対望されるときは、このような五願六法を内におさめている真実願である第十八願をもって、方便願である第十九、第二十願と相対させてある。これを三願対望の法相というのである。なぜならば、真実と方便は、もともと如来が選び取られた法義と、選び捨てられた法義とを対望してそれぞれの意義を明らかにする選択本願論として成立することがらだったからである。

親鸞聖人は、第十八願の法義を弘願、第十九願の法義を要門、第二十願の法義を真門と名づけられる。その用語そのものは善導大師のうえに見られるが、それを三願それぞれの法義をあらわす名目として用いられたのは親鸞聖人であった。そもそも阿弥陀仏の四十八願のなかに真実の願と方便の願とを分判するということは、親鸞聖人がはじめて明確にされた法義だったのである。三願はつぎのように誓われている。

たとひわれ仏を得たらんに、十方の衆生、至心に信楽して、わが国に生ぜんと欲ひて、乃至十念せん。もし生ぜずは、正覚を取らじ。ただ五逆と誹謗正法とをば除く。（第十八願）

たとひわれ仏を得たらんに、十方の衆生、菩提心を発し、もろもろの功徳を修して、至心に発願してわが国に生ぜんと欲せん。寿終るときに臨んで、たとひ大衆と囲繞してその人の前に現ぜずは、正覚を取らじ。（第十九願）

たとひわれ仏を得たらんに、十方の衆生、わが名号を聞きて、念をわが国に係け、もろもろの徳本を植ゑて、至心に回向してわが国に生ぜんと欲せん。果遂せずは、正覚を取らじ。（第二十願）

この三願を、それぞれ各別の往生の因を誓った生因願であるとみていかれたのは親鸞聖人であった。法然聖人は、必ずしもそうではなかった。第十八願は一切の自力の諸行を選び捨てて、称名念仏一行を万人の往生の行と選び取られた念仏往生の願であるが、四十八願はこの一願に帰するといわれている。そして第十九願は、第十八願の念仏行者の臨終の利益（来迎引接）を誓われた願とみなして独立した往生の因行を誓ったものとはみられなかったようである。(1) もっとも第十九願は、自力諸行の機を誘引して第十八願に引き入れる役割をはたしているともいわれていて、(2) この考え方を徹底されたのが親鸞聖人であった。なお、第二十願についてはほとんど説かれていないが、わずかに三生果遂を誓う願とみる説を採用されていたようである。(3) 三生果遂とは、今生に念仏していても、来生に往生ができないような場合、その次の生(第三の生)で往生を果遂させるということである。したがって、その念仏は、第十八願の誓意にかなった正定業としての念仏ではなく、不如実の自力念仏とみられていたと推定される。のちに親鸞聖人が第二十願を自力念仏往生を誓うと見られるヒントになったものといえよう。

さて第十八、第十九、第二十の三願を文面どおりにみれば、いずれも十方の衆生に対して往生の因となる行と信とを明らかに示されている。第十八願には「至心に信楽して我が国に生れんと欲え」という他力の信心と、「乃至十念(すなわち十念に至るまで)せよ」という他力の行が誓われており、第十九願には、「菩提心を発して諸の功徳を修す」る自力の行と「至心に発願して我が国に生れんと欲え」という自力の信心が、第二十願には「我が名号を聞きて諸の徳本を植え」る自力念仏の行と「至心に回向して我が国に生れんと欲え」という自力の信心が、それぞれ往生の因法として誓われている。そして、その因に応じてそれぞれに往生の果を得しめると誓願されているところからみて、三願ともに各別の往生の因果を誓った生因願であるとみなければならない。

法然聖人の滅後まもなく、天台宗の学僧だった出雲路の住心上人(一一五八~一二三二)は、第十九願によって諸行本願義を提唱した。第十八願に念仏往生が誓われているように、第十九願には諸行往生が誓われている。したがって、法然のいうように四十八願は諸行を廃して、念仏のみを往生の行とされているわけではないとして、選択本願念仏説を、その根底からくつがえすような説を立てたのであった。

法然門下の学僧であった覚明房長西上人（一一八四～一二六六）は、法然滅後、住心上人について学んだこともあって、第二十願による諸行本願義を立てた。第二十願に「諸の徳本を植えよ」といわれたのは、功徳をつくり出すもとである諸行をすすめられたものであるとして、第十八願は念仏往生、第二十願は諸行往生をそれぞれ誓った生因願であるとしている。第十九願は、第十八願の念仏の行者と、第二十願の諸行の行者の臨終に、それぞれの行業の優劣に応じて来迎し、いずれも報土へ往生させることを誓った来迎引接の願いであると主張されていた(4)。もっとも報土往生といっても、親鸞聖人のいわれるような、往生すると同時に成仏する無上涅槃の境界へ生まれるのではなく、菩薩の階位でいえば十信位の処不退の益を受ける程度の浄土往生を想定していたようである。いずれにせよ諸行本願義は、法然聖人が確立された選択廃立の基盤をゆり動かし、法然教学を根底から切りくずす恐れのある思想であった。

親鸞聖人の真仮三願の教説は、こうした法然浄土教が直面していた教学的危機を見事に救うものだったのである。すなわち三願はいずれも往生の因を誓った生因願であるが、そこには真実と方便のちがいがある。第十九願に誓われた諸行往生の法門も、第二十願に誓われた自力念仏往生の法門も、本来は第十八願において選捨された自力の行業である。しかし自力の執着の強いものを育てて仏の本意である第十八願の他力不思議の法門に誘引する方便として、しばらく用いるために誓われたものである。したがって機根が熟して、第十八願、他力不思議の法義が受け取れるようになれば、諸行も、自力念仏もことごとく廃捨されて、第十八願の他力念仏往生の法門一つが絶対の真実として輝いていくといわれたのであった。

註

(1)『三部経大意』(真聖全四、七八六頁)
(2)『西方指南抄』中本(真聖全四、一三三頁)。隆寛律師が、第十九願を諸行の機を第十八願に誘引する願とみなし、自身を第十九願によって救われたものといわれていたことが、信瑞の『広疑瑞決集』(『国文東方仏教叢書』第二輯、第一巻、二八頁)に伝えられている。
(3)『西方指南抄』中本(真聖全四、一三一頁)
(4)『念仏本願義』(浄全八、四五〇頁)

第四節　自力と他力

阿弥陀仏の本願のなかに真実と方便を分判し、「浄土三部経」にも真実教と方便教があるといわれた親鸞聖人は、そのように真仮を分判しなければならないのは「真仮を知らざるによりて、如来広大の恩徳を迷失す[1]」るからであるといわれる。逆にいえば、真仮を分判することによって、はじめて如来の救いの真相が明らかになるというのであった。すなわち真仮論は、聖人の救済論の根幹にかかわることがらだったのである。

真仮論とは、浄土教を、さらに広くいえば仏教を、二つのタイプの救済観に分けることでもあった。第一は、自業自得の因果論に立った論功行賞的な救済観であり、第二は、大悲の必然として救いが恵まれるとする自然法爾的な救済観であって、それは医療行為に似た救済観であった。

自業自得の因果論に立脚した救済観というのは「誡疑讃」に、

自力諸善のひとはみな　　仏智の不思議をうたがへば
自業自得の道理にて　　七宝の獄にぞいりにける（註釈版聖典、六一一頁）

といわれているような、自力の行信因果をもって救済を考えていく思想をいう。それは浄土教というよりも、むしろ仏教に一般的に共通した思考形態であったといえよう。

有名な七仏通誡の偈とよばれる詩句がある。

諸悪莫作　　諸の悪は作すこと莫れ
衆（諸）善奉行　　衆（諸）の善は奉んで行え
自浄其意　　自らその意を浄くする
是諸仏教　　これ諸仏の教えなり[2]

というのである。悪を廃して善を行じ、無明煩悩を断じて、自心を浄化し、安らかな涅槃の境地に至ることを教えるのが、すべての仏陀の教えであるというのである。このように廃悪修善によって涅槃の果徳を実現しようとする自業自得の修道の因果論が、七仏通誡といわれるように、仏教理解の基本的な枠組みであった。このような自業自得の因果論の延長線上に浄土教の救済を見るのが第一の立場であった。

法然聖人を論難した『興福寺奏状』の第六「浄土に暗き失」によれば、諸行往生を認めない法然は『観経』等の浄土経典や、曇鸞、道綽、善導にも背く妄説をもって人々を誤るものであるといってている。すなわち『観経』には、三福九品の諸行による凡聖の往生が説かれているが、彼等が往生するとき、仏はその先世の徳行の高下に応じて上々から下々に至る九品の階級を授けられているが、それが自業自得の道理の必然だからである。たとえば帝王が、天に代って官を授くるのに賢愚の品に随い、功績に応ずるようなものである。しかるに専修のものは、下々の悪人が、上々の賢善者と倶に生ずるように主張しているが、「偏へに仏力を憑みて、涯分を測らざる愚痴の過」を犯していると非難している。(3) これは明らかに自業自得、廃悪修善の因果論をもって、法然教学を批判しているもので、『興福寺奏状』の起草者、解脱上人貞慶からみれば法然聖人の浄土教は、仏教の基本的な枠をはみ出した異端でしかなかった。

たしかに『観経』の九品段には、上々から下々に至るまで、因果を対望して九品の優劣が示されている。臨終に来迎された仏は、行者に対して「法子、なんぢ大乗を行じ第一義を解る。このゆゑに、われいま来りてなんぢを迎接す(4)」というふうに、一々生前の業績を評価し、業績に応じて来迎相、果相が説かれているから、まさに論功行賞的に九品の階級が示されているわけである。もちろん実際には、一人一人の行業のちがいに応じて無数の来迎相、果相が立つから「真仏土文類」には「まことに仮の仏土の業因千差なれば、土もまた千差なるべし。これを方便化身・化土と名づく[5]」といわれたのであった。

もっとも方便化土といえども、第十九願、第二十願に酬報した報土であって、凡夫の行力だけでは往生できない。必ず第十九願力、第二十願力という仏力の加被を得なければならないのであって、その仏力のあらわれの一つが臨終来迎であった。こうして自業自得の因果を信じて三福諸善を行じたことを因として浄土を願生すれば、如来はその功績に応じて臨終に来迎し、行業の優劣に応じて九品の果徳を与えていくというのが、『観経』に顕説されている救済論であった。

さて『観経』に説かれている諸種の行業を、善導大師は定善と散善に分類された[6]。定善とは「息慮凝心」と定義されているように、心を散らさず一点に凝集させる禅定のことで、浄土、如来の徳相を観想する十三種の行として説かれているものがそれである。散善とは、散り乱れた心のままに「廃悪修善」することで、世間の善行である世福、小乗的な戒律を主とした戒福、大乗仏教で勧進されるさまざまな自利利他の行福、あわせて三福の行を散善といい、それを九種類の行者に分けて広説したのが九品段であった。『観経』は、定善、散善という説き方で、世俗の善までも含めて一切の善行を網羅しているのである。

鎮西義の弁阿上人やその弟子の良忠上人、それに諸行本願義の長西上人などは、称名は第十八願の行であるから勝易の二徳を具し、余行よりも勝れてはいるが、散心をもって廃悪修善する大乗の行であるから散善中の行福の一つであると位置づけておられる。その意味では自力の行には違いない。しかし本願の行であるから、強力な本願力が増上縁として加わり、往生せしめられるといわれていた。

それに対して親鸞聖人や西山義の証空上人などは、選択本願の念仏は非定非散の他力行であるといわれた。とくに親鸞聖人は、廃悪修善の心、すなわち定散心をもって行ずる念仏は、自力のはからいによって本願の大悲を見失い、本願力回向の行を、自力回向の行と誤解するという重大な過ちを犯しているといわれた。そしてこのような定散の諸行を要門、第十九願位、自力念仏を真門、第二十願位の仮門の行と判定されたのであった。

そして弘願、第十八願の念仏は、廃悪修善の意味をもたない非定非散の行信であり、非行非善の真実行であるといわれるのであるが(7)、そのような行信論の背景にあるのが、大悲の必然としての救済観であった。

なお自業自得の因果を信ずることを、聖人は『大経』にしたがって「罪福を信ずる」ともいわれている。善悪の行為によって苦楽の果を生ずると信ずるからである。

親鸞聖人は、万人の救済を願い立たれた仏心を『正像末和讃』に、

如来の作願をたづぬれば　苦悩の有情をすてずして
回向を首としたまひて　大悲心をば成就せり（註釈版聖典、六〇六頁）

と讃詠されている。大悲とは、すべての有情の苦悩を共感し、わがこととして、それを除こうと願う

心である。また大慈とは、すべての悩めるものに真実の安らぎ（涅槃の楽）を与えようと願う心であった。このように有情の苦を抜いて、真実の安楽を与えようとする大慈大悲は、自他一如、怨親平等とさとる真実の智慧の自然の展開であった。『観経』に「仏心とは大慈悲これなり」[8]といわれているように、浄土教とは大智の顕現であるような大悲の活動に、如来の如来たる所以を見ようとするものであった。

大悲をもって苦悩の衆生と連帯していく如来は、衆生の要請を待たず、自発的に救いの法を成就して衆生に回向し、救済を達成していかれる。そのすがたを聖人は『正像末和讃』に、

　南無阿弥陀仏の回向の　恩徳広大不思議にて
　往相回向の利益には　還相回向に回入せり（註釈版聖典、六〇九頁）

と讃詠されている。如来は悲智の徳のすべてを名号にこめて十方の衆生に回向される。それはむしろ、如来はみ名となって衆生のうえに顕現していくというべきであろう。そのみ名は真実の教となり、行となり、信となり、証となって衆生の往相を成就し、また還相をあらしめていくというのである。

こうした大悲の必然としての救済活動は、医療行為に似ている。治療は、患者に功績があるから行うのではない。病苦があるから行うのである。薬は褒賞として与えられるものではなく、病苦に共感する医師自らの悲心にうながされて投薬するのである。それゆえ病苦が重ければ重いほど、医者は患者に緊密にかかわっていく。「信文類」には、『涅槃経』「梵行品」によって、七子をもつ母の心は平等に七子の上にそそがれているが、病子があればその子の上に「偏へに重く」かかわっていくといわ

れている。(9) そして、

ここをもって、いま大聖の真説によるに、難化の三機、難治の三病は、大悲の弘誓を憑み、利他の信海に帰すれば、これを矜哀して治す、これを憐憫して療したまふ。たとへば醍醐の妙薬の、一切の病を療するがごとし。(註釈版聖典、二九五頁)

といい、大悲の必然としての救済を医療に喩えられたゆえんである。このような救済論は、必然的に悪人正機説になっていくことも了解できよう。聖人はこのような救済活動をまた自然(自から然らしめる)とよび、人間のはからいを超えた真実そのものの必然として、本願を信ぜしめ、念仏せしめ、往生せしめたまうとみていかれた。『親鸞聖人御消息』「自然法爾章」に、

自然といふは、もとよりしからしむるといふことばなり。弥陀仏の御ちかひの、もとより行者のはからひにあらずして、南無阿弥陀仏とたのませたまひて迎へんと、はからはせたまひたるによりて、行者のよからんとも、あしからんともおもはぬを、自然とは申すぞとききて候ふ。(註釈版聖典、七六八頁)

人間の善悪によって救いの有無が決まるのではない。南無阿弥陀仏をたのませ、迎えようとはからいたまう願力の自然のはたらきによって決まるのである。われらは、わたくしのはからいをまじえず、如来の不可思議の御はからいに身をゆだねて、おおせのままに念仏していくとき、是非、善悪を超えて、すべてをあるがままに包摂し、安住の処を得しめたまう不可思議の領域を信知せしめられる。

こうした如来の自然の救いの前に九品の差別のあるはずがない。「信文類」には、

大願清浄の報土には品位階次をいはず。一念須臾のあひだに、すみやかに疾く無上正真道を超証す。（註釈版聖典、二五四頁）

といい、九品の階位といった分別的な限定を完全に超えた無上涅槃に至るといわれたゆえんである。自業自得の因果を信じて廃悪修善を行う主体はどこまでも行者であったが、願力自然の領域にあっては、行も信も主体は如来であり本願力であった。それは自業自得の因果を内に包みながらも超越した超因果の世界の開けであった。廃悪修善を超えた非定非散の行信が私のうえに現成すれば、非行非善の念仏が生死を貫いて導きの光となっていく。それを如来回向の行信というのである。

註

（1）「真仏土文類」（註釈版聖典、三七二頁）
（2）『出曜経』（大正蔵四、七四一頁）、『法華玄義』二上（大正蔵三三、六九五頁）その他
（3）『興福寺奏状』（岩波日本思想大系一五、三七頁）
（4）『観経』上中品（註釈版聖典、一〇九頁）
（5）「真仏土文類」（註釈版聖典、三七二頁）
（6）『観経疏』「玄義分」（註釈版聖典七祖篇、三〇一頁）
（7）「信文類」（註釈版聖典、二四五頁）、『親鸞聖人御消息』（註釈版聖典、八〇七頁）、『歎異抄』（註釈版聖典、八三六頁）
（8）『観経』真身観（註釈版聖典、一〇二頁）
（9）「信文類」（註釈版聖典、二七九頁）、『涅槃経』「梵行品」（北本、大正蔵一二、四八一頁）

第五節　末法特留の教

親鸞聖人は、その主著の名称を『顕浄土真実教行証文類』と名づけられた。「浄土に往生することをめざす教えのなかで、とくに真実なる教と行と証のいわれを顕わすために、それぞれの項目ごとに経、論、釈の文を類聚した書」ということであった。

古来、「題は一部の総標」といわれるように、その書物が伝達しようとする法義のすべてを要約するような題をつけるのが通例であった。この書は、のちにくわしく述べるように、真実の教である『大無量寿経』によって（教）、南無阿弥陀仏（本願の名号）が往生成仏の大行であると（行）、疑いなく信受すれば（信）、涅槃の浄土（真仏土）に生まれ、生死を超えて仏陀としての悟りを完成せしめられる（証）という法義を顕わすものであった。それゆえその内容は、「教文類」「行文類」「信文類」「証文類」「真仏土文類」の順序で明かされる。さらに、そのような真実の教えに人びとを導くための教育的手段として設けられた権仮方便の法門を明らかにするために、「化身土文類」が最後に説示されていた。

この教、行、信、証、真仏土、方便化身土のなかで、真実の救いの因果を顕わす教、行、信、証は特に重要であるから、古来この書は『教行信証文類』とか、『教行信証』という略称でよばれてきた。しかし、聖人自身ははじめに述べたように『顕浄土真実教行証文類』と「教行証」の三法をもって題号とされているし、聖人の直弟子たちも、略称するときは『教行証』とか『教行証文類』と三法題でよんでいた。『教行信証文類』と四法題でよぶのは、覚如上人のころからのようである。[1]

「教行証」と三法をもってよぶ場合、信は行に摂められているのであって、決して信を欠落させているのではない。真実の行といえば、必ず信心を内に具しているわけで、真実の信心のない称名は自力の念仏であって真実行とはいえないからである。このように三法で題をつけたときは、行の中に信を摂め、行によって往生成仏の証果をうるという、念仏成仏の法門を顕わすものであった。「行文類」に『選択集』を引用したあと、上来の引文を結んで「大小の聖人、重軽の悪人、みな同じく斉しく選択の大宝海に帰して念仏成仏すべし[2]」とすすめ、「大経和讃」に「念仏成仏これ真宗、万行諸善これ仮門[3]」とうたわれる立場がそれである。あるいはまた、『歎異抄』に「親鸞におきてはただ念仏して弥陀にたすけられまゐらすべしと、よきひとの仰せをかぶりて信ずるほかに別の子細なきなり[4]」とおおせられたように、法然聖人から直伝せられた念仏往生の伝統をうけて、南無阿弥陀仏という所信の行法の真実性と絶対性を開顕する釈相であった。

それに対して行より信を別開して、教行信証と四法をあらわす場合は、信と証を直接させて、本願の名号を信受する信心が往生成仏の真因であるという信心正因の法理を釈顕するものであった。「信文類」に「涅槃の真因はただ信心をもってす[5]」といわれたのは、その意を端的に示されたものである。のちに述べるように、教行証の三法門は、仏教で一般的に用いられる名目であったが、教行信証と四法をもって法義を顕わすのは親鸞聖人の独自の領解を示すもので、いわゆる聖人の御己証の法門であった。

ところが聖人は、この書の題号をあえて一般的な教法の顕わし方である「教行証」という三法題を選ばれたのには重大な意味が秘められていた。それは先哲もすでに指摘されているように、聖道の三法に対して浄土真宗の三法を顕わすためであった。すなわち聖道の法門は正法、像法、末法と時代がくだるにつれて、証が失われ、行が失われ、ついには教までも滅亡する法滅のときがくるといわれているが、如来よりたまわった本願力回向の教行証は、時代の流れにかかわりなく、万人を平等に救いつづける不滅の法門であるということを顕示するために、あえて教行証という名目を用いられたというのである。

仏道とは、釈尊のみ教えにしたがって、さとりに至る行を実践し、無明、煩悩を断ち切って涅槃の証果を開くことであるから、教行証という三法をもって顕わされてきた。ところが法相宗の祖、慈恩大師基（六三二～六八二）の作という『大乗法苑義林章』六によれば、仏教は仏滅後、時を経るにしたがって順次衰退していく。教行証が具足している時期を正法というが、やがて修行をしても、行力が劣ってくるので証りを得られなくなる時がくる。それを像法（正法に似ている）という。さらに行さえもなくなって、ただ教のみが残っている時代を末法といっている。[6] 修行の基礎になる戒律が乱れるために、行が次第に形骸化してきて、ついに仏道が有名無実のものになっていくというのである。

このように仏教の衰退状況を正法、像法、末法と区別することを正像末の三時という。その年代についてはいろいろな説があるが、正法五百年、像法千年、末法一万年とする説と、正法千年、像法千年、末法一万年とする説がいちばん広く行われていた。道綽禅師の『安楽集』や、慈恩大師の『金剛般若論会釈』は正五、像千、末万説をとっておられた。(8)その年代の基準になる仏陀入滅の年についても種々の異説があるが、中国や日本で広く採用されていたのは、仏滅年代を中国の年代でいえば周の穆王五十三年壬申（紀元前九四九）とする法上説と、周の匡王班四年壬子（紀元前六〇九）とする費長房説であった。(9)もちろん両説とも、今日の仏滅年代説からみれば、問題はあるが、ともかくこのような説を基準として正法、像法、末法を決めていったのであった。

法然聖人は、『選択集』の第一「二門章」において、道綽禅師が『安楽集』に末法思想に立って、聖道門を廃して、浄土門を立てられたのをうけて、浄土宗の独立を宣言していかれたことは、すでに述べた。道綽禅師によれば、自力聖道の法門は、その法理は深遠であるが、理解力の微弱な凡夫にはとうてい受容できないし、何よりも大聖釈尊の時代から遠くはなれた末法の時代に生きる凡夫には、もはや救いの道としての効力を失っているといい、末法濁世の凡夫の救われる教法は、ただ浄土の一門のみであるといわれていた。法然聖人は、その教えに導かれて聖道門を捨てて浄土門に帰し、浄土宗を開いていかれたのであった。もっとも法然聖人は、三時の年代区分は必ずしも道綽禅師によらず、当時の天台宗の多くの人びとが信奉していた正像各千年説をとっておられる。「法然聖人御説法事」に、

釈尊の遺法に三時の差別あり、正法、像法、末法なり。その正法一千年のあひだ、教、行、証三

ともに具足せり、教のごとく行ずるにしたがふて証えたり。像法一千年のあひだは、教、行はあれども証なし、教にしたがふて行ずといえども、悉地をうることなし。末法万年のあひだは、教のみあて行、証なし。（『西方指南抄』上末、真聖全四、一一四頁）

といわれているものがそれである。おそらくこれは聖人の戒師であった皇円阿闍梨の『扶桑略記』にでてくる永承七年（一〇五二）入末法説を用いられたものであろう。それは仏滅を周の穆王五十三年壬申とし、三時の区分を正法千年、像法千年、末法万年とするものであった。[10]親鸞聖人は、この法然聖人の説を依用されることもあったが、主として用いられたのは、仏滅年代を穆王五十三年壬申とし、時代区分は正五像千末万説を採用されていた。[11]

ところで法然聖人の十三回忌にあたる貞応三年（元仁元年・一二二四）、延暦寺の大衆が、専修念仏者を、仏法を破り、国土を乱す不呈の輩として朝廷に敵奏し、それによって、念仏停止が宣下されるという事件が起る。その奏状を『延暦寺大衆解』（あるいは『延暦寺奏状』）とよぶ。六ケ条にわたる専修念仏批判の第四条に、「諸教の修行を捨てて、弥陀念仏を専念する、広行流布の時節、未だ至らざる事」という一条がある。[12]専修念仏者は、今日は末法であるからもはや釈尊に帰依しても何の験もなく、余教はすでに滅し、弥陀念仏以外に信ずべき法はないと主張しているが、それは大きな誤りであるというのであった。天台大師の『浄名経疏』などによれば、釈尊の入滅は周の荘王他の時代（紀元前六八五～六七〇在位）であって、二千年に満ちていないから、まだ末法ではなく、まして法滅の時ではない。たとえ末法であっても五千年中は修行すれば証果を得るという説もあるから、念仏以外に出離の道なしというのは許すべからざる謗法の罪であるといっている。
親鸞聖人が「化身土文類」に、今は末法に入って六百八十三年（実は六百七十三年）になるということを算定されるときの基準年の元仁元年は、まさにこの『延暦寺奏状』によって念仏停止が宣下された年だったのである。聖人は引きつづいて日本天台の宗祖、伝教大師最澄の『末法灯明記』のほとんどを引用し、末法になれば、破戒どころか無戒の比丘ばかりとなり、行も証もなくなってしまうということを大師の言葉をもって証明していかれたのであった。『教行証文類』の後序に、
ひそかにおもんみれば、聖道の諸教は行証久しく廃れ、浄土の真宗は証道いま盛んなり。しかるに諸寺の釈門、教に昏くして真仮の門戸を知らず、洛都の儒林、行に迷ひて邪正の道路を弁ふることなし。（註釈版聖典、四七一頁）
といわれている。さきには『興福寺奏状』を上奏して、法然一門を弾圧し、いままた『延暦寺奏状』をもって念仏停止を強行する、南都北嶺の諸寺の釈門や、京都の官僚たちの背法違義のありさまを厳しく弾劾されたものである。このような厳しい言葉の背景にあるのが、末法になっても少しも衰えることなく万人を救いつづける不滅の法門、本願力回向の教行証に対する敬信であり、それを釈顕することこそ『教行証文類』撰述の動機の一つだったのである。

註

（1）真仏上人の『経釈文聞書』（真宗史料集成第一巻、五九七頁）には「親鸞聖人曰教行証言」といい、また顕智上人の『聞書』（真宗史料集成第一巻、六一五頁）にも「教行証六云」と三法題で呼んでいる。覚如上人の著といわれて

いる『教行信証大意』（註釈版聖典、九四九頁）、『最要鈔』（真聖全三、五一頁）、存覚上人の『嘆徳文』（註釈版聖典、一〇七八頁）等は「教行信証」と四法題で呼んでいる。

（2）「行文類」（註釈版聖典、一八六頁）
（3）「大経和讃」（註釈版聖典、五六九頁）
（4）『歎異抄』第二条（註釈版聖典、八三二頁）
（5）「信文類」（註釈版聖典、二三九頁）
（6）『大乗法苑義林章』六之本（大正蔵四五、三四四頁）
（7）『安楽集』下（註釈版聖典七祖篇、二七一頁）
（8）『金剛般若論会釈』（大正蔵四〇、七三六頁）
（9）『末法灯明記』（「化身土文類」、註釈版聖典、四二〇頁引用）
（10）『扶桑略記』永承七年（一〇五二）正月の条（新訂国大一二、二九二頁）に「今年始めて末法に入る」と記されていることは有名である。これは正像各千年説に依っている。
（11）「化身土文類」（註釈版聖典、四一七頁）。親鸞聖人が、正像各千年説に依っておられるものは『皇太子聖徳奉讃』（定本親鸞聖人全集二、和讃篇二四一頁）に太子の出生を「像法五百余歳」とされていることによって知られる。『高僧和讃』（註釈版聖典、五九九頁）に聖徳太子の出生年代を、敏達天皇元年、仏滅後一千五百二十一年とされているから、像法に入って五百二十一年目とみられていたことになり、正法千年説に立って「聖徳奉讃」が書かれていることがわかるのである。
（12）『延暦寺奏状』（『鎌倉遺文』巻五、二七一頁）

第六節　本願力回向

「教文類」のはじめに、これからあらわそうとする浄土真宗の教義の綱要を示して、

つつしんで浄土真宗を案ずるに、二種の回向あり。一つには往相、二つには還相なり。往相の回向について真実の教行信証あり。（註釈版聖典、一三五頁）

といわれている。浄土真宗とは、本願力回向の二つの相である往相・還相と、その往相としての回向せられた教・行・信・証という四法を基本として成立している教法であるというのである。『教行証文類』は、その往相の四法を主として釈顕されていく聖教であった。

ところで、『教行証文類』の広博な法義を一巻に要約された『浄土文類聚鈔』によれば、

しかるに本願力の回向に二種の相あり。一つには往相、二つには還相なり。往相について大行あり、また浄信あり。（註釈版聖典、四七八頁）

といわれている。『教行証文類』では、浄土真宗に二種の回向があるといい、ここでは本願力回向に二種の相があるといわれるのであるから、浄土真宗と、本願力回向とは、宗名と宗義のちがいはあるが、内容的には同じものであることがわかる。すなわち浄土真宗とは、本願力回向とよばれる法義を軸として展開していく教法の名称だったのである。法然聖人の浄土宗が、選択本願という一語に集約できるとすれば、親鸞聖人の浄土真宗は、本願力回向という一句に摂め尽すことができる。すなわち

法然聖人の選択本願の宗義を、本願力回向という法義をもって開顕したのが、『教行証文類』であって、これによって親鸞聖人は浄土真宗の宗祖となっていかれたといえよう。

本願力回向という言葉は、天親菩薩の『浄土論』で用いられていた。浄土に往生した菩薩は、因行である五念門に対応して五功徳門を成就していくが、その第五園林遊戯地門を釈して、

出第五門とは、大慈悲をもつて一切苦悩の衆生を観察して、応化身を示して、生死の園、煩悩の林のなかに回入して遊戯し、神通をもつて教化地に至る。本願力の回向をもつてのゆゑなり。

（註釈版聖典七祖篇、四二頁）

といわれているのがそれである。しかし、この場合の本願力とは、浄土を願生する菩薩が、浄土へ往生したならば、穢国に還来して衆生を教化しようと誓願し、往生したのちその願にしたがって、還相して利他回向をすることを意味していた。つまりその本願とは願生行者の本願であった。これに対して、親鸞聖人が「本願力回向」といわれたときの本願は、法蔵菩薩の本願であり、その願いを永劫の修行によって完成し、願いのとおりに一切の衆生を自在に救済される阿弥陀仏の救済力を本願力というのである。回向とは、その本願力のはたらきをより具体的に示す言葉であって、阿弥陀仏は、その大智大悲の徳のすべてを南無阿弥陀仏というみ名にこめて万人に施し与えて救うていかれることをいう。それが一切衆生のうえにあらわれていくすがたが教、行、信、証という往生浄土の相（往相）であり、真実の証果の必然のはたらきとして、穢国に還来して衆生を教化する還相であるといわれるのである。

ところで本願力回向といわれた本願は、阿弥陀仏の本願ではあるが、それはただ漠然と四十八願全体を意味するのではなくて、真実の教、行、信、証という往相を回向し、さらに還相を回向していく本願のことである。すなわち開けば第十一、第十二、第十三、第十七、第十八、第二十二願となって展開するが、合すれば一つの第十八願に収約されるような六願総称の第十八願をさしていたと考えられる。その第十八願と真実六願（第二十二願の還相を、第十一願の証果の内容とみる場合は、第二十二願を省略して真実五願という）とがどのような関係にあるかをみておこう。

まず第十八願は、

たとひわれ仏を得たらんに、十方の衆生、至心に信楽して、わが国に生ぜんと欲ひて、乃至十念（すなわち十念に至るまで）せん。もし生れずは、正覚を取らじ。ただ五逆と誹謗正法とをば除く。[1]

と誓われている。「たといわたしが仏陀になり得たとしても、十方世界のすべての衆生が、わたしの真実なる誓願を疑いなく信じ、わが国（浄土）へ生まれることができるとおもうて、わずか十遍なりともわたしの名を称えているのに、もしわたしの国に生まれることができないようならば、わたくしは仏陀にはなるまい。ただし五逆罪をつくり、仏法を誹謗しているようなものは除く」というのである。

この第十八願のなか、「もし生ぜずは、正覚を取らじ」までは救いを誓われているから摂取門といい、五逆と誹謗法のものは除くといわれたものはこの二種の重罪のものは救いから除くと抑え止められているから抑止門という。聖人は抑止の仏意は、この二罪を造ったものを回心させるための巧みな方便であるといわれるが、そのくわしいことは章を改めて述べる。摂取門のなかで「十方の衆生」というのは、広く救済の対象を示されたもので、十方世界の生けとし生けるすべてのものを救いのめあてとし、すべてのものに大悲の願いがかけられていることをあらわしている。

「至心に信楽して我が国に生ぜんと欲へ」とは、この真実なる救いの誓願をはからいなく受けいれ、おおせのままに浄土へ生まれようとおもえと信心を命じられたものであり、「乃至十念(すなわち十念に至るまで)せよ」とは、仏のみ名を称念する行を命じられたものである。こうして「わが真実なる誓願を信じ、わが国に生まれることができるとおもうて、念仏せよ」と浄土へ往生していく信と行が選び定められているのである。

そして、この信と行が決定往生の因であることを知らせるために「もし生ぜずは、正覚を取らじ」と誓約し、必ず浄土へ生まれさせるとその証果を示されたのである。ことに、もし、本願を信じ、念仏するものを、浄土へ往生させることができないようならば「正覚を取るまい」と誓うことによって、如来の正覚が、衆生の往生を保証するという徹底した救済者であろうとされていることがわかる。曇鸞大師が阿弥陀仏は、真如実相をさとりきわめた実相身(正覚者)であると同時に、その正覚の全体が衆生(物)救済のための仏身であるという意味で為物身であるといわれたのはそのゆえである。(2) そのことを往生正覚一体の正覚といいならわしてきた。

ともあれ第十八願には、信心と称名行と往生の証果という往生の因果(往相)と、それをあらしめる阿弥陀仏の正覚の成就が誓われている。ところが親鸞聖人は、「乃至十念」の称名は、第十七願においても十方の諸仏に説かしめようと誓われた名号そのものの顕現であるとみて、行を第十七願位であらわし、「至心信楽欲生」は、その名号のいわれである本願のみことばをはからいなく聞受している信心であるとされた。この行信の果を第十八願には「若不生者」と誓われているが、それが涅槃のさとりであることを知らせるものが、第十一願の「必ず滅度に至らしめる」という証果の誓いであるといい、その証果の必然的展開として第二十二願の大悲還相が誓われていると見られたのであった。また第十八願の「不取正覚」の正覚の成就を誓うものが、第十二、第十三願の光明無量、寿命無量の誓願であり、これによって真仏と真土が成就せしめられると釈顕されたのである。こうして第十八願の法義内容をくわしく別開して誓ったのが第十七願（教と行）、第十八願（信）、第十一願（証）、第二十二願（還相）、第十二、第十三願（真仏と真土）の六願七法であるとして、本願力によって回向成就される二回向四法という浄土真宗の教義体系を樹立していかれたのである。

さて本願力の力とは「力用（はたらき）」のことで、ものを動かす作用のことである。すなわち本願に誓われたとおりに、十方の衆生をして本願を信ぜしめ、行ぜしめ、浄土へ往生せしめていくはたらきを本願力というのである。一般には本願を信ずることと、念仏することは衆生のなすべき仕事であり、信じ行ずる衆生を救うて浄土へ生まれさせるのが如来の仕事であってそれを本願力というとみなされていた。そのために念仏はしているが、救われるかどうか確定しないという不安がつきまとい、臨終の正念を祈り、臨終の来迎を強調するようになっていった。

それに対して親鸞聖人は、『大経』の教説に遇うことも、念仏することも本願力のはたらきのたまものであると受けとっていかれた。わたしを念仏の衆生たらしめた本願力が、わたしを浄土へ生まれさせていくのである。はじめに本願力があるのである。本願を聞くものはすでに本願力のなかにあり、念仏するものは、すでに如来の御はからいに包まれていることを信知せよというのである。『観経』に「念仏の衆生を摂取して捨てたまわず」と説かれている。それはわたしを念仏の衆生に育てあげて救いとろうと願いたたれた本願力のはたらきを、自らの念仏のうえに信知するとき、自身がすでに如来の救いのはたらきに包まれ、摂取されていることを確認するのである。『教行証文類』の総序には「たまたま行信を獲ば、遠く宿縁を慶べ」（註釈版聖典、一三二頁）といわれている。「行信を獲る」とは、南無（信）阿弥陀仏（行）を得ることであり、具体的には本願を信じ念仏の行者になることである。念仏の行者とは、わたしを念仏の行者たらしめている本願力の不思議を信知し、感動しているもののことである。真実に背いて煩悩の泥沼に埋没しているわたしが、仏を念ずる身になったということは、わたしを念仏の行者たらしめて、真実にめざめさせようと久遠劫来願いつづけ、育てつづけたもうた如来の本願力が、いまわたしを念仏の行者たらしめることによって実を結んでいるのであると、遠い宿世の縁に思いをはせることである。

そこに念仏する身にならしめられていることの不思議を慶ぶという世界が開けてくる。本願力はいまわたしのうえに念仏の声となってひびきわたり、信心の智慧となってわたしを涅槃の浄土へと導きつづけているのである。

註

（1）『無量寿経』（註釈版聖典、一八頁、ただし訓読は著者が行った）

（2）『論註』下（註釈版聖典七祖篇、一〇三頁）

第七節　回向義の伝統

中国、隋代の高僧、浄影寺慧遠法師（五二三～五九二）の『大乗義章』の回向義によれば、回向とは「おのが善根を廻らして、趣き向う所あり、故に回向となづく」と定義している。そしてその趣向するところにしたがって菩提回向、衆生回向、実際回向という三種の回向を挙げている(1)。

菩提とは、一切種智とよばれる仏陀の完全な智慧のことであるから、菩提回向とは、あらゆる修行によって獲得した行徳を、世俗の名利を求める資糧としないで、ひたすらさとりの智慧の完成に向かっていくことをいう。いわゆる自利の成就をめざすことである。つぎの衆生回向とは、迷える衆生を深く憐れみ念じて、自己の行徳を衆生に施し与えて、彼等の仏道の助縁としていくことで、利他の完成をめざすことである。実際回向の実際とは、空無為のことで、有為無常をはなれて真実なる無為法性にかなっていこうとすることを実際回向というのである。要するに智慧をもって自利の徳を完成し、慈悲をもって利他をおこない、無為涅槃にかなっていこうとすることを回向というのであるから、仏道体系の全体をおおうほどの広い意味をもっていたことがわかる。

ところで親鸞聖人が本願力回向の宗義を完成するにあたって、最も大きな影響を受けられたのは天親菩薩の『浄土論』と、その註釈書である曇鸞大師の『論註』であった。『論註』下の「善巧摂化章」に『浄土論』の巧方便回向の回向についてつぎのように註釈されている。

おほよそ「回向」の名義を釈せば、いはく、おのが集むるところの一切の功徳をもつて一切衆生に施与して、ともに仏道に向かふなり。（註釈版聖典七祖篇、一四四頁）

すなわち三種回向のなかでは衆生回向の意味にあたる。巧方便回向とは、五念門のなかの第五の回向門のことで、巧みな方法で衆生を教化していくことだったからである。五念門とは、礼拝、讃嘆、作願、観察、回向の五種の念仏行のことである。そのなか前の四念門が作願、観察という止観を中心にした自利の行であるのに対して、第五の回向門は、その前四念の行によって獲得した自利の徳を、一切衆生に回向し、ともに仏道を完成しようとする利他行のことであった。

『論註』下の「起観生信章」によれば、その回向の行相には往相回向、還相回向という二種があるといわれる。すなわち『浄土論』に、

いかんが回向する。一切苦悩の衆生を捨てずして、心につねに願を作し、回向を首となす。大悲心を成就することを得んとするがゆゑなり。（註釈版聖典七祖篇、三三頁）

といわれた回向について、

「回向」に二種の相あり。一には往相、二には還相なり。「往相」とは、おのが功徳をもつて一切衆生に回施して、ともにかの阿弥陀如来の安楽浄土に往生せんと作願するなり。「還相」とは、

かの土に生じをはりて、奢摩他・毘婆舎那を得、方便力成就すれば、生死の稠林に回入して一切衆生を教化して、ともに仏道に向かふなり。もしは往、もしは還、みな衆生を抜きて生死海を渡せんがためなり。このゆゑに「回向を首となす。大悲心を成就することを得んとするがゆゑなり」といへり。（註釈版聖典七祖篇、一〇七～一〇八頁）

といわれている。

これによれば往相の回向とは、浄土を願生するものが、大悲心をおこして、おのれが修行して得た前四念門の自利の徳を、苦悩する一切衆生に回向して、自他ともに安楽国へ往生しようと願うことである。往生しつつおこなう利他回向であるから往相回向というのである。還相回向とは、浄土に往生して、止観の行を成就し、真如を悟る智慧を得て蓮華蔵世界に至った菩薩が、方便力を完成して、一切の苦悩の衆生を救うために生死海に還り来り、神通力をもって衆生を自在に教化して仏道に入らしめることをいう。穢国に還来して利他回向を行ずるから還相回向というのである。この還相回向は『浄土論』に、五念門によって得る果徳を近門、大会衆門、宅門、屋門、園林遊戯地門という五功徳門として開説されているなかの第五園林遊戯地門のことであった(2)。

こうして『浄土論』や『論註』では、回向を利他回向すなわち利他教化のこととみなし、それをさらに往相回向、還相回向の二種に開いて示されたのは、願生行者の利他教化のありさまを現生と当来にわけてつまびらかにするためであった。すなわち浄土願生者には、浄土へ向かっていく道中において利他教化をおこなう往相回向と、浄土に往生して方便力を成就したうえで、大悲心をもって生死海に還来して利他教化する還相回向とがあり、いずれも大悲心の発露であるが、後者は前者の完成態であった。

ところが曇鸞大師は『論註』の最後に至って有名な覈求其本釈を施された。それは、五念門という自利利他の行は、その根源は阿弥陀仏の本願力を増上縁（すぐれた縁）としてはじめて完成するものであって、凡夫の自力によって成就するものではないということで、それを証明するために、いわゆる他利利他の深義を開顕し、三願的証をおこなっていかれたのであった。『浄土論』の最後に「速やかに阿耨多羅三藐三菩提を成就することを得るゆゑなり」といわれた「速得」の理由をたずねて、

『論』に「五門の行を修して、自利利他成就するをもつてのゆゑなり」といへり。しかるに覈に其の本を求むるに、阿弥陀如来を増上縁となす。他利と利他と、談ずるに左右あり。もし仏よりしていはば、よろしく利他といふべし。衆生よりしていはば、よろしく他利といふべし。いままさに仏力を談ぜんとす。このゆゑに「利他」をもつてこれをいふ。まさにこの意を知るべし。おほよそこれかの浄土に生ずると、およびかの菩薩・人・天の所起の諸行とは、みな阿弥陀如来の本願力によるがゆゑなり。なにをもつてこれをいふとなれば、もし仏力にあらずは、四十八願すなわちこれ徒設ならん。いま的らかに三願を取りて、もつて義の意を証せん。（註釈版聖典七祖篇、一五五頁）

といい、第十八願、第十一願、第二十二願を引証されたものがそれである。

いまこれについて詳説するいとまはないが、はじめの他利利他の釈というのは、『浄土論』の最後

に「菩薩はかくのごとく五門の行を修して自利利他す。速やかに阿耨多羅三藐三菩提を成就することを得るゆゑなり(3)」といわれた文章の「自利利他」の「利他」の語に着眼した極めて特異な釈のことである。すなわち如来の救済を、衆生からいえば「他利（他が利す）」というべきであり、如来のがわからいえば、「利他（他を利す）」というべきである。しかるに「利他」といわれているのは、如来の救いのはたらきを如来のがわから表わしているというべきであるというのである。

この一見奇妙にみえる利他の釈義によって『浄土論』では、願生行者が、五念門を修行して自利利他の行徳を積んで浄土へ往生すると説かれているようにみえるが、実は五念門は、阿弥陀如来の本願力という利他力（他力）によって成就せしめられるものだということをあきらかにされたのである。もっとも、そのことをこの「他利利他」の釈のうえに鋭く見ぬかれたのは親鸞聖人だけであって、聖人はこれを「他利利他の深義」といわれている。

さて曇鸞大師は、さらに言葉をつづけて、われわれが浄土へ往生することも、また浄土へ生まれた人びとが速やかに自利利他を完成して成仏するのも、すべて阿弥陀如来の本願力のしからしむるところである。もし本願力によらないのならば、如来の四十八願は、無意味な存在になってしまうといい、浄土へ往生する因である十念念仏（五念門＝称名）は第十八願によって成就せしめられ、浄土に往生して正定聚に住し、必ず滅度に至ることを得るのは、第十一願により、正定聚（初地）に住したものが速やかに一生補処（等覚）に至るのは、第二十二願によってそれぞれ成就せしめられると、三願をあげて証明していかれた。これを三願的証とよんでいる。これらの三願を験証することによって、衆生の往生の因も果も、すべてが如来の本願力によって成就せしめられるということが的確に証明せられるからである。

『浄土論』や『論註』にあらわされている五念門の行は、凡夫の行というよりも、あきらかに大菩薩の行相であった。蓮華蔵世界といわれるような如来のさとりの境界である安楽浄土へ往生して、真如法性を証得するためには、法蔵菩薩がなされたような清浄真実な自利利他の行徳がなされなければならないということを『浄土論』の五念門の教説は教えているのである。しかしそれは、すべてのものが法蔵菩薩のように修行せよといわれているのではなかろう。もしそうであるならば、凡夫に往生の望みは絶たれるし、なによりも凡夫を救おうとして法蔵菩薩が四十八願を発されたことの意味がなくなる。したがって、『浄土論』の五念二利の行は、浄土を願生するものが、往生して蓮華蔵世界を感得するためには、ぜひとも具えておかねばならない行徳を示されたものであると同時に、それは実は法蔵菩薩が大悲をもって、すでに成就され、本願力をもって十方の衆生に与えられている名号の内実を教えられたものであるとみなければならないと領解されたのが親鸞聖人であった。

聖人によれば、法蔵菩薩は、煩悩具足の凡夫に往生成仏の因を与えようとして五念自利利他を行じ、それによって完成された智慧と慈悲と方便の徳を妙楽勝真心という一心に凝集し、南無阿弥陀仏の名号として十方の衆生に回向せられている。わたしどもはその名号をはからいなく信受する一念即時に、五念二利の行徳を身に宿され、仏になるべき因が満足せしめられる。これを「願力成就を五念と名づく」[4]ともいわれたのである。すなわち本願の名号を領受した信心は、五念二利の徳を円かにそなえた妙楽勝真心（煩悩の寂滅した涅槃の大楽を感得することのできる最も勝れた真実の心）でもあるから、よく成仏の因となるといわれたのである。

こうして、『浄土論』や『論註』では、回向とは行者がなす利他行であり、往相、還相の回向も、その主体は願生行者とされていた。それを親鸞聖人は、覈求其本釈の教示に呼びさまされて、利他回向の主体を転換し、真実の意味における利他回向は、阿弥陀仏が本願力をもっておこなわれる救済活動であって、具体的には南無阿弥陀仏として実現しているとみられたのであった。『正像末和讃』に、

南無阿弥陀仏の回向の　恩徳広大不思議にて
往相回向の利益には　還相回向に回入せり（註釈版聖典、六〇九頁）

と讃仰されたゆえんである。

註

（1）『大乗義章』（大正蔵四四、六三六頁）
（2）『論註』下（註釈版聖典七祖篇、一五〇頁）
（3）『浄土論』（註釈版聖典七祖篇、四二頁）
（4）『入出二門偈』（註釈版聖典、五四八頁）。『大経』（註釈版聖典、二七頁）には法蔵菩薩は「みづから六波羅蜜を行じ、人を教へて行ぜしむ」といわれている。一般の菩薩道であった。それに対して『浄土論』には阿弥陀仏と、その浄土を対象として実践する浄土願生の菩薩の二利行として五念門が明かされており、その中心は作願（止）観察（観）の行であった。一見してそれは高度な菩薩行であった。しかし曇鸞大師は龍樹菩薩の「易行品」によって浄土教は易行道を明かす法門であるとし、五念門も阿弥陀仏の本願力という利他力（他力）を増上縁として成就する他力

の行であるから「易行道」であると位置づけていかれたのであった。そして一面では止観中心の二利行という立場を強調しながら、その完成は浄土において顕現する宅門、屋門であるとし、此土の五念門の中では第二讃嘆門に明かされた称名を重視し、下下品の機の十念念仏とあわせることによって下品の悪人に救済の道を開き、称名中心の浄土教への道を開かれたのである。親鸞聖人はこの曇鸞大師の利他力によって五念二利の行が成就せしめられるといわれたものを展開して五念門は、もと法蔵菩薩によって成就され、回向された本願力回向の徳相であると言い切られたのであった。

第八節　往相回向と還相回向

往相回向、還相回向という言葉はすでに曇鸞大師が用いられていた。しかし大師の場合、回向する主体はいずれも浄土を願生し、成仏をめざす行者であって、浄土へ往生していく過程において自分の修得した行徳を一切の衆生に回向して自他ともに往生しようとすることを往相回向といわれていた。還相回向も、浄土に往生して自利の行徳を完成し、思いのままに人々を救済できる力をもった菩薩が、大悲心をおこして、煩悩のうずまく迷いの境界に還り来て、苦悩の衆生を救済していく利他回向のはたらきを意味していた。もっとも曇鸞大師は、行者がこのような往相、還相の回向を行うことができるのは、阿弥陀如来の本願力が増上縁として加わるからであって、行者の自力によって成就することではないといわれていた。

ところが親鸞聖人は、煩悩を具足して迷いつづけているものを往生成仏させる阿弥陀仏の本願力のはたらきを往相回向といわれたのである。そして往生し、仏陀としてのさとりを完成したものが、そのさとりの必然として、十方世界にあらわれて自在に迷えるものを救済することも、そうあらしめようと願われた阿弥陀仏の本願力のなせるわざであるとして、これを還相回向といわれたのであった。ここでは往・還するのは行者であるが、往生の因果である往相を回向するのも、また還相を回向するのも阿弥陀仏なのである。そのことを聖人は「本願力の回向に二種の相あり、一には往相、二には還相なり」といわれたのである。

その往相について「真実の教行信証あり」といわれる。それが浄土に往生していく因果の相だからである。後にくわしくのべるように、『大無量寿経』という真実教によって、南無阿弥陀仏（行）が往生成仏の業因であると信ずる行と信を与え、この行信を因として涅槃の浄土へ往生し成仏する証果を与えていくから往相回向というのである。

また還相は、本来は浄土から穢国へ還り来って利他教化をするから還相というのであって、還来穢国の相としての園林遊戯地門のことであった。しかし親鸞聖人の「証文類」における還相釈をみると、『浄土論』や『論註』に示された浄土における果相である近門、大会衆門、宅門、屋門、園林遊戯地門の五功徳門のすべてを還相のすがたとみなされていたことがわかる。すなわち『論註』の釈相によれば、浄土に往生して漸次に自利利他を成就していく過程として示されていた五功徳門をすべて還相とみなされたということは、還相という言葉の意味までも変えられていたとしなければならない。すなわち浄土に往生して仏果をきわめたものが、果より因に還り、菩薩としての相を示現していくこと（従果還因の相）を還相といわれたというべきであろう。

それは阿弥陀仏の徳を人々に知らせるために観世音菩薩という大悲のすがたをとり、大勢至菩薩という大智のすがたを示現するようなものであった。あるいはまた『華厳経』において、思いはかることも、説くこともできない不可説・不可思議の毘盧舎那仏のさとりの境界を、普賢菩薩という因位の菩薩の説法として開示されていくようなものである。これを華厳宗では果分不可説、因分可説といいならわしている。その意味では還相とは、証果の内容を顕示するものであったといえよう。親鸞聖人が還相のことを「普賢の徳」といい『讃阿弥陀仏偈和讃』には、「普賢の徳に帰してこそ、穢国にかならず化するなれ」と讃嘆されているが、その「普賢」に左訓をほどこして、

われらしゆしやうこくらくにまいりなはたいしたいひをおこして十方にいたりてしゆしやうをりやくするなり　仏のしこくのしひをふけんとまうすなり

（われら衆生、極楽にまいりなば、大慈大悲をおこして十方に至りて衆生を利益するなり。仏の至極の慈悲を普賢とまうすなり）(1)

といわれている。これによって普賢菩薩のような従果降因（果より因に降る）のすがたをとって人々を教化するところに仏陀の慈悲の具体的な顕現があるとみられていたことがわかる。

こうして還相とは、仏陀としてのさとりをきわめたものが菩薩となって自利利他を実践することであるが、それは観世音菩薩や普賢菩薩のように、千変万化しながら衆生を教化していくことで、これ

を普門示現（あらゆるものに変化し、相手の身になってあらゆる手段をつくして人々を救うこと）という。そうなれば、確実に還相の菩薩ではないと断言できるのは自分だけであって、この私をとりまく一切の人も動物も、還相の菩薩の化現である可能性を否定することはできないであろう。

ところで仏教の基本的な考え方に自業自得とか自因自果ということがある。自己のなした善悪の業因に応じて、自己が苦楽の果を得るということである。もちろん一つの果は、一つの因のみによって成就するわけではなく多くの縁の助力をからねばならない。いわゆる無数の因縁の和合によって果が成就するにちがいないが、その中核には自己のなした善悪の行為が直接の因となるというのが仏教の一般的な因果観であった。それゆえ利他回向といっても、相手に成仏の因を施与することではなくて、その人のなした因が果を結ぶことを資助する助縁となっていくことであった。一般にそれを増上縁（与力増上縁）といっていた。さきにのべた浄影寺の慧遠大師も『大乗義章』の回向義のなかで、衆生回向と名づけた利他回向について問答し、仏法には自業によって他人が果をうけ、他人の業によって自己が報いを受けるということはないが、彼此相互に助縁となることを衆生回向というといっていた[2]。

それに対して親鸞聖人の本願力回向は、衆生の往生成仏の因果のすべてを如来が施し与えるということであるから、仏教で一般にいわれている自業自得、自因自果の法則に立った衆生回向とは根本的に異なっていたことがわかる。そこで聖人の教義は仏教の自因自果の道理に背く他作自受（他者のなした行為の報いを自分が受ける）という誤ちを犯していると非難する人もいた。

たしかに自他対立的な立場だけで考えていくならば、そのような論難も成立するかもしれない。しかし聖人は、つねに自他一如、生仏不二の真如の顕現として如来をとらえ、本願力回向を顕わされていたことを忘れてはならない。たとえば、『一念多念文意』に、

一実真如と申すは無上大涅槃なり。涅槃すなはち法性なり、法性すなはち如来なり。宝海と申すは、よろづの衆生をきらはず、さはりなくへだてず、みちびきたまふを、大海の水のへだてなきにたとへたまへるなり。この一如宝海よりかたちをあらはして、法蔵菩薩となのりたまひて、無碍のちかひをおこしたまふをたねとして、阿弥陀仏となりたまふがゆゑに、報身如来と申すなり。これを尽十方無碍光仏となづけたてまつれるなり。この如来を南無不可思議光仏とも申すなり。この如来を方便法身とは申すなり。方便と申すは、かたちをあらはし、御なをしめして、衆生にしらしめたまふを申すなり。すなはち阿弥陀仏なり。（註釈版聖典、六九〇～六九一頁）

といわれている。これは「本願一乗円融無碍真実功徳大宝海」という言葉の意味を釈されたもので、阿弥陀仏とその本願の救いの根源的な意義を顕わした文章である。同じことが『唯信鈔文意』（註釈版聖典、七〇九頁）の「極楽無為涅槃界」の釈下にも述べられている。

自他とか、善悪とか、生死などという二元的、対立的に固定された世界は、人間の虚妄分別が造りだす迷妄の境界であって、仏陀の無分別智によって直覚される領域には、自他の対立も、善悪のへだても、生死のとらわれもない一如平等の世界である。このような虚妄分別を超えた一如の世界を真実という。その一如の真実を迷える衆生にさとらせるために、一如が法蔵菩薩となって示現したという

のである。そして「よろづの衆生をきらはず、さはりなくへだてず、みちびきたまふ」ことを万人に告げ知らせる本願をたて、その本願を成就して阿弥陀仏になることによって、万人がさわりなく、へだてなく救われることを証しされていった。したがって阿弥陀仏とは、因位の本願が成就された果報としての仏身であるから報身如来といわれるが、また自他一如の法性（それを法性法身ともいう）の顕現したすがたとして方便法身ともいわれる。方便法身とは、形を超え、言葉を超えた自他一如の世界のありようを、形であらわし、言葉で示して、迷える人びとに近づき、告げ知らせる大悲方便のすがたをいう。このような一如の活動としての方便法身の徳を親鸞聖人は真実功徳といわれた。『一念多念文意』の前掲の文の直前には「真実功徳と申すは名号なり。一実真如の妙理、円満せるがゆゑに、大宝海にたとへたまふなり」といわれている。

　自他一如の真実功徳は、南無阿弥陀仏という方便法身の名のりとなって、虚妄分別のからのなかに閉じこもっている私どもをよびさましていくのである。この自他一如の活動を本願力回向という教義概念をもってあらわしていかれたのであるから、わけへだてされた自己と他者との間における助縁としての衆生回向とは同じ利他回向でも論理の次元がちがっているといわねばならない。阿弥陀仏とは天台の本覚法門などで語るような単なる自者としての「唯心の弥陀」でもなく、また単に自己に対する他者というべきものでもなく、根源的には自他不二者というべきものであった。その自他不二の根本無分別智が迷妄の衆生を縁として後得智とよばれる権智となって衆生に救いをよびかける方便法身の境位において他者的に示現されているだけであった。このような方便法身としての活動を本願力回向というのであるから、それは虚妄分別による迷いの因果を破って、一如法性にかなう成仏の因果（非因非果の因果）を与えていくというのは当然である。

「行文類」には大行の徳をたたえて「真如一実の功徳宝海なり[3]」といい、「信文類」には大信の徳を讃嘆して「真如一実の信海なり[4]」といい、行も信も、真如の顕現相とみられている。さらに「正信偈」の序文には、選択本願の行信因果と報仏報土をあげて「これすなはち誓願不可思議一実真如海なり[5]」と称讃されるのは、本願力回向の往相も還相も、すべてが自他一如なる真如の顕現相であるとみなされていたからである。

註

（1）国宝本「讃阿弥陀仏偈和讃」（定本親鸞聖人全集二、和讃篇一五頁）
（2）『大乗義章』巻九（大正蔵四四、六三七頁）
（3）「行文類」（註釈版聖典、一四一頁）
（4）「信文類」（註釈版聖典、二一一頁）
（5）「行文類」（註釈版聖典、二〇二頁）

第九節　教行信証の四法

「教文類」のはじめに浄土真宗の教義の綱要として往還の二回向と、往相の四法である教、行、信、証があげられていた。題号には「教行証文類」と三法が標示されていたが、真実の行には、必ず信心を具しているから、その信を別開し、念仏往生の本願を疑いなく聞信するときに往生成仏すべき身に定まるという信心正因の道理をあきらかにするために四法とされたわけである。

教とは「暁喩（あきらかに道理をさとす）」ということで、正しい道理を説いて人々をさとし、みちびくことである。一般には、師が弟子に知識や技術を伝えることをいうが、『四教儀集註』によれば、教とは「聖人、下に被らしむる言なり」といい、無漏智をおこして真実をさとった聖者が、迷えるものを導く言葉を「教」というとしている。(1) ここで、聖人というのは、仏陀のことであるから、教とは仏の教説を意味していた。

ところで、仏教で「教」という概念は、言教、すなわち教えを説く言葉を意味するときと、そこに説きあらわされている教法を意味するときとがあるが、いまは言教、すなわち経典のことを「教」というのである。それゆえ「教文類」のはじめには「それ真実の教を顕さば、すなはち大無量寿経これなり」（註釈版聖典、一三五頁）といい、釈尊が阿弥陀仏の本願のいわれを説き、人々に成仏の因果である他力の行、信、証をあきらかにされた『大無量寿経』（大経）を真実教と指定されたのである。これによって、教は法義を能詮（よくあらわす）する言教であり、行、信、証は所詮（あらわされる）の法義であったことがわかる。

ところで『大経』は釈尊が説かれたものであるにもかかわらず、阿弥陀仏の本願力によって私どもに回向せられたものであるといわれたのには二つの理由があった。その一つは、釈尊をして『大経』

を説かしめたのは阿弥陀仏の第十七願力だったからである。すなわち第十七願には、

たとひわれ仏を得たらんに、十方世界の無量の諸仏、ことごとく咨嗟して、わが名を称せずは、正覚を取らじ。（註釈版聖典、一八頁）

と誓われている。十方の諸仏をして、名号のいわれを称揚、讃嘆せしめ、十方の衆生に阿弥陀仏の救いを聞かしめようというのである。この誓願力に乗じて十方の諸仏は阿弥陀仏の名号のいわれを広く讃嘆される。十方諸仏の一仏としてこの娑婆世界に出現された釈尊も、阿弥陀仏の第十七願力にうながされて『大経』を説かれるわけであるから、その根源からいえば、阿弥陀仏が第十七願力をもって私どもに真実の教を回向されているといえるのである。

さらにまた親鸞聖人は、釈尊とは、五濁の世に生きる苦悩の凡愚に、本願他力の救いの道を知らせるために、久遠実成の阿弥陀仏がこの娑婆へ応現されたすがたであるともいわれている。「諸経和讃」に、

久遠実成阿弥陀仏　五濁の凡愚をあはれみて
釈迦牟尼仏としめしてぞ　伽耶城には応現する（註釈版聖典、五七二頁）

と讃仰されているのがそれである。これによれば釈尊とは、久遠のむかしにすでに仏となっておられる永遠な「いのち」と光明の徳をもつ阿弥陀仏が、人々にその衆生救済の久遠の願いを知らせるために、人間に応じて有限な「いのち」をもつ仏陀となってあらわれた方であった。いいかえれば釈尊とは、有限な人間に応じて自らを時間的に限定された阿弥陀仏であり、阿弥陀仏とは、釈尊をして仏陀

たらしめている絶対無限のさとりの領域を開顕したものとして、釈尊の永遠の相であるともいえる。こうして阿弥陀仏が自らの本願を説き示す『大経』は、釈尊の説法のままが阿弥陀仏の説法であり、本願力回向の教であるといわれるのである。

行について親鸞聖人は「真実の行業あり」といい、(2)また「行」の左訓に「おこなふとまうすなり」(3)といわれているから、「おこない」のこととみられていたことがわかる。もちろんその「おこない」は、それによって無明煩悩の寂滅した涅槃の境地にいたることのできるような徳をもった「おこない」であることはいうまでもない。『大経』に説示された本願の名号には、如来の大智大悲の徳のすべてがこもっていて、それをいただいて称えるものの無明の闇を破り、往生成仏の志願を満足せしめる徳をもっている。(4)こうした偉大な、すぐれた行業であるから、本願の念仏を「大行」とたたえられるのである。

「行文類」にはじめに、

つつしんで往相の回向を案ずるに、大行あり、大信あり。大行とはすなはち無碍光如来の名を称するなり。この行はすなはちこれもろもろの善法を摂し、もろもろの徳本を具せり。極速円満す、真如一実の功徳宝海なり。ゆゑに大行と名づく。しかるにこの行は大悲の願より出でたり。（註釈版聖典、一四一頁）

といって如来より回向された称名の徳をたたえ、それが大行といわれるゆえんを明らかにされている。この文章についてはのちにくわしく述べる。称名は、たしかに私どもの口に現われているが、決して私のはからいによって行う私の行ではない。大悲の願から出てきた如来回向の行であり、如来そのものが称名の声となって私どもの上に顕現しているような意味をもつ行なのである。その一声一声は、妄念煩悩にたぶらかされて人生のよるべを失い、迷いつづける私をよびさます大悲招喚の勅命なのである。こうして称名は、よく私どもの生死の惑いを破り、人生の意味と方向を信知せしめ、人生にまことの実りと安らぎをもたらすから「真実の行」というのである。『歎異抄』に、

煩悩具足の凡夫、火宅無常の世界は、よろづのこと、みなもつてそらごとたはごと、まことあることなきに、ただ念仏のみぞまことにておはします。(註釈版聖典、八五三頁)

と述懐されたゆえんである。

信とは、「如来の御ちかひをききて疑ふこころのなきなり[5]」といわれているように、南無阿弥陀仏というみ名にこめられている本願のいわれを疑いをまじえずに聞きうけている状態をいう。第十八願に「至心に信楽してわが国に生れんと欲え(まことに疑いなくわが国に生れようとおもえ)」と願われたみことばを、おおせのとおり、疑いをまじえずに聞き受けていることを信楽とも信心ともいうのである。本願には「至心信楽欲生」と誓われているが、疑いなくおおせにしたがっている信楽一心のほかにないといわれる。すなわち行は念仏一行、信は無疑の一心というように、一行を一心をもって行ずるというのが聖人の行信の基本形態であった。

さて聖人は欲生釈のはじめに「如来、諸有の群生を招喚したまふの勅命なり[6]」といわれている。生死を超えた彼岸の浄土から、大悲をこめて招喚しつづける本願のみことばをうけいれ「まことに、疑

いなく浄土へ生れることができるとおもう」ことを信心というのである。その信心は、たしかに私の心のうえに開け発っている事実にちがいない。しかし、私の想念から生れたものではなく、如来の大悲招喚の勅命がわが心にひびきこんでいるすがたであり、如来の大悲心が私のうえに宿って輝いているほかにはない。これを如来より回向せられた信心というのである。こうして信心の本体は、如来の大悲心であり、仏心であるから、よく往生成仏の因種となるというので「信文類」の信楽釈には、

この心はすなはち如来の大悲心なるがゆゑに、かならず報土の正定の因となる。（註釈版聖典、二三五頁）

といい、信心正因説を確立していかれたのであった。

さて本願のみことばを、わがはからいをまじえずにうけいれ、信心が開け発ったとき、行者は大悲の光明のなかに摂めとられる。これを摂取不捨の利益にあずかるという。そのことを『親鸞聖人御消息』第一通には、

真実信心の行人は、摂取不捨のゆゑに正定聚の位に住す。このゆゑに臨終まつことなし、来迎たのむことなし。信心の定まるとき往生また定まるなり。（註釈版聖典、七三五頁）

といい、信心がはじめて起った信の一念即時に、煩悩具足の凡夫であるままで、仏になることに正しく決定し、本来は聖者の部類である、正定聚の位にいれしめられるといわれたのであった。これを信一念の現生正定聚説といい、聖人の教説の特色の一つである。

証とは「験」の意味で、結果が「あらわれる」ことである。一般には修行の結果としてさとりが実

現することを証といった。如来より回向された南無阿弥陀仏という行法を信受して正定聚の位についている信心の行者は、臨終の一念に、その行信の因徳が顕現して、往生成仏の果徳となる。それを「証」というのである。果は因の「あらわれ」であり、「あかし」であるから、仏果のことを証というのである。聖人は、証とは、如来よりたまわった完全な妙覚（仏陀）の位とみなして「利他円満の妙位」といわれる。またそれは煩悩が完全に滅した究極のさとりの果、すなわち「無上涅槃の極果」であるとし、阿弥陀仏もそこから顕現された一如の境地を証得することだといわれる。(7) これを往生即成仏とか、弥陀同体のさとりといいならわしている。このような真実の証果は、第十一願に浄土に生まれたものは「かならず滅度にいたらしめる（必至滅度）」と誓われたことによって回向成就されたことがらであるといわれている。

こうして阿弥陀仏と同じさとりを完成したものは、阿弥陀仏がなされているように、迷える人々を摂化するために、浄土にいるままで、十方の世界に身を変現し、自在の救済活動をおこしていく。これを証果の悲用としての還相といい、第二十二願によって回向される活動であるといわれたことはすでに述べたところである。

註

（1）『四教儀集註』（『仏教大系』本、一九頁）に教を釈して「聖人被下之言、亦詮理化物為義」という。

（2）『三経往生文類』（註釈版聖典、六二五頁）

（3）『唯信鈔文意』（註釈版聖典、七〇〇頁脚註参照）

（4）「行文類」（註釈版聖典、一四六頁）
（5）『一念多念文意』（註釈版聖典、六七八頁）
（6）「信文類」欲生心釈（註釈版聖典、二四一頁）。なお聖人は「行文類」六字釈（註釈版聖典、一七〇頁）に帰命を釈して「本願招喚の勅命なり」といわれている。この点については後に詳述する。
（7）「証文類」（註釈版聖典、三〇七頁）

第三章　真実の教

第一節　真実の教『無量寿経』

「教文類」のはじめに「それ真実の教を顕さば、すなはち大無量寿経これなり」といわれている。真実の教とは、仏がみずからの本意にかなう真実の法義を説きあらわされている経典のことであるが、それは『大無量寿経』であるというのである。

仏教が中国に伝えられると多くの宗が成立していくが、それを分けると、論宗と律宗と禅宗と経宗の四種になる。『中論』『百論』『十二門論』を研究する三論宗や、『瑜伽師地論』『唯識三十頌』『成唯識論』などを研鑽する法相宗などは、インドの龍樹菩薩や無着・世親菩薩たちの論の研究をとおして仏教を理解しようとしているので論宗とよばれた。また『四分律』などの律蔵によって、釈尊が制定された仏教徒の日常生活の規範を研究する学派は律宗といい、ひたすら座禅をおこなって見性成仏をめざすものを禅宗といった。

これらに対して、仏陀が説かれた経典を中心に仏教を理解し、その教えにしたがって独自の宗を立てたものを経宗といった。『法華経』を中心に全仏教を体系的に理解し、円頓止観という独自の実践体系を樹立した天台大師智顗の天台法華宗、『華厳経』を中心に仏教を理解していった賢首大師法蔵などの華厳宗、『大日経』や『金剛頂経』によって即身成仏を説く真言宗などが経宗の代表的なものである。

こうした経宗の開祖達は、立教開宗にあたって自らの依りどころとする経典をまず明示するのが常であった。それを依経開宗（経に依って宗を開く）といいならわしている。法然聖人が、浄土宗を開宗していかれるとき、まず所依の経を定めて『大経』『観経』『小経』の、いわゆる「浄土三部経」をあげられたのもそのためであった。

ことに聖道門の修行者とちがって、自身の生と死の意味も方向も全く見定めることのできない愚悪の凡夫にとって、ただ一つの依りどころとなるのは、真実の悟りをきわめられた仏陀のお言葉だけである。自身の生と死をそのお言葉にゆだねていけるような経典が「浄土三部経」であると見定め、この経に依れと教えられた方が浄土の祖師であった。いま親鸞聖人は、法然聖人が選定された「浄土三部経」を、さらにおしきわめて、わたしどもの究極の依りどころは『大経』であると論定されたのである。これによって浄土真宗とは『大経』の宗教であり、阿弥陀仏の救いは、この経の回向によってわれらのうえに実現してくることが明らかになったのである。

ところで法然聖人は浄土宗が依って立つ経典は、「浄土三部経」であるといわれていたが、一経を特定するということはなかった。この法然教学を伝承し、その真実義をあらわそうとして述作せられた『教行証文類』において、なぜ親鸞聖人は浄土真宗の根本所依の経典は『大経』であると断言されたのであろうか。

親鸞聖人が晩年に編集された法然聖人の法語集、『西方指南抄』に「法然聖人御説法事」という「浄土三部経」の講録がある。そのなかに、

次に『双巻無量寿経』、浄土三部経の中には、この経を根本とするなり。其故は一切の諸善は、願を根本とす。而るに此経には弥陀如来の因位の願をときていはく、……弥陀の本願といふは、法蔵菩薩の四十八願法門なり。その四十八願の中に、第十八の念仏往生の願を本体とするなり。……念仏往生といふことは、みなもとこの本願よりおこれり。しかれば、『観経』『弥陀経』にとくところの念仏往生のむねも、乃至余の経の中にとくところも、みなこの経にとけるところの本願を根本とするなり。（真聖全四、八五～八八頁）

といわれている。「浄土三部経」のなかでは『大経』が根本である、それは阿弥陀仏をして阿弥陀仏たらしめている根源である本願が説かれているからである。その本願は広くいえば四十八願であるが、それは第十八願を根本として成立しており、念仏往生を誓ったこの一願に統摂せられるといわれるのである。いいかえれば『大経』上下二巻に広く説き明かされた、如来・浄土の徳も、念仏往生の本願の成就相だったのである。それればかりか『観経』や『阿弥陀経』に説かれた念仏往生の法義も、第十八願を根源として、そこから流れでたものであるといわれるのである。同じことが『選択集』のうえでもいえる。『観経』には定散自力の諸行が説かれているが、それらは未熟のものを誘引する法であ

って、究極的には廃捨すべき方便の法として説かれたものであって、釈尊の真意にかなった法門は、『大経』の第十八願に誓われた念仏往生の道だけである。そのようにみることができるのは、釈尊が『観経』を説かれた最後に、『大経』の第十八願をかえりみながら行業の廃立を行い、念仏一行を阿難に付属されているからであるというのが善導大師や法然聖人の論法であった。こうして『選択集』は「三経ともに念仏を選びて以て宗致となす」と結ばれていくのであった。(1)これによって、聖人が三部経によるといわれるのは、第十八願を説く三部経によるということであったことがわかる。親鸞聖人は、このような法然聖人の三部経観を伝承して、「化身土文類」には「三経の真実は、選択本願を宗となす」といわれたのである。(2)

こうして「浄土三部経」は、究極においては『大経』の念仏往生の本願に帰一するとしても、『観経』の教説の表面には、定善十三観と、三福九品の散善という自力の行道が説かれている。それゆえ経の表面にあらわにしめされている教説（顕説）は、未熟の機を誘引するための方便の教（要門）であるといわねばならない。おなじことが『小経』でもいわれる。すなわち一日乃至七日にわたる一心不乱の念仏によって、臨終の来迎を期するところは、自力念仏の勧励とみられるから、やはり経にあらわに説かれている顕説は方便の教（真門）とみなければならない。こうして親鸞聖人は、観小二経は、その究極の本意からいえば『大経』と同じ第十八願の法義がひそかに説かれている（隠彰）が、経の顕説からいえば自力方便の教えを説くといわねばならない。それに対して『大経』は、終始一貫、第十八願の他力念仏往生の真実義が開顕されているから真実教であるといわれるのである。すなわちこの経こそ、真実の何たるかをしらしめる規範となる経だったのである。

ところで経とは、究極の聖者である仏陀が、迷える人々を導くために説かれた教説をいうが、龍樹菩薩の『中論』の「観四諦品」には、仏の説法について有名な二諦説をあげている。

諸仏は二諦によりて衆生のために説法す。一つには世俗諦を以てし、二つには第一義諦なり。もし人、二諦を分別することを知ることあたわずは、則ち深仏法において真実義を知らず。……もし俗諦によらざれば第一義を得ず、第一義を得ざれば則ち涅槃を得ず。（大正蔵三〇、三三頁）

といわれている。そしてこの偈の意味を解釈して、

第一義諦はみな言説に因る。言説はこれ世俗なり。この故にもし世俗に依らざれば、第一義は説くべからず。もし第一義を得ざればいかんぞ涅槃に至ることをえん。この故に諸法は無生なりといえどもしかも二諦なり。

といわれている。すなわち諸仏の説法は、概念的に、分別的に、実体的にとらえられた自己と世界が、真の実在であると思いこんでいる凡夫の虚妄分別を破るためのものである。それゆえその言葉は、一切の虚妄分別をはなれた、無分別智からながれでてきたものであって、無分別の分別とでもいうべき言葉なのである。言葉である以上それは概念であり、分別の領域のものにちがいないから、世俗的なものというべきである。それゆえ、「言説はこれ世俗なり」といわれたのである。しかしそれは、分別を破るための分別であるから、無分別の分別であり、それゆえ諦（明らかな真理）といわれるのである。このように諸仏の教説は、衆生に智慧の眼をひらかせて煩悩の寂滅した涅槃の境地に至らしめ

るための大悲の智慧の顕現態であった。無着菩薩の『摂大乗論』巻二に、「従最清浄法界等流」という言葉があるが、世親菩薩の『摂大乗論釈』巻三（玄奘訳）にそれを釈して、

最清浄法界とは、諸仏の法界は、永く一切の客塵の障をはなるゆえなり。等流というは、いわく法界より起こるところの教法なり。（大正蔵三一、三九四頁）

といわれている。煩悩を離れた浄らかな悟りの領域から流れでてきた言葉が、経典であるというのであって、世俗の典籍と本質的にちがうものとして理解されていたことがわかる。

このようにして、自己中心的な虚妄分別の表現であるようなわれわれの日常的な言葉と、根本無分別智が人々をさとらしめるために自らを分別的言辞としていいあらわしている聖者の教語とは、質的にちがっているとすれば、教を聞く時には、凡夫のはからいをまじえることなく、虚心に聴聞しなければならない。わがはからいをはなれて仏の御言葉にしたがうことを信というならば、経典が開く悟りの世界には、ただ信によってのみ入ることができるといわねばならない。『大智度論』に「仏法の大海は信を以て能入と為す」といわれた所以である。(3)

こうして仏教において、まったき意味において教を説き得るのは仏陀のみであるといわねばならない。それゆえ善導大師も、了教（真理を明了に説き示す教説）といえるのは仏説だけであって、すぐれた菩薩といえども、その言説（論）は不了教（真如の全分を説き尽していない教説）であるといい、それらは必ず仏の印可をまってはじめて権威のある教説となるのだとして、わたしどもが全幅の信頼をおいて帰依できるのは、ただ仏説のみであるといわれている。いま親鸞聖人もその意をうけついで、

浄土真宗を詮顕する真実の教は、究極の聖者である仏陀が、群萌を救うために説きたもうた『大無量寿経』であるといわれたのである。

註

（1）『選択集』（註釈版聖典七祖篇、一二八五頁）

（2）「化身土文類」（註釈版聖典、三九二頁）

（3）『大智度論』（大正蔵二五、六三頁）。この言葉は『論註』下（註釈版聖典七祖篇、一五七頁）に引用され、親鸞聖人は「信文類」信楽釈（註釈版聖典、二四一頁）に引用されている。

第二節　『無量寿経』の教主

さきに、真実の教は『大経』であると論定されたのは親鸞聖人であるとわたしはいった。しかし正確には『大経』を真実教といわれたのは『大経』の教主釈尊であったといわねばならない。親鸞聖人は、その仏語を信受し、その仏意を開顕せられたほかはなかったのである。もし教主釈尊以外の誰かがこの経の真実なることを判定したとするならば、むしろその人が真実の基準であって、仏以上に真実なるものであることになり、かえって経の真実をそこなうことになってしまうからである。親鸞聖人が『教行証文類』の中で、この「教文類」だけは祖師がたの文を引かずに、ただ仏の経典、それも『大経』と、その異訳の『無量寿如来会』と『平等覚経』のみを引用して、『大経』の真実教であることを証明せられたのはその故である。「教文類」には、新羅の憬興師の『無量寿経連義述文賛』が引用されているが、それは『大経』の五徳瑞現の文釈の一例として出されたものであって、『大経』が真実教であることの証文として出されたものではなかった。

ところで『大経』のなかで、この経典が仏陀の出世の本懐をあらわしたものであって、それゆえ仏の随自意真実の教であるということは、その発起序に明かされている。すなわち、

尊者阿難、仏の聖旨を承けてすなはち座より起ちて、ひとへに右の肩を袒ぎ、長跪合掌して、仏にまうしてまうさく、「今日世尊、諸根悦予し、姿色清浄にして光顔巍巍とましますこと、明浄なる鏡の影、表裏に暢るがごとし。威容顕曜にして超絶したまへること無量なり。いまだかつて瞻覩せず、殊妙なること今のごとくましますをば。やや、しかなり。大聖、われ心に念言すらく、今日世尊、奇特の法に住したまへり。今日世雄、仏の所住に住したまへり。今日世眼、導師の行に住したまへり。今日世英、最勝の道に住したまへり。今日天尊、如来の徳を行じたまへり。去・来・現の仏、仏と仏とあひ念じたまふ。いまの仏も諸仏を念じたまふことなきことを得んや。なにがゆゑぞ、威神光光たることいまし、しかるや」と。（中略）仏のたまはく、「善いかな阿難、問へるところはなはだ快し。深き智慧、真妙の弁才を発し、衆生を愍念せんとしてこの慧義を問へり。如来、無蓋の大悲をもつて三界を矜哀したまふ。世に出興するゆゑは、道教を光闡して群萠を拯ひ、恵むに真実の利をもつてせんと欲してなり。無量億劫にも値ひがたく見たてまつりがたきこと、なほ霊瑞華の、時ありて、時にいまし出づるがごとし」（註釈版聖典、八～九頁）

といわれたものがそれである。

どの経でも、はじめにその経が、仏弟子（阿難尊者）によって正確に聞き伝えられた信頼するに足る仏の教えである事を証明する証信序と、それぞれの経が説かれるようになったきっかけを述べる発起序とがおかれている。『大経』の発起序に依れば、釈尊が王舎城外の霊鷲山で、一万二千人の聖弟子たちと、普賢菩薩や文殊菩薩、弥勒菩薩といった無量の菩薩たちを前にして、静かに瞑想にはいっておられたが、突如、その全身が光り輝いていった。そこで常随の弟子である阿難尊者が、仏の思し召しをうけて、かつて拝見した事もないその麗しく輝く瑞相（すばらしくめでたいすがた）のいわれをたずねるところから説法が始まっていく。

阿難尊者は、深く透徹した智慧をもって、その瑞相の意味をおしはかり、そこに五つの徳が顕し示されていることを見抜いて、それを讃嘆していかれる。これを五徳瑞現といいならわしている。

「今日、世尊、奇特の法に住したまへり」とは、仏陀が世間のすべてのものから尊敬され、世尊と呼ばれるのは、世俗を超えた希有なる真実を体現されているからであるが、今日、世尊は、その希有なる真実そのものになりきっておられるのにちがいない。それゆえ、真実そのもののもつ光輝が、あなたの全身に現れ、奇特なるお姿となられたのであろうというのである。

「今日、世雄、仏の所住に住したまへり」とは、完全に煩悩を克服し、勝った真の雄者であるすべての仏陀は、個我をはなれて普遍平等の真理を体得し、大涅槃の境地に安住されている。それゆえに仏陀は常に、過去、現在、未来の三世の一切の諸仏と全く同じ悟りの領域にあって互いに念じあっておられるわけで、その三昧を普等三昧（普遍平等の真理を念ずる瞑想）という。いま真の雄者である世雄は、すべての仏陀達が安住されている普等三昧に住されているからこのようなすばらしい姿が現れているのであろうと讃嘆するのである。

「今日、世眼、導師の行に住したまへり」とは、智慧の眼を開いて生死を超え、涅槃の境地にいたられた仏陀は、生死に迷う世間の人々をみちびいて涅槃にいたらしめる智慧の眼であるような偉大な導師である。いま釈尊は、まさにその導師としての徳に安住されているとたたえているのである。

「今日、世英、最勝の道に住したまへり」とは、最高の智慧を完成された釈尊は、世間にあって最も秀でたかたであるが、いまはその最も勝れた智慧の徳に安住されているから、いままで拝見したこともないすばらしいお姿が現れてきたのであろうというのである。

「今日、天尊、如来の徳を行じたまへり」とは、一切は空であると悟りきわめた仏陀を第一義天と尊称するが、そのような第一義天であらせられる尊者は、自利と利他、智慧と慈悲をまどかにそなえた如来としての徳を、今まさに実践しようとされているのであろうと問いかけているのである。

ところでこのように釈尊が、その全身に顕現されている仏徳を『大経』の異訳である『無量寿如来会』には、

世尊よ、今、大寂定に入りて、如来の行を行じ、みなことごとく円満し、よく大丈夫の行を建立して、去・来・現在の諸仏を思惟したもうらん。世尊よ、何が故ぞこの念に住したまうや。（真聖全一、一八六頁）

と説かれている。これによって『大経』の五徳は「大寂定に入りて、如来の行を行ず」という二徳に収約することがわかる。大寂定とは、無明・煩悩を完全に寂滅し、生死の迷いを超えた涅槃の境地のことで、あらゆる仏陀が、仏陀（真実に目覚めたかた）といわれるのは、まさにこのような涅槃を実現されているからである。いま「大寂定に入る」といわれたのは、釈尊がこのような、仏をして仏たらしめている大涅槃の境地に安住しておられることをあらわしている。「如来の行を行ず」とは、生死に迷うものをみちびいて、自身と同じ涅槃の境地にいれしめようとして大悲をおこし救済活動をおこなうことである。前者は如来の自利の徳であり、後者は利他の徳である。『大経』の五徳は、このまり、第五徳は「行如来行」に対応している。それゆえ親鸞聖人は「大経和讃」に『無量寿如来会』「入大寂定、行如来行」の二句を開いたものといえよう。すなわちその前四徳は「入大寂定」におさによって、

大寂定にいりたまひ　　如来の光顔たへにして
阿難の慧見をみそなはし　　問斯慧義とほめたまふ（註釈版聖典、五六六頁）

と讃嘆されたのである。

大乗仏教の基本的な教義の一つに無住処涅槃ということがある。すなわち小乗仏教徒が理想としているような灰身滅智の涅槃（煩悩を完全になくした聖者は、死とともに身も心も滅して完全な無に帰するとし、それを真の涅槃と考える涅槃観）は、無にとらわれ、涅槃にとらわれたもので真の涅槃ではない。そのような自利主義的で、消極的で、静的な小乗的な涅槃に対して、涅槃にもとらわれるこ

とのない積極的で動的な涅槃のことを無住処涅槃とよび、大涅槃といったのである。それは単に自身が煩悩から解脱して安らかな境地に安住するだけではなく、社会全体を浄化して仏国土を建立し、一切の衆生を涅槃の境地にあらしめようとする積極的な如来行の原動力となるような涅槃であった。すなわち大乗の菩薩は、一切は空であるとさとる智慧の眼を開いて煩悩の束縛から離れ、涅槃の境地に達するから、生死に住することがない。しかし常に大悲心をおこして、衆生の苦悩を共感し、苦を抜いて真実の楽を与えようとするから、涅槃の境地に住することなく、どこまでも生死の苦海を離れずに衆生と連帯していく。この場合、住するとは、ものごとにとらわれることである。このように「智慧あるが故に生死に住せず、慈悲あるが故に涅槃に住せず」という在り方を無住処涅槃といい、これこそ真の悟りであるというのである。[1] そして、このような活動的な悟りの世界を親鸞聖人は大涅槃とか、無上涅槃とよび、その体現者を仏といわれているのである。いまここに「大寂定」とか、「仏の所住」といわれているのはこの無住処涅槃であって、釈尊のみならず、すべての仏をして仏たらしめている仏の本性ともいうべき境界なのである。

『大経』は、このような大寂定の境界を光明無量（智慧）、寿命無量（慈悲）なる阿弥陀仏として人格的に説き示された。そして、その阿弥陀仏の世界こそ、すべての仏陀がそこから出て、そこへ帰る諸仏の家であり、同時に一切衆生の帰すべき真実の世界として、それを安楽浄土と開示した経典なのである。

こうして『大経』を説こうとして、釈尊が深い瞑想（三昧）にはいられたということは、自身の本源である阿弥陀仏の徳にとけ込んで、阿弥陀仏と一体になっておられることをあらわしている。それゆえ阿弥陀仏の徳である光明無量、寿命無量の徳が、人間に応じて現れてこられた有限な応身仏である釈尊の全身に光顔巍巍として顕現してきたのであって、それを阿難尊者は五徳の瑞相として讃嘆されたのであった。こうしていま釈尊が安住されている三昧は、弥陀三昧とよばれるべき性格をもった禅定であり、釈尊は本地弥陀の徳に融けこんでこの経を説かれているというので、先哲は『大経』の教主を「融本の応身」といわれている。それゆえ釈尊の言葉はそのまま阿弥陀仏のみ声であり、阿弥陀仏は、『大経』の言葉となって煩悩の大地に顕現していると言うべきである。

註

（1）真諦訳『摂大乗論釈』十三（大正蔵三一、二四七頁）に菩薩の無住処涅槃を釈して「菩薩は生死と涅槃を異なりと見ず。般若に由って生死に住せず、慈悲に由て涅槃に住せず。若し生死を分別すれば則ち生死に住す。若し涅槃を分別すれば則ち涅槃に住す。菩薩は無分別智を得て、分別する所なきが故に所住なし」というものがそれである。

第三節　真実教の意味

『大経』の「発起序」によれば、阿難尊者は、五徳瑞現の仏徳を讃嘆したあと、さらに言葉をついで釈尊に問いかけていく、

「仏が真実の教をお説きになるときには、過去、未来、現在の三世にわたって出現されたあらゆる仏

陀たちと互いに念じあいながら（仏仏相念）、お説きになると聞いております。おそらく釈尊も、いま、三世の諸仏がたと念じあっておられるのでしょう。そうでなければこのような光り輝く妙なるお姿が現れてくるはずがないと存じます」。

この三世諸仏の「仏仏相念」という言葉には、すべての仏陀をして仏陀たらしめている仏陀の本質が開顕されようとしているということを表していた。すなわち『大経』は、たんに釈尊の出世の本意であるだけではなく、三世にわたる一切の仏の本意であり、無限の過去から、未来永劫に至るまで、あらゆる時と場所を貫いて人びとを救いつづける真実の教であるという『大経』の普遍性と絶対性をつげる経説であった。

阿難のこの問いをうけて、釈尊は、「そなたは護法の神々である梵天とか帝釈天にうながされて尋ねたのか、それとも自らの智慧をもってわたしにたずねたのか」といわれ、阿難は「私の見解をもって問いたてまつった」と答える。すると釈尊は、彼の問いかけをほめて「すばらしいことだ、阿難よ、そなたの問いは、よく私の心にかなっている。そなたは真実を見通す深い智慧と、真実にかなったすばらしい言葉をもって、如来の悟りのいわれをたずねたが、それは私に教えを説く機縁をもたらし、多くの人びとに真実の幸せを与えるきっかけとなっている。それゆえそなたの問いは、迷える人びとへの深い哀愍の心からでたものといえる」とおおせられるのであった。

ところで、この経の下巻に説かれる「東方偈」には、

声聞あるいは菩薩、よく聖心を究むることなし。……如来の智慧海は、深広にして涯底なし。二

乗の測るところにあらず。ただ仏のみ独りあきらかに了りたまへり。（註釈版聖典、四七頁）

といわれている。これによれば、声聞（煩悩を断ち切って自分だけのさとりに安住している小乗の聖者）である阿難には、如来の智慧の領域をおしはかることは決してできないはずである。仏の悟りの境界は、ただ仏と仏とのみがしろしめすことであり、まさに仏と仏とのみが念じたまう領域であるからである。

しかるにいま阿難尊者は、五徳の瑞相としてそれを見事に表現し、さらに三世の諸仏が仏仏相念したまうことを知って、そのいわれを問うということは、阿難がたんに釈尊の侍者として声聞とよばれる小乗の聖者ではなくて、実は浄土から来現して『大経』の法座を荘厳されている還相の菩薩であったことを暗示していた。すなわち『大経』の法座において釈尊に説法のきっかけを与え、その対告衆（説法において直接呼びかけられている人物）となるという役割を果たすために、釈尊の侍者となっているだけで、その内に秘めた徳を言えば、浄土においてすでに仏果を極め、釈尊と同じ仏徳を完成しておられる方なのである。その意味で阿難が釈尊に五徳の瑞相を問われたということは、仏が仏にむかって、仏徳の深秘を問うことであって、ここでもすでに仏仏相念されていたというべきである。

もともと『大経』は、浄土から来現された還相の菩薩に対して、融本の応身である釈尊が、その本地である阿弥陀仏の徳を、本願の始終をもって説き示すという形式をもった経典であった。『大経』の会座に集まった聖者たちが還相の菩薩であることは、この経の序分（証信序）のなかですでに暗示されていた。そこには、この経を聴聞するために来集された菩薩の徳を讃嘆して「みな普賢大士の徳

に遵へり」といわれていたからである。(1)

この普賢について、古来人普賢か、法普賢かということが論じられている。人普賢とは、普賢菩薩という個人のことであり、法普賢とは、普賢菩薩によって顕されているような従果降因（果より因にくだることで、仏が菩薩のすがたを現すこと）の徳をいう。この経に説かれている「普賢」の徳とは法普賢であって、仏の悟りを極めた方が大慈悲心をおこして、衆生を救済するために菩薩のすがたをとり、十方の世界におもむいて自利利他のはたらきを示現されることを意味していた。親鸞聖人は「讃阿弥陀仏偈和讃」に、

安楽無量の大菩薩　一生補処にいたるなり
普賢の徳に帰してこそ　穢国にかならず化するなれ（註釈版聖典、五五九頁）

といい、その「普賢の徳」の語に「大慈大悲をまふすなり」という左訓をほどこされている。これは『大経』の第二十二願に、還相の菩薩の徳を顕すのに「普賢の徳を修習せん」といわれたこころを釈されたものである。すなわち普賢とは大慈悲をおこして還相する菩薩の徳を顕す言葉だったのである。

こうして『大経』の法座に集まってこられた文殊菩薩をはじめとする無数の菩薩は、すべて「普賢の徳」を顕現する還相の方々であったといわねばならない。それゆえ経にはその菩薩達の徳をたたえるのに、釈尊の生涯になぞらえて、いわゆる八相成道（降兜率天、託胎、出胎、出家、降魔、成道、転法輪、入涅槃）のすがたをもって讃嘆されたのであった。すなわち来会の菩薩達も、その内徳を言えば、釈尊と同じ仏であることを知らせようとされているのである。

さらにまた阿難尊者だけでなく、この会座に連なっている一万二千人の声聞の比丘達もまた、浄土から来現された還相の聖者であったというべきである。こうして『大経』の法座は、阿弥陀仏がいま無量の聖衆たちに囲まれて説法されている浄土の法座が、そのまま煩悩の渦巻くこの娑婆の世界に映し出されている姿であったということを知らそうとしているのが序分の経説であった。

『大経』上巻の最後に、浄土の蓮華（仏の悟りの象徴）から発する無量の光（三十六百千億の光）が、十方の世界に至って無量の諸仏となり、その一々の仏が、智慧の光を輝かしつつ経を説いて、迷える人びとを仏道にいらしめていくという華光出仏の教説がある。[2] それとこの序分の教説とを対望すれば、釈尊とは、阿弥陀仏の智慧の光が、地上に現れた姿であり、『大経』とは浄土の光が「ことば」となって私どもに届き、私どもの迷いの闇を照らし破り、万人の帰すべき如来・浄土を知らしめているすがたであったことがわかる。

さて釈尊は阿難の問いに答えて、すべての仏陀たちがこの世間に出現される根本意趣を開示せられる。いわゆる出世本懐の開顕である。

経にはそれを「如来、無蓋の大悲をもつて三界を矜哀したまふ。世に出興するゆゑは、道教を光闡して群萠を拯ひ、恵むに真実の利をもつてせんと欲してなり」と示されている。すべての如来は、無限の慈悲をおこして迷いの世界を包み、苦しみ悩む人びとを深く哀れみたもうている。そのような如来が、この迷える人びとの充満している世間に出現されるのは、道教（自力聖道の教え）を光闡（広く説き示し）し、わけても愚かな群萠（衆生）に、真実の利益を恵み与えようと思し召されたからであるというのである。

この文章の意味について親鸞聖人は『一念多念文意』に、

しかれば『大経』には、「如来所以　興出於世　欲拯群萠　恵以真実之利」とのたまへり。この文のこころは、「如来」と申すは諸仏を申すなり。「所以」はゆゑといふことばなり。「興出於世」といふは、仏の世に出でたまふと申すなり。「欲」はおぼしめすと申すなり。「拯」はすくふといふ。「群萠」はよろづの衆生といふ。「恵」はめぐむと申す。「真実之利」と申すは、弥陀の誓願を申すなり。しかれば諸仏の世世にいでたまふゆゑは、弥陀の願力を説きて、よろづの衆生を恵み拯はんと欲しめすを、本懐とせんとしたまふがゆゑに、真実之利とは申すなり。しかればこれを諸仏出世の直説と申すなり。（註釈版聖典、六八九頁）

と詳しく注釈されている。

ここで親鸞聖人は「如来と申すは諸仏を申すなり」といわれている。経に釈迦といわずに如来という普通名詞が使われているのは、この経文が釈尊のみならず、すべての仏陀がこの世に出現される根本意趣を顕そうとされていると読みとられたからである。すべての如来はこの世間に出現して、広くさまざまな教えを説き、さまざまな自力修行の道を示される（道教）が、その本意を言えば、この経を説き、苦悩をいだいて生きるすべての人びとに阿弥陀仏の本願のましますことを知らせ、真実の利益を恵み与えて拯いとろうと願って出現されたというのである。それ故この経文はまさに如来出世の本懐を開顕されたものであるというべきである。こうして苦悩の群萠に真実の利益を与える『大無量寿経』こそ、釈尊はもちろん、すべての如来が本懐とされる経典であり、それ故に仏の本意にかなった「真実教」であることを仏自らが証言された経文であるといわねばならない。

ところで、この「真実の利」とは、これから説かれていく阿弥陀仏の本願の救いを意味しているということは、経の文脈からいっても明らかであるが、『大経』の最後に説かれた付属の文と照らし合わせばいよいよ明白である。そこには『大経』上下二巻にわたって説かれた法義を阿弥陀仏の本願の名号ひとつにおさめて示し、本願を信じて名号を称えるものは、無上の功徳を身に円満せしめられるという「大利」を得るといわれている。すなわち、

仏、弥勒に語りたまはく、それかの仏の名号を聞くことを得て、歓喜踊躍して乃至一念せんことあらん。まさに知るべし、この人は大利を得とす。すなはちこれ無上の功徳を具足するなりと。

（註釈版聖典、八一頁）

と説かれたものがそれである。この「大利無上の功徳」が、序分に説かれた「真実の利」と対応していることはいうまでもない。そればかりか、付属の「得大利」は、そのすぐ前に説かれた「胎化段」に、仏智（本願）を疑うものは「大利を失う」といって、疑いを誡め、仏智（本願）を信ずべきことを勧められていた経説を承けた言葉でもあった(3)。すなわち『大経』で「真実の利」とか「大利」といわれたときには、阿弥陀仏の本願を信ずるところにめぐまれる利益を意味していたのである。こうして諸仏出世の本懐は、ひとえに『大経』を説いて阿弥陀仏の本願を明らかにし、万人平等の救いを知らせるということにあったことが明らかに領解できる。「正信偈」に「如来、世に興出したまふゆゑ

は、ただ弥陀の本願海を説かんとなり」といわれた所以である。

註

（1）『無量寿経』上（註釈版聖典、四頁）
（2）『無量寿経』上（註釈版聖典、四〇頁）
（3）『無量寿経』下（註釈版聖典、七九頁）

第四節　出世本懐の教

このようにして親鸞聖人は『大経』を出世本懐の経とみなし、真実教と断定されたわけであるが、実はどの経典を釈尊出世の本懐とみなすかということはそれぞれの宗によってちがっていた。天台宗（天台法華宗）や、日蓮法華宗では『法華経』を、華厳宗では『華厳経』を、法相宗では『解深密経』をそれぞれ出世本懐の経と主張しているわけである。それは各宗の祖師がたが、『法華経』なり、『華厳経』なり、『解深密経』なりを中心として、さまざまな、仏教思想を統合的に理解していかれたからであった。そのような教学的な営みは各宗独自の教判としてあらわされており、それによってそれぞれ独自の教義体系（宗義）を成立させていかれたわけである。しかし聖道門の祖師がたに共通しているのは、教義の浅深が主要な課題となっていたということである。もちろん仏教であるかぎり、理論的な教義体系の樹立にとどまらず、持戒、修行といった実践をともなっていたことはいうまでもないが、各宗がそれぞれ自宗の優位性を主張するときは、実践面よりも、むしろ教理の浅深を問題とする傾向が強かった。

たとえば平安時代の初期から中期にかけて天台宗と法相宗の間ではげしく三一権実の論争がたたかわされていた。一切の衆生は本来仏になるべき本性（仏性）をもっているから、修行さえすればだれでも仏になれると説く一切皆成仏の一乗仏教（『法華経』の説）が仏の本意にかなった真実の教えであると主張する天台宗と、五性（姓）各別説に立って三乗教こそ真実で、一乗教は方便説であると主張する法相宗との論争であった。五性各別とは、有情には先天的に仏になれる素質をもつものと、決して仏になれないものとがあるという説で、必ず仏になれる菩薩定性と、不定性のなかの一種は仏になれるが、声聞定性と縁覚定性は、小乗的なさとりしか開けないし、無性有情（仏性のないもの）は、どんなにしても生死の迷いを超えることができないというのであった。

こうした教理の浅深を争う教理論に立って、どの教義が仏の本意にかなうか、どの経典が仏の随自意真実であるかを論究していったのが聖道仏教の出世本懐論であり、教判論であった。それに対して法然聖人や親鸞聖人のそれは、教理の浅深を問題とせず、煩悩具足の凡夫である自身の救われる道を求め、仏の大悲の本意を見極めようとされたのであった。

死ぬるまで愛と憎しみの煩悩に翻弄されながら、生に迷い、死におびえつづける愚悪の身に、罪業はどれほど重くとも「本願を信じ、念仏をもうさば仏になる」と誓約された阿弥陀仏の救いがあるということを告げたもうている『大経』こそ、末法の世に生きるわが身の救われる「時機純熟の真教」

であると仰いでいかれたのが親鸞聖人であった。それも疑い深い私に疑いをあらせまいとして釈尊のみならず十方の諸仏が讃嘆し、証明していたもうている「十方称讃の誠言」であって、諸仏の本意にかなった経典とたたえていかれたのであった。

それにしてもこのように煩悩具足の凡夫を速やかに仏にならしめるということは、煩悩即菩提、生死即涅槃とさとられた仏の円融無碍の智慧の顕現であるような本願にして初めて可能な救済であるといわねばならない。そのような本願による速やかなる救いを説かれた『大経』の説法は「速疾円融の金言」というべきである。また、この経典を説かれるときの釈尊は、すべての仏陀をして仏陀たらしめている阿弥陀仏の徳に融けこみ、最勝の智慧に安住して、説かれた経典であるから、あらゆる経典に超えすぐれた「奇特最勝の妙典」というべきである。

こうして『大経』に説かれた本願は、自分の力では、決して仏になることのできない罪悪深重の凡夫の救いに焦点を絞りつつ、一切の衆生を平等に救うて速やかに仏にならしめていく教法であった。「一切の衆生、悉く仏性あり」と説かれていても、自力によって成仏しようとすれば、大部分のものは力及ばずして中途で挫折してしまうから、実際に成仏できるものは、ほとんどいないといった状況になる。それゆえ一切皆成仏説を立てて、一乗仏教であるといっても、自力難行の一乗は真の一乗とはいえなくなってしまう。こうして真に万人平等の救いを実現し、一切衆生、悉有仏性という法理を実現している究極の一乗仏教は、本願の救いを説く『大経』だけであるといわねばならない。親鸞聖人はそのことを、誓願一仏乗とよび、「教文類」には「一乗究竟の極説」と称讃されたのであった。

もちろん仏教であるかぎり、いずれの経典も人びとを救おうとする釈尊の大悲心から説き与えられたものにちがいはない。しかし、結果として愚悪の凡夫を見捨ててしまうことになる自力聖道の教えは、仏の大悲心の完全なる発露であるとはいえないであろう。それにひきかえ、善悪、賢愚をえらばずに、万人を平等に仏にならしめる本願の救いを説く『大経』こそ、釈尊はもちろん無限の大悲をもってこの世に出現されるすべての仏陀たちの出世の正意を顕した「如来興世の正説」というべきであるというのが、親鸞聖人の出世本懐論の基本的な立場であった。(1)

ところで存覚上人の『六要鈔』には、「教文類」の出世本懐論を解釈するにあたって、『大経』と『法華経』とを対望してどちらがまことの出世本懐であるかを論じられている。それは存覚上人が実際に日蓮法華宗徒と、出世本懐をめぐって対論をされた経験にもとづいていた。上人は建武四年（一三三七）に備後国（広島県）山南の光照寺慶円の招きによってその地に赴かれたが、そのころ激しい勢いで進出を始めていた日蓮宗徒の折伏活動を封じ込めるために、慶円たちのたっての願いをいれて、備後の国府において、守護の前で日蓮宗徒と対論をされたのである。そして『法華経』を出世本懐の真実教とし、『大経』を方便教とみなして、真宗門徒を折伏していた日蓮宗の出世本懐論を完全に論破されたのであった。建武五年三月、上人四十九歳のときのことであった。このときから備後では日蓮宗の進出が止まり、真宗の教勢が盛んになったといわれている。そのときの対論をもとにして著されたのが『法華問答』『決智鈔』であり、この『六要鈔』の出世本懐論であった。

存覚上人は、出世本懐を論ずるにあたって「教の権実に約する」と、「機の利鈍に約する」という二義をたてられる。それは誠に巧妙な与奪の論法（一往は相手の立場を認めながら、再往は論破すること）であって、まさに百戦錬磨の法将の面目躍如たるものがある。

その出世本懐の義を論ずるに、略して二の意あり。一つには教の権実に約す。三乗はこれ権、一乗はこれ実。ゆえに一乗を以って説いて本懐となす。これ法華の意なり。二つには機の利鈍に約す。『般舟讃』にいわく、「根性利なるものは皆益を蒙る、鈍根無智なるは開悟しがたし(2)」已上。『玄義』に云く、「諸仏の大悲は苦者に於いてす、心偏に常没の衆生を愍念したまふ。ここをもって勧めて浄土に帰せしめたまふ。また水に溺れたる人のごときは、急にすべからく偏に救うべし、岸上のものをば何を用いてか済うことをなさん(3)」已上。……大悲の本懐、唯、障重根鈍常没の衆生を済度するにあり。而るに利根は少なく、鈍根のものは多し、故に知りぬ。諸教の出離はこれ少なく、浄土の得脱は、その機これ多しということを。この道理に依れば、施すところの利益、諸教に超過せり。浄土の教門あに本懐に非ずや。（『六要鈔』一、真聖全二、二二二～二二三頁）

といわれたものがそれである。まず教の権実に約して出世の本懐を論ずるのが法華宗の論法であるといわれる。すなわち一代仏教を、声聞乗、縁覚乗、菩薩乗の三乗と、仏乗の四乗に分類し、三乗は未熟の機を一仏乗に誘引するために仮に設けられた権仮方便の教であり、機根が熟して三乗即一乗と開会した一仏乗の法、すなわち『法華経』こそ真実であり、出世本懐の経であるというのが、法華宗の立場である。すなわち自力聖道の教えの中で教法の浅・深、究竟（実）・未究竟（権）を問題とし、円融無碍の実相の法を開顕する教法を真実とみなしてゆくという立場から出世の本懐を論ずるならば、

『法華経』を出世本懐の経とみなすのはもっともなことである。これを教の権実に約して出世本懐を論ずる立場という。

これに対して浄土の法門は、機の利鈍に約して出世の本懐を論ずるというのである。いかに教法は高遠であっても、それを理解し、実践して、悟りを極めることができなかったら、絵に描いた餅にひとしい。円融無碍の実相を自力で体得できる利根のものは、正法の時代でも希であった。まして末法濁世に生きる鈍根無知の凡夫には不可能な道であるといわねばならない。しかるに「諸仏の大悲は苦者に於いてする」といわれているように、仏が大悲をもって教法を説かれる本意は、煩悩にせめさいなまれて苦悩している鈍根無知なる衆生を救うて、悟りの世界にいたらしめるためであった。そのために阿弥陀仏は、罪業深重のものも、もらさず救うことのできる他力救済の法門を成就し、十方の諸仏はこれを称揚讃嘆されているのである。

生死の苦海に沈没しているものをこそ、真っ先に救わずにおれないのが諸仏の大悲の本意であり、瀕死の病人を癒す薬こそ最上の薬であるように、極重の悪人を救うて仏陀たらしめる教法こそ諸仏の大悲にかなった最上の法門といわねばならない。その意味で極悪の機の救いに焦点を定めて、凡聖、善悪、一切の衆生を平等に救う阿弥陀仏の本願の法門こそ、釈尊出世の本懐の教であり、真実の意味での仏乗であり、一乗教であるといわねばならない。こうして、教の権実という立場からいえば『法華経』も一往出世本懐といえるが、再往、機の利鈍という立場に立って大悲の仏意を仰げば、鈍根無知の機をもらさず、万機を平等に救済する浄土の経典こそまことの出世本懐であって、『法華経』をはじめとする自力聖道の諸経は非本懐としなければならないというのである。

註

（1）「教文類」の最後に六句をもって真実教を讃嘆して「まことにこれ、如来興世の正説、奇特最勝の妙典、一乗究竟の極説、速疾円融の金言、十方称讃の誠言、時機純熟の真教なりと知るべし」といわれている。

（2）『般舟讃』（註釈版聖典七祖篇、七一八頁）

（3）「玄義分」（註釈版聖典七祖篇、三一二頁）

第五節　『無量寿経』の宗体

「教文類」のはじめに『大経』の大意を明かしたあと、経の宗と体をしめして次のようにいわれている。

この経の大意は、弥陀、誓を超発して、広く法蔵を開きて、凡小を哀れんで選んで功徳の宝を施することを致す。釈迦、世に出興して、道教を光闡して、群萠を拯ひ恵むに真実の利をもつてせんと欲すなり。ここをもつて如来の本願を説きて経の宗致とす、すなはち仏の名号をもつて経の体とするなり。（註釈版聖典、一三五頁）

阿弥陀仏は、煩悩に翻弄されている凡夫を哀れんで大悲の本願を建立し、一切衆生を救うべく本願の名号を成就して回向したまい、釈尊は、群萠に真実の利益を恵もうとして、出世の本懐であるこの経を説き、弥陀の本願の救いをわれらに知らせたもうた。それ故『大経』は、本願を宗とし、名号を体とする経典であるといわれるのである。

宗とは宗要、宗致と熟語され、「かなめ」「むね」という意味で、その経典があらわそうとしている法義の中心となるかなめの事柄をいう。体とは主質、本体のことで、その経典の本質をいう。

もともと宗体論は、経典を注釈するにあたって、まずその経典が何を説こうとしているかをあきらかにするための論題であって、これに宗体同論説と、宗体別論説とがあった。宗体同論説というのは、宗と体とを、ともに所詮の法義のうえで語り、宗とする法義の、帰するところを体と呼ぶというような考え方である。また宗体別論説のなかにも、慈恩大師のように宗は所詮の法義、体は能詮の言教というふうに分ける説とか、天台大師のように所詮の法義の中で、因果を宗とし、因果を超えて因果を成立せしめる非因非果の実相を体とする説などがあった(1)。

曇鸞大師は『論註』上に、『大経』『観経』『小経』をあげて「すなはち仏の名号をもつて経の体となす」といい、善導大師は、「玄義分」に『観経』の宗体を論じて、「いまこの『観経』は即ち観仏三昧をもつて宗となし、また念仏三昧をもつて宗となす。一心に廻願して浄土に往生するを体となす」といい、一経に両宗と一体を顕されたことは有名である。また法然聖人は『選択集』の最後に八選択を明かしたあと「三経ともに念仏を選んで宗致となす」といわれているように「浄土三部経」はいずれも選択本願念仏を宗とするとみられていた(2)。

親鸞聖人は「教文類」と『浄土文類聚鈔』とに「本願為宗、名号為体」といわれているが、「化身土文類」には三経を真仮に分けた上で、「三経の真実は、選択本願を宗とするなり。また三経の方便は、すなはちこれもろもろの善根を修するを要とするなり」といい、また『愚禿鈔』や『三経往生文類』には往生の果について真仮を分判した上で、三経の宗を論じ、「難思議往生は大経の宗なり、双樹林下往生は観経の宗なり、難思往生は弥陀経の宗なり」といわれている。(3)

親鸞聖人の「教文類」の宗体論について、存覚上人は『六要鈔』一に、

問う、如来の本願は即ちこれ名号なり、しからば宗体何の別かあるや。答う、本願というはまず六八を指す、これをもつて宗となす。願願の所詮偏に念仏にあり。これをもつて体となす。このゆえに、しばらく総別をもつて異となす。（真聖全二、二一六頁）

といわれている。これによれば本願とは四十八願をさし、名号とは、念仏のことで、善導大師が、四十八願は第十八願に帰一し、念仏往生の法義を顕すほかにないといわれたのをうけて、『大経』は、四十八願を説く経典であるが、その所詮は、念仏往生の一法に帰するということを顕すのがこの宗体の釈であるといわれるのである。これは宗の帰するところを体とするとみなす宗体同論の立場で解釈されたものである。

石泉僧叡師は、本願とは因位の第十八願をさし、名号とはその因願の成就した果徳としての名号願力、すなわち果力を顕しているといい、本願、名号とは、因願果力つまり願力のことであるとしている。すなわち宗と体とは、因と果の違いであり、『大経』とは、阿弥陀仏の名号願力によって一切衆生が救われていくことを説く経典であると顕すのが、本願為宗、名号為体ということであるとしてい

る。そしてこの『大経』所詮の法である名号願力が衆生に回向されて行信となっていくといっている。(4)

東陽円月師は、親鸞聖人の宗体論は、天台大師の「因果為宗、実相為体」という宗体別論説によって釈述されたものとみて、「衆生往生の因果をもって一経の宗とし、往生の因果を全うじて一つの正覚を成ず、ゆえに正覚の果名を衆生往生の体とする」という。すなわち本願とは第十八願をさし、一経の宗要はこの願に極まるから本願為宗というが、そこにおのずから衆生往生の因果が収まっているという。名号為体とは、六字の名号を経の体質とするということで、『大経』一部は、この名号の義（いわれ）を顕すほかはなく、経の片言隻句も名号でないものはない。すべては名号体上の義別であるということをあらわしているという。(5)

利井鮮妙師は、法霖師などの説を承け、本願とは、『教行証文類』では第十八願の別目として用いられているから、第十八願とすべきであるが、そこに真実五願を摂しているとして、五願総摂の第十八願を本願といわれたとする。すなわち開けば、第十七願（教・行）、第十八願（信）、第十一願（証）、第十二、十三願（真仏・真土）の五願六法に展開し、衆生往生の因果となるような第十八願の法義が『大経』の要であると顕すのが本願為宗ということである。つぎに名号為体というのは、非因非果の実相法である名号を教の本体とするということであるという。すなわち偈前の文に選択本願の行信因果をおさえて「これすなはち誓願不可思議一実真如海」といい、教を嘆じては「一実円満の真教」、行を嘆じては「真如一実の功徳宝海」、信を嘆じては「真如一実の信海」といい、いずれも真如実相の顕現であるといわれている。証や真仏土が真如の顕現であることはいうまでもない。このように、教行信証の因果の全体が、真如法性の顕現であるということを名号為体といわれたというのである。

ところで真如は理性であり、名号は修徳顕現された事相の法であって、名号をただちに真如実相ということはできないであろうという問題がある。これについて鮮妙師は、浄土門における実相とは、聖道所談のような単なる理性ではなく、阿弥陀仏の徳そのものをさす。『一念多念文意』に「真実功徳と申すは名号なり、一実真如の妙理、円満せるがゆゑに、大宝海にたとへたまふなり」といい、阿弥陀仏の因果もそこから顕現するような真如一実の徳を名号として顕されているというのである。いいかえれば阿弥陀仏の因果となって衆生を救いつつあるはたらきのほかに真如はないとみるのである。すなわち真如即弥陀、弥陀即真如であるような名号が『大経』の本体であり、それが教行信証の四法となって衆生の上に顕現していくのであるから、それを四法円具の名号とも、非因非果の名号実相法ともいい、それを名号為体といわれたとするのである[6]。

このように先哲は宗体論についてさまざまの深義を開顕されているが、すでにのべたように『大経』は阿弥陀仏の第十七願に応じて釈尊が開説された経であった。その第十七願は十方の諸仏をして「我が名を咨嗟し称せしめよう」と誓われていた。すなわちその名号のいわれを本願の生起本末をもって詳しく咨嗟し讃嘆されているのが『大経』であった。それゆえ親鸞聖人は、第十八願成就文に「諸有の衆生、その名号を聞きて、信心歓喜す」といわれた「聞く」ということを「聞といふは、衆生、仏願の生起本末を聞きて疑心あることなし、これを聞といふなり」と釈されたのである[7]。仏願の生起本末とは、一如の顕現であるような法蔵菩薩の大悲の必然として苦悩の衆生を救おうとする本願がおこり、永劫の修行によってその本願は成就され、阿弥陀仏となられたのであるから、本願を信じ念仏するものは、本願の誓いのとおりに必ず往生成仏せしめられるという阿弥陀仏の救いのいわれのことである。『大経』は本願の始終をもって名号のいわれを説く経であった。

こうして釈尊が名号を讃嘆されるということは、弥陀成仏の因果が、衆生往生の因果をあらしめていくという生仏一如に成就せられた本願（第十八願）の生起本末を説くことを意味していた。それゆえ『大経』は「如来の本願を説きて経の宗致とす」るが、それはとりもなおさず『大経』の本体が仏の名号であるということを意味しているから「すなはち仏の名号をもつて経の体とするなり」といわれたのである。

註

（1）宗体同論説としては、たとえば嘉祥大師の『観経義疏』（大正蔵三七、二三四頁）に「宗を以て体となし、体を以て宗となせば宗体異なし。（中略）別して此経を論ぜば浄土の因果を体となし、物を勧めて修因往生せしむるを宗となす」というものがそれである。また宗体別論の立場で論ずるものとしては、慈恩大師『成唯識論述記』（大正蔵四三、二三〇頁）に所詮の唯識の理を宗とし、能詮の声・名・文・句を体とするものや、天台大師『法華玄義』（大正蔵三三、六八二頁）のように所詮の理のうえで実相を体とし、因果を宗とするとし、しかも両者は不一不異の関係にあるというものなどがそれである。

（2）『論註』上（註釈版聖典七祖篇、四八頁）、「玄義分」（註釈版聖典七祖篇、三〇五頁）、『選択本願念仏集』（註釈版聖典七祖篇、一二八五頁）

（3）『浄土文類聚鈔』（註釈版聖典、四七八頁）、「化身土文類」（註釈版聖典、三九二頁）、『愚禿鈔』（註釈版聖典、五〇五頁）、『三経往生文類』（註釈版聖典、六二五頁以下）
（4）『柴門玄話』（真宗叢書別巻、四六頁）
（5）『宗要百論題』（真宗叢書一、五八八頁）
（6）『宗要論題決択編』（真宗叢書一、五九九頁）
（7）「信文類」（註釈版聖典、二五一頁）

第四章　真実の行

第一節　真実行の開顕

『教行証文類』は、「教文類」につづいて「行文類」がおかれている。迷えるものに道を明らかにするのが教であるならば、教につづいて行道が説かれるのは必然である。愛憎の煩悩にまつわられて人生に惑い、また生死の行方を見定めることの出来ない愚かさゆえに、迫りくる死の不安におびえる私どもに、「この道を行け」と指示するのが真実の教であり、その道が南無阿弥陀仏という選択本願の行であった。それが万人を平等に救うて、やすらかな涅槃の浄土にいたらしめる真実の行であり、最勝の大行であるということを、仏陀のみ言葉と祖師の聖教によって論証し、顕示されるから「顕浄土真実行文類」というのである。

親鸞聖人がこの「行文類」をあらわされるには重大な動機があった。それは『教行証文類』そのものの撰述の動機にも関わることであったが、大きく対外的と、対内的とに分けることが出来よう。対外的な動機というのは、法然聖人の在世当時から滅後にわたって幾度も法然教学に対して加えられた南都・北嶺の旧仏教側からの論難・攻撃に対する応答であった。その論難は、単に理論的な攻撃にとどまらず、国家権力による専修念仏停止と、念仏者の処分という弾圧事件さえ引き起こしていったから、専修念仏者にとっては死活問題でもあった。それに対して法然聖人の専修念仏の教法の真実性を証明するためには、どうしても称名念仏が真実なる成仏の行法であり、偉大な行法であることを証明しなければならなかったのである。また対内的には本願の念仏と信心の交際を明示することと、同時にまた法然門下に起こっていた一念多念の諍いに明快な決択を与えて、法然聖人の念仏往生説の真髄を明らかにする必要があったからである。そのために聖人は、本願力回向の行信という全く新しい教学的視野を開くことによって、行は選択本願念仏の一行であり、信は三心即一の一心であるという、一行一心の法義を確立し、念仏成仏という浄土真宗の教学を大成していかれたのであった。

建永二年（一二〇七・承元元年）二月、承元（建永）の念仏停止とよばれる事件がおこった。これによって法然門下の高弟たちは一斉に検挙され、安楽房、住蓮房たち四名が死罪となり、法然聖人をはじめ八名（実際は七名か）が遠流の刑に処せられた。そのとき親鸞聖人も流刑に処せられて越後に赴かれたことは周知のとおりである。この法難は、巷間伝えられているような念仏者の風紀問題というような浅薄なものではなくて、旧仏教と、法然聖人の新しい仏教運動が引き起こしたのっぴきならない思想的な対立が生み出した事件であったと親鸞聖人は捉えられていた。すなわち、この事件の当事者である親鸞聖人は、承元の念仏停止を引き起こす根元となったのは、南都の法相宗の本山興福寺から朝廷に出された『興福寺奏状』であると『教行証文類』の後序に断言されていた(1)。

『興福寺奏状』は当代一流の学僧であり、多くの人々の尊敬を集めていた笠置の解脱上人貞慶が起草したもので、そこには九箇条の失をあげて法然聖人の教学を批判している(2)。そのなか第四万善を妨ぐる失、第六浄土に暗き失、第七念仏を誤る失の三箇条は、選択本願に立脚して立てられていた法然聖人の専修念仏説を真向から否定するものであった。

「万善を妨ぐる失」とは、法然聖人が諸善万行を廃捨したことを非難するものである。すべての善根は、釈尊が永劫にわたる難行苦行によってそれが成仏道であることを確かめられたものであって、それを機縁に応じて人々に実践させ、解脱させていかれた成仏の要路である。しかるに弥陀の名号を専修する一行のみに偏執して、諸善万行という悟りへの道を、すべて難行道の故をもって捨てさせた法然はまさに謗法罪にあたる重罪を犯している。ことに仏教で一般に功徳ありとされていた『法華経』の読誦や、真言、止観に縁を結び、堂塔を建立し、尊像を造絵することを、ことごとく雑行と称して、土くれのように捨てさせたことは、仏教への反逆であり許せない所行であるというのである。

「浄土に暗き失」というのは、『大経』や『観経』はもとより、曇鸞大師の『略論安楽浄土義』や、道綽禅師の『安楽集』を始め、浄土の諸師たちも盛んに諸行による往生を説かれているのに、それを無視して、諸行は往生の行に非ずというのは、浄土の教学に暗いばかりか多くの人々を欺くものだというのである。ことに『観経』の九品の経説を無視して、下下品の悪人と、上上品の賢善者とが、同じ浄土(報土)に往生して同じ果報を受けることができるなどというのは、因果の道理に背くもので、愚痴のきわまりであると嘲笑している。

また「念仏を誤る失」というのは、法然は口称念仏を最上の行のようにいうが、それは誤りである。元来仏教では観念はすぐれ称名は劣るという観勝称劣が通規であって、一番劣っている称名を決定往生の業因とし、一番勝れている観念仏を捨てさせるということは暴論である。同じく念仏といっても、念ぜられる仏に仏名もあれば仏体もある。その仏体にも報身や応身といった姿形のある事仏もあれば、色もなく形もない真如法性の身（法身）という理仏もある。この法身真如こそ仏の悟りの本体であるから最高とし、仏名はその名前に過ぎないのであるから最下とする。また仏を念ずるありさまにも、口に仏名を称える口称もあれば、心に仏を念ずる心念もある。その心念にも日常的な散乱した心のまで仏徳に想いをかける繋念と、禅定（深い精神統一）を修して報身仏や法身仏を観念していく定心念仏とがある。その定心のなかにも、まだ煩悩がまじわっているような有漏定もあれば、煩悩妄念の消滅した無漏定もある。こうしたなかで口称念仏は最も浅劣な行であり、無漏の定心念仏が最も深く勝れた行であるということは仏教の常識である。

それなのに法然は、阿弥陀仏は第十八願において、「乃至十念せよ」と称名念仏を往生行と定められているから、称名以外の行をする必要はないという。しかし、如来の本願がどうして勝行をさしおいて劣行のみを往生行と定められることがあろうか。この本願は実は「観念を本とし、下口称におよび、多念をもつて先として、十念を捨てざる」大悲の深さをあらわすためにその最下をあげて「乃至十念」と誓われたものである。その本願の心を知らずして、下下の悪人がわずかに称えた十声の称名を、まるで仏の本意であるかのように主張し、上上の善人が修行しているすぐれた諸善を捨てさせることは、近くは善導大師の釈義に背き、遠くは『観経』等の諸経の説に反する邪説であると痛烈に非難をしている。

法然聖人がなくなった直後、学徳一世を風靡していた栂尾の明恵上人高弁が『摧邪輪』三巻を著し、さらに『摧邪輪荘厳記』一巻を著して法然教学を論破してきた。その問題は主として菩提心論に関するものであったが、念仏観についても、『興福寺奏状』をさらに精緻にしたかたちできびしい論難を加えてきたのであった。さらに法然聖人の十三回忌にあたる貞応三年(一二二四・元仁元年)、今度は天台宗の本山、比叡山延暦寺から専修念仏を禁制にするようにという訴状が朝廷へ上奏された。この『延暦寺奏状』(延暦寺大衆解)によってその八月に念仏停止が宣下され、それがさらに三年後の嘉禄三年(一二二七・安貞元年)におこる嘉禄の法難の口火となっていくのであった。『延暦寺奏状』には、六箇条にわけて法然聖人の教えを非難しているが、その第五条にかかげている「一向専修の輩、経に背き、師に逆らふ事」というのが『興福寺奏状』のさきにあげた三箇条と同じ趣旨をのべたものである。すなわち専修念仏者は、称名以外はすべて雑行であるから往生できないといい、逆に十悪五逆をつくって慚愧の心さえないものも称名すれば往生できると主張し、あまつさえ「悪業を怖れるものは仏願を疑うものである」といって愚人をたぶらかしている。それは『観経』に説かれた諸善万行の往生を否定するばかりか、持戒の清僧であった善導大師のいましめに背くもので、責めても余りあるものだと非難している。(3)

こうして法然聖人が開顕された選択本願念仏の教えは、南都、北嶺の学僧たちの非難の的となり、国家からは厳しい罪科に問われ、誕生したばかりの浄土宗（往生浄土を宗とする選択本願の教法）は、地上から抹殺されようとしていたのである。このような状況のなかで、法然聖人からその主著『選択本願念仏集』の伝授をうけ、浄土宗の将来を託されていた親鸞聖人は、その師恩に応答するために『教行証文類』をあらわして、選択本願念仏の法義を顕彰し、浄土宗の真実義（浄土真宗）を不動の思想体系として確立していかれたのであった。それは法然聖人の門弟としての思想責任を果たすものであったといえよう。

なかでも「行文類」は、法然聖人の教示によって「ただ念仏して弥陀にたすけられまゐらすべし」という念仏往生の信心に生きていかれた親鸞聖人が、念仏の一行こそ、弥陀、釈迦、諸仏の本意にかなった大行であり、龍樹菩薩以来の浄土の祖師が御身をもって証明せられた真実行であることを、仏祖のみ言葉をもって立証していかれたものであった。『教行証文類』のなかでもとくに「行文類」だけが、七高僧の聖教のすべてを引用し、そればかりか中国や朝鮮半島の各宗の祖師方の念仏讃仰の文まで引かれているのも、称名が真実行であるということの普遍性を証明するためであったといえよう。

ことに引文の最後に『選択本願念仏集』の題号と「南無阿弥陀仏　往生之行　念仏為本」の標宗の文と、『選択本願念仏集』十六章の全体を要約した三選の文が引かれている。これは『選択集』全体を引用されたと同じ意味をもっていることはすでに先哲の指摘されたとおりである。『選択集』の法義の真実性を顕わすために書かれた『教行証文類』において『選択集』の引用は、ただ「行文類」だけであるということによって「行文類」のもつ特別な意義を知ることができよう。すなわち「行文

類」は、選択本願念仏の真実性を証明するための巻だったのである。それゆえ『選択集』の引文につづいて、

あきらかに知んぬ、これ凡聖自力の行にあらず。ゆゑに不回向の行と名づくるなり。大小の聖人、重軽の悪人、みな同じく斉しく選択の大宝海に帰して念仏成仏すべし。（註釈版聖典、一八六頁）

と結ばれたのであった。これは上来引用してきた経論釈の文によって、選択本願の念仏は、私のはからいによって行じ、如来に回向していくような自力の行ではなく、如来より回向された真実なる大行であるといい、善人も悪人も、もろともに選択本願に帰入して念仏成仏しようではないかと勧励していかれるのである。こうして「行文類」は「ただ念仏のみぞまことにておはします」と念仏の真実性を内外にむかって証明するものだったのである。

註

（1）「化身土文類」後序（註釈版聖典、四七一頁）
（2）『興福寺奏状』（日本思想大系一五所収、岩波書店）
（3）『延暦寺奏状』（延暦寺大衆解）（『鎌倉遺文』巻五所収）

第二節　一念多念の諍論

法然聖人（一一三三～一二一二）の晩年から滅後にかけて、その門下において一念多念の諍論がおこり、

社会問題にまで発展していった。[1]『古今著聞集』巻二には、「後鳥羽院、聖覚法印に一念多念の義を尋ね給ふ事」として、

後鳥羽院、聖覚法印参上したりけるに、近来専修の輩、一念多念とて、たてわけてあらそふなるは、いづれか正とすべき、と御尋ありければ、行をば多念にとり、信をば一念にとるべきなりとぞ申侍ける。（新訂国史大系一九、五〇頁）

と記載されているが、上皇が関心をもつほど話題になっていたのである。鎮西派の派祖の聖光房弁阿上人（一一六二～一二三八）の『浄土宗名目問答』下や『末代念仏授手印』には、[2]一念の義と多念の義とが水火のように対立して争っているといい、隆寛律師（一一四八～一二二七）は『一念多念分別事』のなかで、また聖覚法印（一一六七～一二三五）は『唯信鈔』において、それぞれ一念多念の偏執を誡められていた。そしてまた親鸞聖人が『一念多念文意』や「御消息」をとおして、一念と多念の是非を争うというような無益の論争をすべきではないと厳しく誡められていることは周知の通りである。『教行証文類』の行信論も、こうした一念多念の争いを見すえながら、本願の行信は如来よりたまわった法であって離すことができないといい、それゆえ一方を取って他方を捨てるというような愚を犯してはならないと誡め、正しい行信の意義とその領解を示されたものであった。

それにしても一念多念の争いがはげしかったことにくらべて、一念義と多念義の実態は必ずしも明確ではない。一念義の主唱者が誰であり、どのような一念義を唱導したのか。また多念義の主唱者が誰であり、どのような多念義を主張したのかさえも必ずしも明らかではないのである。とくに一念義

には種々雑多なものがあったようであるが、それにもましてさまざまな誤解や臆説がまじわっていた。また一念義あるいは多念義の主唱者といわれていても、必ずしもそうでなかったり、また異義といえないようなこともあったと考えられる。

ともあれ古来一念義の代表的な人物は法本房行空上人（生没年未詳）と、成覚房幸西大徳（一一六三〜一二四七）であり、多念義の代表者は隆寛律師と空阿上人（一一五六〜一二二八）であったとされている。愚勧住信上人の『私聚百因縁集』、日蓮上人の『一代五時図』、凝然大徳の『浄土法門源流章』など、いずれも幸西大徳を一念義の派祖、隆寛律師を多念義の派祖としている。(3) また藤原長兼の『三長記』には行空上人は過激な一念義を唱えたことによって、法然聖人から破門されたと記している。(4) また信瑞上人の『明義進行集』には、空阿上人を「多念の純本、専修の棟梁なり」としている。(5) そのほか鎮西派の弁阿上人も多念義であったといえよう。

法然聖人の門下で争われていた一念義と多念義について詳しく述べるいとまはないが、幸西上人は明らかに一念義にちがいないが邪義とはいえないであろう。また証空上人（一一七七〜一二四七）や親鸞聖人などは一念義的傾向が強かったが一念・多念を超えていた。空阿、弁阿両上人や、源智、念阿、湛空上人、それに高野の明遍僧都と、その一門の蓮華谷系の聖たち、あるいは越中の光明房や平基親など、多念義系の道俗は法然門下の多数派を占めていたようである。なお隆寛律師も多念義的傾向は強かったが『一念多念分別事』に見られるように、決して多念義ではなく、聖覚法印は一念義に親近性を示しながらも一念義ではなかったことがわかる。

思想的にいって一念義は法然聖人の教学のなかで、特に選択、廃立の宗義を徹底させていくという境位で成立していく。聖道門を捨て、雑行を捨て、助業を捨て、多念の称名も捨てて、一声の称名を決定往生の業因と信じていくからである。このような徹底した廃立によって念仏往生の信（三心）を確立していくことを善導大師の用語にしたがって安心門というとすれば、一念義はまさに安心門の論理を主にして構築された思想であったといえよう。

それに対して多念義は起行門の論理を主にして構築された思想であったということができよう。もともと起行とは、安心門において成立した至誠心、深心、回向発願心という念仏往生の信心を相続し実践していくことであった。すなわち正定業である念仏を中心に礼拝、讃嘆、観察、作願、回向という五念門を念仏の助業として実践していくことを起行という。その修行のありさまは、恭敬修、無余修、無間修、長時修という厳粛な四修の法にのっとって実修していくわけで、これを作業門といい、長時、無間に念仏を実修していくのである。弁阿上人が念仏を中心に五念門と四修を強調される所以である。この安心、起行、作業の三門は、善導大師の『往生礼讃』の前序に示されたもので、もともとは浄土教の宗教儀礼を教義的に確立されたものであった(6)。しかし法然門下では、廃立を中心にした安心門的発想で浄土宗の独自性をきわ立たせようとする立場と、念仏（正定業）と五念門（助業）の実践を中心にした起行門的発想をもって、浄土願生者（後世者）としての厳粛な生き方を強調する立場との二傾向がでてきたのであった。前者の立場を強調して多念を否定したものが一念義であり、後者を強調して一念往生を否定したものが多念義である。

そして廃立を主とする一念義は、在来の宗教的権威と厳しく対決し、神祇信仰を否定し、戒律をはじめとする聖道門の修行体系を否定していったために、社会の秩序を乱す不逞の輩として非難され、弾圧を受けるに至ったのである。それに対すれば多念義は、戒律を守り、善行を勧め、従来の仏教の修行形態と類似しているばかりか、『往生要集』以来の浄土教の伝統にそっていたから、それほどの違和感もなく旧仏教側にも受けいれられたようである。

ここで一念義と多念義の特徴をいくつかあげておこう。まず一念義というのは、信の一念、あるいは行(称名)の一念によって往生が決定すると説くものをいう。ただし信の一念とは、念仏往生の本願を信ずる信心が起こった「時」という意味をあらわす場合と、「ひとおもいの信心」「二心のない信心」という場合とがあった。行の一念とは、一声の称名ということであった。そして信の一念もしくは行の一念にとらわれて多念の称名相続を否定するものを一念義というのである。ともあれ一念義とは平生の一声の称名によって往生ができると信ずるべきであると主張し、第二念以後の称名は往生の因ではないという多念称名非因説をとることが多い。したがってこの説は、また一念によって平生に往生の業因が成就するという平生業成説、現生不退説になっていく。もっとも幸西大徳の現存する典籍(『玄義分抄』や『源流章』所引の諸書)に見るかぎり、称名を業因に非ずと言明した文章は見出せない。大徳はどこまでも念仏往生説の範囲内で一念義を立てているようである。

多念称名を非業因としながら、しかも多念の称名をどのような意味で勧めるかということについては二説があったようである。一つは、多念の称名は報恩のために称えるべきであるとする報恩称名説である。これは『基親書簡』にあげられた説で、『漢語灯録』所収本には、称名を報恩のいとなみとして位置づけた一念義を成覚房幸西の説と註記している。ただし『西方指南抄』所収本にはこの註記はない。(7) 第二は、一念以後の称名は法界衆生に回向する利他行であるとみなすもので、『親鸞聖人御消息』の第四十一通に収録されている教忍房あてのご消息に見られる誰か（教忍房？）の説である。(8) なお親鸞聖人は、信と行を不離の関係とし、信一念は機受を顕わし、行一念は所信の行体の徳を顕わす法門であるとされる。そして行相としては多念の称名を勧められているから、一念を強調されるが一念義ではないというべきである。

ところで称名を往生の因として認めない一念義の場合はどうしても称名が軽視され、称名をはげむものは本願他力を信じない自力の行者であると批判をするものがいたことから、はげしい論争がまきおこったわけである。そればかりか一念業成、平生業成を強調するあまり、本願を信じ一声の称名をしたものは、どのような罪悪も往生の障りにならないといったことが、「悪は思ふさまにふるまふべし」といって人倫を乱していると人々に受けとられ、また露悪的な過激な行動をとるものもいたために、はげしい非難を浴びるようになったようである。

多念義とは、称名は本願において選択された正定の業因であるから、生涯相続しなければならないという称名正定業説を文字通りに解釈して一念業成を認めないものである。その称名相続には当然五念門、四修といった助業を并修し、別時念仏、日課念仏を勧めていく。したがって多念義の特徴は、平生業成に対して臨終来迎を期し、臨終業成を強調する点にある。ただしその臨終来迎を平生の称名の自然の利益として語り、来迎の利益として臨終正念を得て往生するとする説と、平生の多念相続の習練によって、臨終にも心が顚倒せず、正念を成就し、その正念によって来迎を感得し、そのときに往生の業因が決定するという説とがあった。前者は「法然聖人御説法事」にもみられるように平生業成に属するが、(9)後者は『往生要集』の臨終行儀の伝統をうけたもので、多念義の主流は後者であって、弁阿上人や良忠上人などが臨終行儀を重視するのはその故であった。

聖覚法印の『唯信鈔』によれば、

つぎに念仏を信ずる人のいはく、「往生浄土のみちは、信心をさきとす。信心決定しぬるには、あながちに称念を要とせず。『経』にすでに「乃至一念」と説けり。このゆゑに一念にてたれりとす。遍数をかさねんとするは、かへりて仏の願を信ぜざるなり。念仏を信ぜざる人とておほきにあざけりふかくそしる」と。（註釈版聖典、一三五四頁）

といわれている。そして「この説ともに得失あり」といい、「往生の業、一念にたれりといふは、その理まことにしかるべしといふとも、遍数をかさぬるは不信なりといふ、すこぶるそのことばすぎたりとす」と批判し、最後に「このゆゑに、一念決定しぬと信じて、しかも一生おこたりなく申すべきなり。これ正義とすべし」と結ばれている。

これによれば、念仏を信ずる人が、一念、すなわち一声の称名によって往生が決定すると信じて、称名の遍数をかさねることをやめることを一念義とよんでいるようである。「信心決定しぬるには、あながちに称念を要とせず」といっているのは、信の一念を表しているようにもみえるが、一念という言葉は称名の一声をさしていたと考えられる。「すでに乃至一念と説けり、このゆゑに一念にてたれりとす」という一念は、『選択集』「利益章[10]」に『大経』の三処の一念（第十八願成就文、下輩、付属）をすべて称名の一念、すなわち行の一念とされているものをそのまま受けているとしなければならないからである。従って「一念決定しぬと信じて、しかも一生おこたりなく申すべきなり」とは、一声の称名によって業因決定すと信じて、その正定業たる念仏を生涯多念相続するということを正義とするといっているのである。

それは法然聖人がつねに言われていたという次のような言葉を受けていた。

一念・十念にて往生すといへばとて、念仏を粗相に申せば信が行をさまたぐる也。念念不捨といへばとて、一念十念を不定におもへば、行が信をさまたぐる也。かるがゆへに信をば一念にむまるととりて、行をば一形はげむべし。（『和語灯録』四、真聖全四、六三三頁）

この場合「信を一念に生まるととる」というのは、一声の称名を決定往生の業因と信じることで、本願は、一声で一度の往生を可能にするような無上功徳の法を成就されていると信じることを言う。「行をば一形はげむべし」とは、本願に選択された名号をいのちの限り称えつづけることが、念仏往生の本願を信受し念仏を正定業と信じているもののすがたであるということである。

註

（1）法然聖人を中心とした一念多念論については拙著『法然教学の研究』所収の「法然聖人における一念多念の問題」を参照されたい。なお幸西大徳の一念義については拙著『玄義分抄講述』を、隆寛律師の一念多念論については『一念多念文意講讃』をそれぞれ参照されたい。
（2）『浄土宗名目問答』下（浄全一〇、四一三頁）、『末代念仏授手印』（浄全一〇、一頁）
（3）『私聚百因縁集』（日仏全、一一六頁）、『一代五時図』（『日蓮遺文』一、二二八七頁）、『浄土法門源流章』（浄全一五、五九一頁）
（4）『三長記』（増補史料大成、一八三頁）
（5）『明義進行集』（法然上人伝全集、一〇〇七頁）。もっとも空阿の門弟には一念義系のものも、多念義系のものもいたから、空阿の行状が多念的であったとしても、必ずしも多念義と限定することはできまい。
（6）『往生礼讃』前序（註釈版聖典七祖篇、六五三頁以下）。なお、安心、起行、作業の意義については、拙稿「善導大師の行業論」（『行信学報』第七号）参照。
（7）『基親書簡』（法然上人全集、五五四頁）、『西方指南抄』下本（真聖全四、二二一頁）
（8）『親鸞聖人御消息』（註釈版聖典、八〇五頁）
（9）「法然聖人御説法事」（『西方指南抄』上本、真聖全四、五二頁）、「逆修説法」（『漢語灯録』上、真聖全四、四三一頁）
（10）『選択集』「利益章」（註釈版聖典七祖篇、一二二三頁）

第三節　大行の意義

『教行証文類』のなかで行について顕わされているのは、「行文類」と「化身土文類」である。いうまでもなく「化身土文類」は廃捨すべき自力方便の行を明かしたものであり、「行文類」は信受す

べき真実行を顕わされたものである。『正像末和讃』には、

真実信心の称名は　弥陀回向の法なれば

不回向となづけてぞ　自力の称念きらはるる（註釈版聖典、六〇七頁）

と勧誡されている。念仏往生の本願を疑いなく受けいれたまことの信心をもって称えている称名は、阿弥陀仏が本願をもって成就し、廻施されている行法であるから、称えて如来に回向していくような私の行とは質が違っているというのである。それは法然聖人の念仏不回向説をうけて、如来回向の行と、自力回向の行とのちがいを明らかにされたものである。そして「行文類」は、真実信心の称名が真実行であり、大行といわれるゆえんを、釈尊の経説と、七高僧をはじめとする祖師がたの論釈によって顕わすから「顕浄土真実行文類」（浄土真宗における真実の行を顕わすために経論釈の文を集めた書）といわれるのである。

行ということばについて、『三経往生文類』には「真実の行業あり」といわれているから、行は業（行為）の意味とされていたことがわかる。また『唯信鈔文意』に名号を「行ぜしめたまふなり」の「行」に左訓を施して「おこなふとまうすなり」といわれているから、行とは「おこなう」という意味だったことがわかる。(1)すなわち行を「行業」とか「おこなう」というのは、仏教で一般に「修行」という場合の行と語義そのものは同じであったといえる。たとえば、『一念多念文意』に「専修は本願のみなをふたごころなくもつぱら修するなり。修はこころの定まらぬをつくろひなほし、おこなふなり(2)」といわれている。余仏を念じ、余善に心が移って定まらない疑惑の状態を「つくろひなほし

もともに「おこなう」という意味で理解されていたわけである。

ところで一般に行業とか「おこない」は、身・口・意の三業に分けられるが、称名は「口」でおこなうのであるから、当然、口業としての行であった。その口の行いである称名が、大行であり、真実行といわれるときは、それが私どもの煩悩を寂滅せしめて、涅槃のさとりに至らしめるような徳義をもった「おこない」だからである。『尊号真像銘文』末に法然聖人の『選択集』「三選の文」を釈するなかに、

「正定之業者即是称仏名」といふは、正定の業因はすなはちこれ仏名をとなふるなり。正定の因といふは、かならず無上涅槃のさとりをひらくたねと申すなり。「称名必得生依仏本願故」といふは、御名を称するはかならず安楽浄土に往生を得るなり。仏の本願によるがゆゑなりとのたまへり。(註釈版聖典、六六六頁)

といわれたように無上涅槃の因となる徳義をもった「おこない」であった。

人間は、日夜、善悪さまざまなおこないをしながら生きている。しかし、その身のふるまいも、言葉のいとなみも、心に思うことも、三業のすべてが自己中心的な想念に支配されていて、つねに愛と憎しみの煩悩がうずをまき、利害、損得の打算がつきまとうている。それゆえたとえそれが善なるおこないであっても「雑毒の善」であり「虚仮の行」にすぎないと親鸞聖人は断言していかれた。それはしかし人生への断念を迫る悲痛な言葉であった。人はみなより善き状態をもとめて日夜つとめてい

るつもりである。自他を不幸におとしめるような悪行をやめて、自他ともに安らかな、穏やかな充実した状態をもたらすような善行につとめねばならない。それが「人」であることのあかしなのである。それなのに悪はもちろん善にさえ、自己中心的な想念の毒が雑わっているというのである。自分と、そして自分を中心とした集団の利益のみを追求して、損失は他者に及ぼそうとするならば、善と正義の名において争いを生み、互いに相剋する修羅の巷を出現させていくことになろう。こうした雑毒の善、虚仮の行は、人生をほんとうに充実させ、愛憎と生死を超えた真実の安らぎをもたらすものではない。

『歎異抄』の後序に、

煩悩具足の凡夫、火宅無常の世界は、よろづのこと、みなもつてそらごとたはごと、まことあることなきに、ただ念仏のみぞまことにておはします。（註釈版聖典、八五三〜八五四頁）

という親鸞聖人のご述懐が記されている。煩悩具足の凡夫とは、知らず知らずのうちに自分の都合を中心にして、是非・善悪の価値体系をつくりあげていくものである。自分に都合のいい、役に立つものだけを是として愛し、自分に都合の悪いものを非として憎み、敵と味方をつくり、われも人もともに深い傷を心にきざみこみながら生涯を送っている。誰しもみな、一生懸命に生きていながら、ふりかえってみると、むなしい後悔と怨念だけが残るような人生であるとすれば「よろづのこと、みなもつてそらごとたはごと」としかいいようがないであろう。

こうした自己中心的な想念によってえがき出した虚構の世界を虚構と知らせ、私の妄念煩悩の彼方に、きらめくような真実の「いのち」の領域のあることをよびさますものが、本願の声としての南無阿弥陀仏であった。念仏は愛憎の悩みを転じて仏徳を味わう縁とし、そらごと、たわごとの人生を、仏法の真実を確認していく道場といただくような心を私のうえに開いていく。そのことを「ただ念仏のみぞまことにておはします」といわれたのである。念仏は、うその人生をほんものに変えていくものであった。

本願の念仏は、たしかに私の口に称えあらわしているものにちがいない。しかし、それは私の自己中心的な妄念の心から出てきたものではない。そのことを「行文類」には「しかるにこの行は大悲の願より出でたり」といわれている。大行が如来の大悲の誓願（第十七願）から出てきているということは、称名はたしかに私が称えている事実であるが、それは私を念仏の衆生に育てあげて救おうと願いたたれた如来の誓願が私の上で実を結んでいるすがたであるといわれるのである。

一般には、念仏するのは私ども衆生のなすべき行であり、その念仏したものを、第十八願の約束にしたがって臨終に浄土へ迎えとっていくのが如来の本願力であって、それを他力というと考えられていた。それゆえ念仏はしていても、確実に救いが実現するかどうかに一抹の不安が残っていた。それに対して親鸞聖人は、いま私が念仏していること自体が如来の本願力のなせるわざであるといわれたのである。私どもを念仏の衆生に育てあげ、念仏せしめている力が本願力であり、その本願力が私どもを涅槃の浄土へ生まれしめるのである。それゆえ、念仏していることは、すでに如来の本願力に乗じて浄土へ向かっているすがたである。これを浄土往生の相状、すなわち往相と名づけ、往相の行である念仏を如来が本願力をもって回向されているというので、往相回向の大行といわれたのであった。

「行文類」のはじめに、

つつしんで往相の回向を案ずるに、大行あり、大信あり。大行とはすなはち無碍光如来の名を称するなり。この行はすなはちこれもろもろの善法を摂し、もろもろの徳本を具せり。極速円満す、真如一実の功徳宝海なり。ゆゑに大行と名づく。しかるにこの行は大悲の願より出でたり。（註釈版聖典、一四一頁）

といわれている。阿弥陀仏が、苦悩の衆生を救うて涅槃の浄土へ生まれしめたまう本願力のあらわれである往相の回向を拝察すると、まず涅槃の浄土に至る因として与えられた大行と大信がある。大行とは、すなわち尽十方無碍光如来のみ名を称えることである。この行は、如来が完成されているすべての善の徳をおさめており、あらゆる功徳の根本であるような徳をそなえている。しかもみ名をいただいて称えている人に、極めて速やかにその無量の徳が充満していくという勝れたはたらきをもっている。それは仏陀のさとりの境地である真如そのものの顕現したものであって、海のように広大無辺の徳をもっているから大行と名づけるのである。ところでこの行は、私どもの口に称名となってあらわれているが、私どもの心から出たものではなくて、如来の大悲の願から現れ出てきた行であるといわれているのである。

大行の行についてはさきにのべたが、ここには特に大の意義が明かされている。すなわち大には、一般に大と多と勝の三つの意味があるといわれる。大とは広大無辺ということであって、一切の限定を超えた如来の無限の智慧の徳をあらわしている。多とは無量無数ということで、はかり知ることのできない如来の功徳相をいい、勝とは、この上なくすぐれた如来の衆生救済のはたらき（力用）のことである。つまり真如をさとりきわめた広大な如来の体の徳を大といい、無量の功徳を完成されている如来の相の徳を多といい、あらゆる衆生を自在に救済していかれる大悲の用の徳を勝というのである。こうして如来の体（本体）、相（ありさま）、用（はたらき）のすべてが、南無阿弥陀仏というみ名となって、私どもに届けられ、口に称名となってあらわれているから、大行といわれるのである。

そのことをここにはまず「この行はすなはちこれもろもろの善法を摂し、もろもろの徳本を具せり」といい、無量の徳（多徳）をそなえていると示されたのである。そして次に「極速円満す」といって、如来の徳がすみやかに念仏する人の身に円満して往生成仏の因となっていくというすぐれたはたらき（勝用）をもつことを明かされたのであった。そして最後に「真如一実の功徳宝海なり」といい、自他の差別を超え、生死のへだてを超えた万物一如、生死一如といわれる広大無辺の真如の体徳は、本願の名号となって具現し、念仏の声となって万人のうえに顕現しているといわれるのである。

こうして、南無阿弥陀仏のみ名を称え、帰命尽十方無碍光如来と称名している人には、如来の無量の徳が宿っており、如来のすぐれた救済の力用に包まれており、真如法性とよばれる絶対の真実が顕現しているというような偉大な勝れたいわれをもっているから「大」行というとよぶというのである。それによって称名が真実行といわれる意味も自ずから領解できるであろう。

まことに本願の念仏は、私どもの「おこなう」称名として口にあらわれている行であるが、それは一人ひとりの恣意によってなされているような人間のおこないではなくて、その本質は、万物一如の真如の領域から、大悲をこめて与えられた如来の本願の顕現であるような「おこない」であった。いわば、私どものうえに具体的な行動となっている如来行といわねばならない。いいかえれば一声一声の念仏は、愛憎に翻弄される私の迷妄の夢をよびさましつづける如来の口業の説法であり、本願招喚の勅命だったのである。

こうして阿弥陀仏は、み名となって私どもの煩悩の中にとどき、念仏となって一人ひとりの心を如来・浄土に向かって開いていくのである。それゆえ大行といわれたのであった。

註

(1)『三経往生文類』(註釈版聖典、六二五頁)、『唯信鈔文意』(註釈版聖典、七〇〇頁)

(2)『一念多念文意』(註釈版聖典、六八七頁)

第四節　無碍光如来の名を称する

「行文類」のはじめに「つつしんで往相の回向を案ずるに大行あり、大信あり。大行とはすなはち無碍光如来のみ名を称するなり」といわれた文章は、古来、大行出体とか、指定大行と呼ばれているように、大行の物柄を出されたものである。すなわち往相の行として如来より回向された大行とは、無碍光如来のみ名を称えることであると指定されているのである。

ところで「大行とは則ち無碍光如来のみ名を称するなり」という言葉は、曇鸞大師の『論註』下巻の讃嘆門釈の文に依っておられる。(1)讃嘆門というのは天親菩薩が『浄土論』において、浄土願生の行者がなすべき行として五念門の行を明かされたなかの第二番目の行であって、仏徳を讃嘆する口業の行をいう。

いかんが讃嘆する。口業をもつて讃嘆したてまつる。かの如来の名を称するに、かの如来の光明智相のごとく、かの名義のごとく、如実に修行して相応せんと欲するがゆゑなり。(註釈版聖典七祖篇、一二二頁)

ここに讃嘆とは「彼の如来の名を称するなり」といわれているが、この文章を『論註』に釈して、「彼の如来の名を称すとは、いはく無碍光如来のみ名を称するなり」といい、それについてくわしい解釈をほどこされているものを讃嘆門釈というのである。

無碍光如来のみ名を称えるということは、要するに阿弥陀仏のみ名を称えることであるから、「大行とは則ち阿弥陀仏のみ名を称するなり」というか「南無阿弥陀仏と称ふるなり」というべきであろう。すでに『観経』の下上品や下下品には「南無阿弥陀仏と称せしむ」と説かれているのである。(2)それをあえて『論註』の言葉を用いて「無碍光如来のみ名を称するなり」といわれたところに親鸞聖人の念仏観の特徴がみうけられるのである。

すでにのべたように、『教行証文類』は法然聖人から教示された選択本願念仏の真実性を仏祖の経釈をもって証明しようとしてあらわされた聖教であった。そのために多くの経釈の文を引用されているわけであるが、なかでも曇鸞大師の『往生論註』と、『観経疏』をはじめとする善導大師の聖教がきわだっている。これは善導大師の称名正定業説をうけて展開された法然聖人の念仏往生の教説を、曇鸞大師の『論註』の教学によってあとづけ、本願力回向の大行・大信として体系化していかれるのがこの『教行証文類』であったことを端的に示している。とりわけ真実の行信の何たるかをあらわすのに『論註』下巻の讃嘆門釈を依用されていることは極めて重要な意味をもっていた。

それは『論註』の讃嘆門釈に依ることによって、一つには本願の念仏は、真実の意味において仏徳をたたえる讃嘆の行（如実讃嘆）であるということが明らかになる。二つには尽十方無碍光如来というみ名は、それをいただいて称える人々の無明（疑惑）の闇を破り、往生成仏の願いを満足せしめるというすばらしいはたらきをもっていて、よく成仏の因を成じていくといういわれをあらわしていた。親鸞聖人が晩年、とくに「帰命尽十方無碍光如来」という十字名号を如来そのものとして尊崇し、「方便法身尊号」と呼び本尊として仰いでいかれたことは有名である。

そして第三には、『観経』の「南無阿弥陀仏と称える」といわれた経文は、真実の法義をあらわすものと見る場合もあるが、『観経』の顕説から見るときは、方便の自力念仏と見られる一面もあるので、真実行の出体釈にはふさわしくないと見られたのであろう。それに対して『論註』の讃嘆門には如実の行としての称名があらわされているから、大行といわれる称名は如実の行、すなわち他力の行であることをはっきりとあらわすことが出来るのである。如実の行とは、名号の実義にかなっているということである。尽十方無碍光如来という名号のいわれにかなって称えているということは、如来の無碍の本願力によって疑い心を破られて、さわりなく救われていくと信じて称えていることを意味していた。すなわち如実讃嘆の行というのは、万人をさわりなく救うとおおせられるみ名のいわれのままを称えあらわしていることであり、わが身がかならず救われると信心を表明しているような称名のことであった。これを先哲は、称名（能行）即名号（所行）、称名即信心などといいあらわしている。ともあれ『論註』の讃嘆門の釈に依ることによって、このような能所不二、信行不二の称名であるということが明確になるのであった。

さて讃嘆とは、仏徳を「ほめたたえる」ということであるが、如実に仏徳を「ほめたたえる」ためには、なによりも第一に如来の徳をよく知りぬいていなければならない。第二には己を空しくしてほめたたえるのでなければならない。私利私欲の心からほめたのでは、ほんとうにほめたことにはならないからである。第三には、仏の尊い徳を、己を虚しくしてたたえるならば、必ず、私もまたあなたのような尊い徳を実現しようという誓い、すなわち自利・利他の成就を誓う菩提心が生まれてくる。仏徳を讃仰するものの心には仏の智慧と慈悲の徳が宿り、それがその人を内側から変革していくからである。法蔵菩薩が、世自在王仏の徳をほめたたえられた「讃仏偈」は、このような仏徳讃嘆の典型であった。

こうして仏を「ほめたたえる」ためには、まずほめるべき仏の徳を正確に知って、その徳にかなったほめかたをしなければならないとすれば、それは至難のわざである。悲しいことに煩悩具足の凡夫は、阿弥陀如来の徳も、その浄土の徳も、正確に知る智慧もなければ、それを表現する言葉ももちあわせていないからである。真実を知らないがゆえに生死に迷うているのである。親鸞聖人も『浄土文類聚鈔』の偈（「念仏正信偈」）に「如来の功徳はただ仏のみ知りたまへり」といい、(3)『高僧和讃』には、

安養浄土の荘厳は　唯仏与仏の知見なり
究竟せること虚空にして　広大にして辺際なし（註釈版聖典、五八〇頁）

といって、如来、浄土の徳は、ただ仏と仏とのみの知ろしめす不可思議の境界であるとされている。また『親鸞聖人御消息』には、

如来の誓願は不可思議にましますゆゑに、仏と仏との御はからひなり、凡夫のはからひにあらず。補処の弥勒菩薩をはじめとして、仏智の不思議をはからふべき人は候はず。（註釈版聖典、七七九頁）

といい、凡夫はもちろん、たとえ弥勒菩薩のような大菩薩であっても、如来の境界をうかがい知ることはできないといわれている。そうなれば私どもには、如来浄土の徳をほめたたえることもできなければ、ほめる資格さえないといわねばならない。仏徳を如実に讃嘆することができるのは、ただ仏陀のみであった。

それゆえ阿弥陀如来も、凡夫や菩薩にその名号の徳を讃嘆させようとはされていない。第十七願には、十方の諸仏に、南無阿弥陀仏にこめた広大無辺な徳を讃嘆させ、それを十方の衆生に聞かしめることによって、人々の疑心を破り、信心を与えていこうと誓願されているのであった。

たとひわれ仏を得たらんに、十方世界の無量の諸仏、ことごとく咨嗟して、わが名を称せずは、

正覚を取らじ。（註釈版聖典、一八頁）

と誓われたものがそれである。娑婆世界に出現された釈尊は、この誓願力にうながされて、『大経』を説き、名号のいわれを私どもに知らせていかれたのであって、それを真実教ということはすでに述べたとおりである。また十方世界にまします無量の諸仏も、第十七願に応じて阿弥陀仏の徳を讃嘆されているのであって、『阿弥陀経』の六方段の経説はその現れであった。この第十七願を、親鸞聖人は、「諸仏咨嗟の願」とか、「諸仏称揚の願」とか「諸仏称名の願」と名づけられるが、そのことについては後にくわしくのべることにしよう。

ところが天親菩薩は、如実に仏徳を讃嘆する行として、阿弥陀仏のみ名を称えることを私どもに勧められているのである。それは仏徳を讃嘆する能力も資格もない凡夫であっても、本願を信じて帰命尽十方無碍光如来（南無阿弥陀仏）と称えるならば、仏徳にかなって如実に讃嘆していることになるということを知らそうとされていたのである。

それは阿弥陀仏の広大無辺の徳も、ただ一句の南無阿弥陀仏、帰命尽十方無碍光如来という名号におさまっているから、そのみ名を称えれば如来の徳のすべてを如実に讃嘆したことになると教えられているのである。親鸞聖人は、そのこころを『尊号真像銘文』に「称仏六字即嘆仏」を釈して、「南無阿弥陀仏をとなふるは、仏をほめたてまつるになるとなり」[4]といわれている。「ほめたてまつるになる」といわれたのは、称えているものは名号にこめられている徳を知らなくても、仏徳を讃嘆していることになるというのであって、凡夫のはからいによって讃嘆するのではないといわれているのである。

私がなにげなく称えている名号も、その徳相を開けば釈尊が説かれている『大無量寿経』の説法となるのである。釈尊の無碍の弁説をもって、百千万劫讃嘆しても、讃嘆しつくせないといわれた阿弥陀仏の徳が、南無阿弥陀仏という一句におさまって、私の口にあらわれているのが称名であるとすれば、念仏は、仏しか行ずることのできない行を行じていることになる。先哲が「如実讃嘆の称名は、諸仏の讃嘆と徳を同じくする」といわれたのはそのゆえである。それにしても凡夫の念仏が、釈尊や諸仏がお経をお説きになっているのと同じ価値をもっているといえるのは、それがいずれも如来の本願力によってあらしめられていることがらであるからである。そこに本願力回向の行といわれることがらの重さがあるのである。

親鸞聖人は、この「行文類」のはじめに「諸仏称名の願」と先ず第十七願を標挙し、その下に「浄土真実之行、選択本願之行」と二行の細註を施されている。これによって如来よりたまわった選択本願の行は、第十七願に誓われている諸仏の讃嘆と徳を同じくするような偉大な行であることをあらわされていた。それは凡夫の口にあらわれているが、決して凡夫の行ではなくて、かえって私をよびさまして、本願の真実に目ざめさせる阿弥陀仏の招喚のはたらきそのもの、すなわち如来行であり、それゆえ真実の行であると知らされたものである。第十七願力は、十方諸仏の上にあらわれては真実教の説法となり、十方衆生の上にあらわれては称名という真実行となっているとみられたのが親鸞聖人であった。

註
(1)『論註』(註釈版聖典七祖篇、一〇三頁)
(2)『観経』(註釈版聖典、一一三頁、一一五頁)
(3)『浄土文類聚鈔』(註釈版聖典、四八五頁)
(4)『尊号真像銘文』(註釈版聖典、六五五頁)

第五節　尽十方無碍光如来

親鸞聖人は大行とは何かということをのべる出体釈に、曇鸞大師の『論註』讃嘆門によって「大行とは、すなはち無碍光如来の名を称するなり」といわれていた。それはすでに述べたように大行といわれる念仏は、仏徳讃嘆のいとなみであるということを示すと同時に、また尽十方無碍光如来というみ名のいわれにかなって称える如実の行であって、生死に迷う人々の無明の闇を破り、往生成仏の志願を満たすような徳をもっているということを顕すためであった。

「帰命尽十方無碍光如来」ということばは、のちに十字の名号とよばれるようになるが、もとは天親菩薩の『浄土論』のはじめに「世尊、われ一心に尽十方無碍光如来に帰命したてまつりて、安楽国に生れんと願いたてまつる」といわれたところに出ている。(1)『無量寿経』によって『浄土論』(『無量寿経優婆提舎願生偈』)をあらわそうとして、天親菩薩が、教主世尊に自らの信心を表白して、「世尊よ、わたしはあなたのおすすめにしたがって、二心なく尽十方無碍光如来に帰命したてまつり、かの安らかな涅槃の浄土へ生まれたいと願っております」といわれたものである。

「帰命尽十方無碍光如来」というのは「南無阿弥陀仏」の意訳語である。もっとも南無は帰命と訳するが、阿弥陀仏は、通常、無量光覚、無量寿覚と訳される。というのは、阿弥陀とは、「アミターバ（Amitabha）」と「アミターユス（Amitāyus）」という二つの意味を含めた名とされているからである。「アミターバ」とは「アミタ・アーバ」すなわち「はかり知ることのできない光明＝無量光」という意味を表し、「アミターユス」は「アミタ・アーユス」すなわち「はかり知ることのできない寿命＝無量寿」という意味を表している。「仏」とは「ブッダ（buddha）」すなわち「真実にめざめたもの＝覚者」という意味である。こうして、阿弥陀仏とは無量光覚、無量寿覚と訳されるような名であった。

ところで『大経』には、阿弥陀仏の光明の徳をたたえるのに十二光仏の名を挙げている。その第一が無量光仏であり、第三が無碍光仏である[2]。また『阿弥陀経』の名義段には、阿弥陀仏の光明無量の徳を顕すのに「かの仏の光明無量にして、十方の国を照らすに障碍するところなし。このゆゑに号して阿弥陀とす[3]」といわれている。すなわちその光明の十方無碍の徳をもって、阿弥陀仏の光明無量の徳を示そうとされているわけである。『浄土論』はおそらくこうした経典の心によって、阿弥陀仏を「尽十方無碍光如来」と呼ばれたものであろう。

光明とは「智慧の相なり」といわれるように、さとりの智慧のはたらきをあらわしていた。すなわち阿弥陀仏とは、はかり知ることのできない智慧の徳をもって、十方の世界を照らし、なにものにも障えられることなく万人を導き、救うといういわれを表していた。そのような大悲智慧の光明をもって十方世界をつつみ、善悪、賢愚のへだてなく万人をさわりなく救う絶対的な救済力をもつ如来であるということを、とくに強調する名号が「尽十方無碍光如来」だったのである。

親鸞聖人は、帰命尽十方無碍光如来というこの十字名号と、曇鸞大師の『讃阿弥陀仏偈』に示された南無不可思議光仏（如来）という八字（九字）名号とをとくに重視されている。如来の絶対的な救済力をあらわす十字名号と、人知を超えたさとりの絶対無限性をあらわす八字名号（九字名号）に、阿弥陀仏の徳のすべてが表現し尽くされていると領解されていたのであった。さらにいえば、阿弥陀仏とは帰命尽十方無碍光如来というみ名そのものであり、南無不可思議光仏という名号そのものであると仰いでいかれたのであった。それゆえ、聖人は晩年、南無阿弥陀仏の六字名号とともに、十字、八字の名号をみずから書いて、その下に蓮華の台座をえがき、軸仕立にして、「愚禿親鸞敬信尊号」とよび、朝夕礼拝をささげておられたのであった。ことに現存している聖人ご自筆の名号としては、帰命尽十方無碍光如来がいちばん多いことは注意すべきことである。

晩年の書物や御消息のいたるところに、十字名号と八字名号のこころを詳しく註釈されているが、なかでも十字名号についての註釈がもっとも多く見られる。たとえば『尊号真像銘文』（広本）には次のように尽十方無碍光如来のいわれを釈されている。

「帰命尽十方無碍光如来」と申すは、「帰命」は南無なり、また帰命と申すは如来の勅命にしたがふこころなり。「尽十方無碍光如来」と申すはすなはち阿弥陀如来なり、この如来は光明なり。「尽十方」といふは、「尽」はつくすといふ、ことごとくといふ、十方世界を尽してことごとくみちたまへるなり。「無碍」といふはさはることなしとなり、さはることなしと申すは、衆生の煩悩悪業にさへられざるなり。「光如来」と申すは阿弥陀仏なり、この如来はすなはち不可思議光仏と申す。この如来は智慧のかたちなり、十方微塵刹土にみちたまへるなりとしるべしとなり。

（註釈版聖典、六五一頁）

「帰命」とは、「如来の勅命にしたがう心」であるといわれるように、わがはからいをやめて、阿弥陀仏のおおせにしたがうこころであるというのであるから、まさに信心のことである。プラサーダの訳語である信心と、ナマス（ナモ）の訳語である帰命とはもともと別の言葉であるが、「如来の勅命に、はからいなくしたがう」という意味を共有させることによって、同義語とされたのである。その如来のおおせを表しているのが「阿弥陀仏」すなわち「尽十方無碍光如来」というみ名であった。

「尽十方」の十方とは、東西南北の四方と、東北、東南、西南、西北の四隅（四維）、それに上下をあわせた呼称で、要するにあらゆる空間を総括した言葉である。「尽」とは「つくす、ことごとく」という意味であるから、尽十方とは、「十方世界を尽してことごとくみちたまへる」ことをあらわしているといわれる。すなわちこの天地間に如来のいまさぬところはなく、如来の救済活動のゆきわたっていない場所はないというのである。第十八願に、十方衆生を一人ももれなく救おうと誓願された如来であってみれば、十方衆生の一人一人の上に如来の大悲の身心はゆきわたっており、どこにいようと、そこが如来にあわせていただく道場であるということである。

「無碍」とは「衆生の煩悩悪業にさへられざる」ことで、如来の救済をさまたげるものはなにもないという、救済力の絶対性をあらわしている。それゆえ『親鸞聖人御消息』には「尽十方無碍光如来」というみ名を聞くならば「よきあしき人をきらはず、煩悩のこころをえらばず、へだてずして、往生はかならずするなりとしるべし」[4]といわれている。如来の「さわりなし」というおおせを聞けば、わが心が善かろうと悪かろうと、そんなことはなんのかかわりもなく、そのままで如来に摂取されていくと領解するばかりである。こうして無碍光如来という言葉が、決定往生の信心を成立せしめていくことがわかる。

なお無碍光ということについて親鸞聖人は、煩悩にさえられないと消極的に無碍を語られる場合と、障りを転じて徳とするはたらきをいうと、積極的な意味をあらわされる場合とがある。『高僧和讃』の曇鸞讃に、

無碍光の利益より　威徳広大の信をえて
かならず煩悩のこほりとけ　すなはち菩提のみづとなる
罪障功徳の体となる　こほりとみづのごとくにて
こほりおほきにみづおほし　さはりおほきに徳おほし（註釈版聖典、五八五頁）

といわれたものがそれである。氷が多ければ多いほど、それが融けた水は多いように、障りが多けれ

ば多いほど、それを転じて得る功徳は多いといわれるのである。無碍光であらわされる如来の智慧は、私にとどいて信心の智慧となり、まさに氷を溶かす太陽の光のように、罪障を転じて功徳たらしめていくというのである。「障りおおきに徳おおし」といえるような領域をあたえられることが救われたすがたなのである。

ところでふつうならば「無碍光」「如来」と分節するのを、聖人はあえて「無碍」「光如来」と分節して説明されていく。これは、「この如来は光明なり」「この如来は智慧のかたちなり」ということを強調するためであった。『一念多念文意』にも「この如来は光明なり、光明は智慧なり、智慧はひかりのかたちなり、智慧またかたちなければ不可思議光仏と申すなり」(5)といわれているように、如来とは智慧のはたらきに名づけたものであった。自己中心的にすべてを限定していく虚妄分別の想念を破って、自他の隔てを超え、愛憎の違順を離れ、生死の迷いを克服して、もののあるがままなる真相を、あるがままに悟られた万物一如の智慧は、ちょうど光が闇を破って、ものの真相を明らかにするように、人々の無明(無知)の闇を破って、真実を知らしめていく。それゆえさとりの智慧を光明といい、その智慧のはたらきを如来とよぶのである。

ところで「智慧またかたちなければ、不可思議光仏と申すなり」といわれるような分別を超えた一如の領域は、思慮を超えており、言葉で表すことのできない世界である。しかしその一如の智慧は、かならず言葉となって自らを人々に開示していかねばならない。それが如来の大悲の智慧の必然である。如来の大悲の智慧が、人々をめざめさせる具体的なすがたとなって現れているのが本願のみ言葉であり、その成就としての本願の名号である。すなわち無碍の智慧光は本願の名号となって十方衆生にとどき、わたしどもの疑い心を破って、生の依るところ、死の帰するところを知らしめたまうのである。それが如来のすがたなのである。もともと「如来（tathāgata）」には「如に去《ゆ》く（tathā-gata）」と「如より来る（tathā-āgata）」の二つの意味があるが、いまは絶対無限のさとりの領域（如）より、迷いの世界に来り（来）、教えの言葉となって迷える人々を導くものという意味を主にしている。聖人はそのことを「如より来生す」ともいわれたが[6]、「如来」とはまさに「本願招喚の勅命」そのものであるともいえよう。

こうしてわたしどもが称名している一声一声は、尽十方無碍光如来と名のり出られた大悲智慧の勅命が、わたしをよびさましているすがたであった。いいかえれば、称名は、如来の大悲智慧の光明が、生死に迷うわたしの心の闇を破って、涅槃の浄土に心を開き、往生成仏の願いを満足せしめていくすがたであった。「行文類」に「しかれば名を称するに、よく衆生の一切の無明を破し、よく衆生の一切の志願を満てたまふ。称名はすなはちこれ最勝真妙の正業なり[7]」と讃えられたのはその故である。

註

（1）『浄土論』（註釈版聖典七祖篇、二九頁）

（2）『無量寿経』（註釈版聖典、二九頁）。なお異訳の『無量寿如来会』上（真聖全一、一九六頁）には光明の徳名として十五名があげられるが、その四番目に「無碍光」があげられている。

（3）『阿弥陀経』（註釈版聖典、一二三頁）

(4)『親鸞聖人御消息』(註釈版聖典、七四七頁)
(5)『一念多念文意』(註釈版聖典、六九一頁)
(6)「証文類」(註釈版聖典、三〇七頁)に「しかれば弥陀如来は、如より来生して、報・応・化、種々の身を示現したまふなり」といわれている。この「如より来生」という言葉は、もとは『大経』下(註釈版聖典、五一頁)に浄土の菩薩の徳を讃じて、「如より来生して法の如如を解り……」といわれたものを承けられたのであろう。
(7)『教行証文類』(註釈版聖典、一四六頁)

第六節　大行の徳用

「行文類」に、大行の徳用をあらわして、

しかれば名を称するに、よく衆生の一切の無明を破し、よく衆生の一切の志願を満てたまふ。称名はすなはちこれ最勝真妙の正業なり。(註釈版聖典、一四六頁)

といわれている。称名には、迷いの根元である一切の無明を破り、往生成仏の志願を満たしていく勝れた徳用があるとたたえられたものであって、如来よりたまわった念仏が大行といわれるゆえんを具体的に示された釈である。そしてこれが曇鸞大師の『論註』下巻の讃嘆門釈の意によって顕されたものであることはすでにのべたところである。そこには『浄土論』の讃嘆門を釈して次のようにいわれている。

「かの如来の光明智相のごとく」とは、仏の光明はこれ智慧の相なり。この光明は十方世界を照らしたまふに障碍あることなし。よく十方衆生の無明の黒闇を除くこと、日・月・珠光のただ空穴のなかの闇をのみ破するがごときにはあらず。「かの名義のごとく、如実に修行して相応せんと欲す」とは、かの無碍光如来の名号は、よく衆生の一切の無明を破し、よく衆生の一切の志願を満てたまふ。（註釈版聖典七祖篇、一〇三頁）

無碍光如来の名を称えるならば、称えられる名号に破闇・満願の徳用があるから、その名号の徳のままに讃嘆するものは、名号の自ずからなるはたらきとして、破闇・満願せしめられるというのである。そのことを説明するために、まず光明が闇を破るように、如来の無碍の智慧光は、衆生の無明を破る徳用をもっているといい、しかもその徳は、尽十方無碍光如来という名号となって衆生に届けられていくといわれている。こうして名号そのものに無碍光のもつ破闇・満願の徳用がそなわっていることを明かし、さらにその名号の実義にかなって称えるものは、一切の迷いの根元である無明を破られ、往生成仏の志願を満足せしめられていくというのである。

このように『論註』は、如実讃嘆の称名に破闇・満願の用があるのは、所讃の法体である無碍光如来の名号に破満の徳があるからだと、名号の徳義を釈顕するのを主とされていた。これをうけた親鸞聖人は、名号に破闇・満願の徳があるから、それを頂戴して称える真実信心の称名は、破闇・満願の徳用をもつ「最勝真妙の正業」であると、称名が正定業である所以をその行用から証明していかれたのであった。

無明（avidyā）について、おそらく曇鸞大師は、旧訳『華厳経』「十地品」に、「如実に第一義を知らざるが故に、無明あり。無明、業をおこす、是を行となづく」とか、「真諦の義を知らざる、是を名づけて無明とす」といわれたものに依ったものであろう。(1) これは十二縁起の第一無明支を大乗的に解釈したもので、要するに無明とは、自己と世界の実相真如、すなわち真諦を了知しない無知のことである。

それについて『論註』下巻の「観察体相」に、真如に背反する虚妄分別のありさまを明かして、

衆生は邪見をもつてのゆゑに、心に分別を生ず。もしは有、もしは無、もしは非、もしは是、もしは好、もしは醜、もしは善、もしは悪、もしは彼、もしは此、かくのごとき等の種種の分別あり。分別をもつてのゆゑに長く三有に淪みて、種種の分別の苦・取捨の苦を受けて、長く大夜に寝ねて、出づる期あることなし。（註釈版聖典七祖篇、一二八頁）

といわれている。この虚妄なる分別を無明というのであって、凡夫はそれによって、真如に背いて有無、是非、好醜、善悪等の二元的・対立的な世界を虚構し、しかも虚構された自己と世界を、真の実在と思いあやまっていくのである。このように無明とは、虚構の世界を作り出す根元であって、それにうながされて虚誑の三業をおこし、愛憎、生死といった分別苦、取捨苦、乃至無量の苦悩が生み出され、大夜のごとき無明の境界が出現するというのである。

このような虚妄分別である無明を破る智慧は、分別を超えて一如にかなう実智（無分別智）であるが、無分別の実智は、かならず自他、迷悟の差別の事相を照らし、迷えるものを導くために、権智

（無分別後得智）となって対衆生的にはたらき出ていく。このような権実不二の智慧が、方便法身の名号となって、わたしどもの無明の闇を破り、真実の領域へ導いていくありさまを、曇鸞大師は、破闇・満願としてあらわされたのであった。

ところで親鸞聖人の全著作を通じて、引文もあわせると、四十六ヶ所に無明という語が使用されている。その用例を分類すると、（一）四暴流のなかの欲、有、見の三に対する「無明暴（流）」や、智明に対する無明、三毒に対する無明、あるいは無痴の善根に対して「無明品心」といわれる時は、真如に背く心であって、迷いの根元である痴無明にあたるが、（二）「無明煩悩しげくして」といわれるような場合は、無明と煩悩を特に区別せず同義語とされている。（三）「無明海」とか「無明大夜」というのは、無明煩悩によって形成された迷妄の境界をさしていた。（四）しかし「正信偈」などに無明は破れても、貪愛・瞋憎の煩悩はありつづけるといわれた場合は、本願を疑う本願疑惑のことを無明といわれていたと考えられる。それが親鸞聖人独自の疑無明である。

また無明が消滅する時についてみると、（一）無明煩悩は、凡夫の地体であるから臨終の一念までありつづけ、完全に消滅するのは、浄土に往生した刹那であるとされるもので、これは凡夫の機実、機の実態を顕す場合である。（二）つぎに、現生において光明、名号のはたらきによって信心の起こる一念に、無明は破られ、煩悩は転ぜられるとするもので、これは法の徳用を顕す場合である。（三）これらに対して、信の一念に無明は滅するが、貪瞋煩悩は臨終まであ りつづけるという場合がある。これは本願を疑う心がなくなって、生死を超えた本願の領域に心開かれた状態を顕しており、いわゆる現生正定聚のありさまを示す釈である。(四)それと念仏の行者は、無明も煩悩も徐々にではあるが薄くなっていくといわれる場合がある。これは念仏者の倫理性が次第に育成されていくことをあらわすものであった。

念仏者も、その現実からいえば、臨終まで無明煩悩を具足し、如来に背反しつづけている。しかし無碍光の徳用は、無明・煩悩をもったままを摂取して転換し、浄土に生まれしめていくという、不可思議のはたらきをもっている。それを信心の相として表現したのが機法二種の深信であり、それを信心の利益としていいあらわしたのが「正信偈」の「摂取の心光つねに照護したまふ。すでによく無明の闇を破すといへども」等の六句である。親鸞聖人は『尊号真像銘文』に自らその文意を釈して、

摂取心光常照護といふは、信心をえたる人をば、無碍光仏の心光つねに照らし護りたまふゆゑに、無明の闇はれ、生死のながき夜すでに暁になりぬとしるべしとなり。已能雖破無明闇といふは、このこころなり。信心をうれば、暁になるがごとしとしるべし。(中略)貪愛・瞋憎の雲・霧に信心は覆はるれども、往生にさはりあるべからずとしるべし。(註釈版聖典、六七二頁)

といわれている。無明煩悩を具足し、如来に反逆しつつある凡夫が、無碍光如来の名義によびさまされて信をうるとき、「仏智不思議につけしめて、善悪・浄穢もなかりけり」(2)といわれるような、善悪・浄穢等の分別的、二元的対立を超えた、絶対無碍の救いにあずかる。そこでは愛憎の煩悩はありつづけるが、生死の帰趣に迷うことはなくなる。このような信境をさして、無明の闇がはれ、暁になったといわれたのである。

この場合の無明とは、わが身の善悪によって、如来の救いの有無があると分別的にはからっていくことであって、このように善悪平等の本願のおんはからいを拒絶していることを自力疑心というのである。それを『親鸞聖人御消息』には、

わが身のわるければ、いかでか如来迎へたまはんとおもふべからず。凡夫はもとより煩悩具足したるゆゑに、わるきものとおもふべし。またわがこころよければ往生すべしとおもふべからず。自力の御はからひにては真実の報土へ生るべからざるなり。（註釈版聖典、七四七頁）

といわれているように、自力のはからいというのである。このようなはからい心、疑心を聖人は、『大経』の胎化段の経説によって「信罪福心（罪福を信ずる心）」とも呼ばれた。本願における善悪平等の救いをあらしめている、人間の分別思議を超えた不思議の仏智を疑って、自業自得果という自力の因果のみを信じ、その範囲内でしかものを考えることができないからである。このはからい心を本願疑惑といい、これを疑無明というのである。こうして「正信偈」の「破無明」とは、本願を疑う自力のはからい心が破られて、不思議の仏智をたのみ、往生一定と信知せしめられることであった。いまここで称名には、無明の闇を破り、志願を満たすはたらきがあるといわれたのも、本願を疑惑するような分別思議が破られ、往生成仏の確信が与えられることを意味していたと考えられる。

ところで真如に背反する虚妄分別を意味した無明を、本願疑惑をあらわす用語にすることができるのは、本願疑惑が仏教で一般にいわれる疑とちがって、むしろ無明という言葉に親しい性格をもっていたからである。仏教では一般に「疑」とは、慧の蒙昧な状態をあらわす言葉で、四諦の教理の真理

性について、猶予して決定しない心理状態を意味していた。したがって反対の慧とは、ものごとをよく分別し、判断する心のはたらき（はからい）のことであった。それはすぐれた理解力をもって、自力成仏の因果、善悪業報の因果を解知していることを意味していた。しかしそれに固執して、自力の因果を超えた、願力不思議の法を信受しないものを『大経』には「信罪福心」とよばれていた。それによって「信罪福心」をむしろ無碍の仏智に背反する「疑」とみなされたのが親鸞聖人であった。そのような「疑」は、むしろ自力のはからいであるような「慧」を意味するものであった。したがって、そのような「疑」の反対概念である「信」は「無分別智」に通ずる意味さえもっていたのである。

『親鸞聖人御消息』には、自力の疑心をいましめて、「如来の誓願は不思議にましますゆゑに、仏と仏との御はからひなり、凡夫のはからひにあらず(3)」といわれている。一如にかなって、一切衆生を、善悪平等に無碍に摂取して生死を超えしめる本願の領域は、唯仏与仏の知見であって、たとえ弥勒菩薩といえども一分でも虚妄分別のあるかぎり、量り知ることはできない。その無限絶対の仏智を、有限な相対的分別知をもって計量し、思議することを、自力のはからいといい、本願疑惑というのであるから、その本体はまさに虚妄分別であるといえよう。

このようにみていくと同じ虚妄分別を、真如という性徳に対するときは無明とよび、無碍光如来の本願という修徳に対するときは疑惑とよぶというのが親鸞聖人の考え方であったといえよう。体は一つであるから、疑を無明ともいえるが、性と修の別があるから、そのありかたは同じではない。疑無明は現生において本願を聞いて破られるが、愚痴の無明は臨終までありつづける。しかし体は一つであるから、疑が破れたとき、愚痴は成仏のさまたげにはならないことを信知する。しかし親鸞聖人は、本願に対する場合は一般的には疑といって無明とはいわれない。ただ本願をその体から仏智とよび、光明智相とよばれるとき、それに反する疑を無明とよび、無明が破れたということから本願の信心を智慧とよばれるのである。これは性と修をはっきりと区別し、一如という性の立場ではなく、本願という修の立場で法門を立て、修より性へと帰入していく浄土教の教格を守るからであろう。

「帰命尽十方無碍光如来」と仏徳を讃嘆しながら、そこにひびく尽十方無碍光の名義を虚心に聞くならば、十方世界にみちみちて、一切の衆生を、善悪、賢愚、出家・在家のへだてなく平等に包み、衆生の無明煩悩にも障えられることなく浄土に導きたまう不可思議の仏智の領域のあることに気づかしめられる。このように称名において、その名義が、真如の智慧にかなった絶対無碍の救いの領域のあることを衆生に開示し、悟入せしめていくことを破無明、満志願といわれたのであろう。

衆生の一切の無明を断ち切り、往生成仏の志願を満足せしめる徳用をもつ称名ならば、正しく往生成仏を決定せしめる最勝真妙の正業（正定業）であるといわねばならない。すなわち善導・法然教学における称名正定業説の真実性を、『論註』の名号破満の釈義を導入することによって証明されたのである。かくて選択本願念仏は、明恵上人高弁が批判するような仮因ではなくて成仏の真因であり、観念成就の手段に過ぎないような方便加行ではなくて、絶対無二の成仏道であることを教義的に確立していかれたのであった。

註

（1）『華厳経』「十地品」（大正蔵九、五五八頁）

（2）「聖徳奉讃」（註釈版聖典、六一六頁）

（3）『親鸞聖人御消息』（註釈版聖典、七七九頁）

第七節　善導大師の名号釈

「行文類」には、聖人の独特の念仏観をあらわす六字釈が開顕されている。

六字釈というのは、もともと善導大師が「玄義分」において「別時意会通」のために設けられた釈であった。別時意というのは、無着菩薩の『摂大乗論』に説かれた仏の方便説の一つで、怠け者を励まして仏縁を結ぶために用いられる教説である（1）。本当は永劫のあいだ修行を積み重ねていかなければ成仏や、往生という結果を得ることができないのに、わずかな善根をもって、まるですぐに成仏や、往生ができるかのように説いて、怠け者を励ましていく説き方のことであるといわれている。遠い未来の別時に得るはずの結果を、まるで即時に得られるように説くから別時意というのである。

ところで『摂大乗論』は、別に『観経』の念仏を指して別時意であるといわれているわけではないのに、摂論宗の学者は、『摂大乗論』の別時意説を『観経』の念仏往生の教説に適用し、下品下生に説かれた十念の念仏は別時意の方便説であって、経に説かれているようにすぐに往生できるような行ではないと主張したのである。そのために、『摂大乗論』が中国に訳されてから善導大師に至るまで百年間、阿弥陀仏の名号を称えて浄土を願う人がほとんどいなくなったとさえ言われるほどの打撃を受けたのであった(2)。

善導大師は、その念仏別時意説を論破し、『観経』の下下品に説かれている称名念仏には、願と行とが具足しているから、極悪の凡夫であっても即時に往生することができる正定の業因であって、決して別時意説ではないと論証していかれたのが六字釈であった。「玄義分」には次のようにいわれている。

いまこの『観経』のなかの十声の称仏は、すなはち十願十行ありて具足す。いかんが具足する。「南無」といふはすなはちこれ帰命なり、またこれ発願回向の義なり。「阿弥陀仏」といふはすなはちこれその行なり。この義をもつてのゆゑにかならず往生を得。(註釈版聖典七祖篇、三二五頁)

すなわち南無阿弥陀仏という六字の名号の、南無とは帰命と翻訳されるが、帰命には、発願回向のいわれがそなわっている。また阿弥陀仏という如来のみ名は、往生の行となるいわれがある。したがって下下品の機が南無阿弥陀仏と十遍称えているところには、十の願と行とが具足していることがわかるというのである。ところで『摂大乗論』には、往生しようとしても、願だけがあって、行がないような場合には、即時に往生ができないから別時意というのであるといわれているが、それはいいかえれば、往生するためには、願と行とがあれば別時意ではないということになる。したがって願と行とが具足している下下品の念仏は、即時に往生することのできる正定業であって、決して別時意の教説ではないと会通されたのである。

このように南無阿弥陀仏という六字の名号について、南無から帰命と発願回向との二つの義意をあらわし、阿弥陀仏から行の義意をあらわすことを六字の三義といいならわしている。このように三義をもって六字名号のこころを釈していくことを六字釈というのである。そして発願回向と行とを組み合わせて願行具足の道理を論証していくことを、願行門の六字釈とよんでいる。

ところで善導大師の六字釈に、はじめて注目し、引用されたのは法然聖人であった。もっとも法然聖人は、願行具足を証明するためではなくて、「六字釈」をとおして、本願の念仏が「不廻向」の行であるということを論証しようとされたのであった。すなわち『選択本願念仏集』「二行章」に、雑行と正行について五番の得失を明かすなかの「不回向回向対」の釈下に引用されているのがそれである(3)。それによれば、雑行はもともと非往生の行であるから、別して回向しなければ往生の行にはならないけれども、念仏は本願の行であるから本来の往生行であって、行者があえて回向しなくても自然に往生の業となるといい、六字釈を引いて、名号そのものに発願回向の徳があることを証明されたのであった。すなわち行者の側に回向を要しないということは、名号そのものに回向の徳があるからであるということを反顕しているというのが法然聖人の「不廻向」だったのである。

親鸞聖人が、六字釈の発願回向を如来の発願回向であるといわれるのは、この法然聖人の不廻向の釈に秘められていた深意をさらに積極的に展開させたものであった。そのことは『正像末和讃』に、

真実信心の称名は　　弥陀回向の法なれば

不回向となづけてぞ　自力の称念きらはるる（註釈版聖典、六〇七頁）

といわれたものによってもあきらかである。

さて、親鸞聖人の「六字釈」は二箇所に見られる。一つは『尊号真像銘文』であり、もう一つが「行文類」である。『尊号真像銘文』には次のように釈されている。

「言南無者」といふは、すなはち帰命と申すみことばなり、帰命はすなはち釈迦・弥陀の二尊の勅命にしたがひて召しにかなふと申すことばなり、このゆゑに「即是帰命」とのたまへり。「亦是発願回向之義」といふは、二尊の召しにしたがうて安楽浄土に生れんとねがふこころなりとのたまへるなり。「言阿弥陀仏者」と申すは、「即是其行」となり。即是其行は、これすなはち法蔵菩薩の選択本願なりとしるべしとなり、安養浄土の正定の業因なりとのたまへるこころなり。「以斯義故」といふは、正定の因なるこの義をもつてのゆゑにといへる御こころなり。「必」はかならずといふ、「得」はえしむといふ、「往生」といふは浄土に生るといふなり。かならずといふは自然に往生をえしむとなり、自然といふは、はじめてはからはざるこころなり。（註釈版聖典、六五五頁）

南無阿弥陀仏の南無は梵語の音写語で、中国語では帰命と訳されるが、聖人は帰命とは釈迦・弥陀二尊の勅命にしたがう信順のこころをいうといわれている。これは、善導大師の「二河白道の喩え」の心をもって釈されたものである。(4) すなわち、この娑婆にあって「なんじただ決定してこの道を尋ねて行け」と勧められる釈尊の発遣と、西岸上から「なんじ一心正念にして直ちに来たれ、われよくなんじを護らん」といわれる、阿弥陀仏の本願招喚の勅命によびさまされて、「二尊のおんこころに信順」する信心を帰命というといわれるのである。「わが国に生まれさせる」とよびたまう勅命に信順するところには、当然「二尊の召しにしたがうて安楽浄土に生まれんとねがふこころ」がめぐまれる。それを発願回向といわれたというのである。

つぎに「玄義分」には、「阿弥陀仏と言うは即ち是れ其の行なり」といわれているが、これを「即是其行は、これすなわち、法蔵菩薩の選択の本願なり」と釈されている。阿弥陀仏は、万人を平等に救うて浄土へ生まれさせるために「我が名を称えよ」と念仏一行を往生の業因として選びとられた。それゆえみ名を称えることが往生の行になるのであると、行を選択本願によって意味づけていかれた釈である。

いいかえれば、阿弥陀仏というみ名が往生の行体となり、名号を称えることが「安養浄土の正定の業因なり」といわれ得るのは、み名を称えるという私の行為によるのではなくて、名号を往生の行体として選び取り、選び定められた法蔵菩薩の選択本願によって行となるのである。これが法然・親鸞両聖人を一貫する選択本願の行論であった。

つぎに「以斯義故といふは、正定の因なるこの義をもつてのゆゑにといへる御こころなり」といわれている。これは上に、選択本願の故に、阿弥陀仏という仏名が正定の業因になるのだといったが、その道理によって必ず往生を得るといわれたものであるというのである。これは先に述べたように、「玄義分」では願行具足の道理があるから必ず往生を得るといわれていたものと論理の立て方が変わっていることがわかる。

親鸞聖人は、あまり願行具足ということには興味を示されなかったようである。その理由を詳しく述べているいとまはないが、『尊号真像銘文』の略本にただ一度だけ「世親菩薩、かの無碍光仏の願行を信じて、安楽国にむまれむとねがひたまへるなり[5]」といい、「如来の願行を信ずる」という表現を用いられていたが、広本では「世親菩薩、かの無碍光仏を称念し、信じて、安楽国に生れんと願ひたまへるなり[6]」と改訂されている。親鸞聖人にとって念仏が往生の因であるのは、願行具足ということよりも、第一には選択本願の行であるからであった。そして本願の名号は、真如にかなった万行円備の嘉号であるから成仏の因となるのであり、無碍光如来の智慧の徳の顕現であるから、無明の闇を破して、よく一切の志願を満たしたまうといわれていたことは既に述べたところである。

こうして最後に「必得往生」のいわれを釈して、

> 「必」はかならずといふ、「得」はえしむといふ、「往生」といふは浄土に生るといふなり。かならずといふは自然に往生をえしむとなり、自然といふは、はじめてはからはざるこころなり。

といわれている。「玄義分」に「必ず往生を得る」といわれたのは「自然に往生を得る」ということであるといい、「必ず」とは自然法爾のことであるといわれているものは注目すべき釈である。

「自然」ということは、如来の本願力によって、「おのずからしからしめられる」ということであって、微塵も私のはからいがまじわらないことを表している。本願を信ずることも、浄土を願生することも、念仏することも、すべて如来の本願力のしからしめたまうところであるというのが聖人の本願力回向の宗義であった。このように私をして信行せしめている本願力が、私を往生成仏せしめたまうことを「必得往生」といわれたといい、その道理を自然（おのずからしからしめる）ともいうといわれるのである。『御消息』に、自然を釈して、

「自然」といふは、もとよりしからしむるといふことばなり。弥陀仏の御ちかひの、もとより行者のはからひにあらずして、南無阿弥陀仏とたのませたまひて迎へんと、はからはせたまひたるによりて、行者のよからんとも、あしからんともおもはぬを、自然とは申すぞとききて候ふ。

（註釈版聖典、七六八頁）

といわれていることは周知の通りである。

註

（1） 真諦訳『摂大乗論』巻中（大正蔵三一、一四一頁）

（2）『釈浄土群疑論』二（大正蔵四七、三九頁）に「摂論此に至りて百有余年、諸徳みなこの論文（別時意）を見て、西方の浄業を修せず」という。

（3）『選択本願念仏集』「二行章」（註釈版聖典七祖篇、一一九七頁）

（4）「散善義」（註釈版聖典七祖篇、四六九頁）に「仰ぎて釈迦発遣して指して西方に向かはしめたまふことを蒙り、また弥陀悲心をもつて招喚したまふによりて、いま二尊の意に信順して、水火の二河を顧みず、念念に遺るることなく、かの願力の道に乗じて……」という。

（5）『尊号真像銘文』略本（真聖全二、五六四頁）

（6）『尊号真像銘文』広本（註釈版聖典、六五二頁）

第八節　「行文類」の六字釈

「行文類」の六字釈には、

しかれば南無の言は帰命なり。帰の言は、至なり、また帰説なり、説の字は、悦の音なり。また帰説なり、説の字は、税の音なり。悦税二つの音は告なり、述なり、人の意を宣述するなり。命の言は、業なり、招引なり、使なり、教なり、道なり、信なり、計なり、召なり。ここをもつて帰命は本願招喚の勅命なり。発願回向といふは、如来すでに発願して衆生の行を回施したまふの心なり。即是其行といふは、すなはち選択本願これなり。必得往生といふは、不退の位に至ることを獲ることを彰すなり。『経』には「即得」といへり、釈には「必定」といへり。「即」の言は願力を聞くによりて報土の真因決定する時剋の極促を光闡するなり。「必」の言は審なり、然なり、分極なり、金剛心成就の貌なり。（註釈版聖典、一七〇頁）

といわれている。これは「行文類」に善導大師の文を引用されるなかの一文に「玄義分」の六字釈があったのを取り出して特別に注釈されたものである。聖人が、このように引文について特に注釈を施される例は極めてまれであるから、どんなに六字釈を重視されていたかがわかるのである。

ところで聖人は六字釈の文を引用するにあたって、「玄義分」の「今此の観経の中の十声の称仏は、即ち十願・十行有りて具足す。云何が具足する」という前文を省略して、六字の三義をあげたところだけを引用されていることは注意すべきである。それは六字釈を、願行具足ということの証明のためではなく、名号にあらわされている如来の救済の構造を明らかにするために引かれたものだからであろう。それを示すのがこの独自の六字釈なのである。またさきに考察した『尊号真像銘文』の六字釈では、帰命も、発願回向も、行も、六字の三義をすべて、名号を信じて称えている行者の側で解釈されていたのにひきかえ、「行文類」では、三義をすべて如来の側で解釈されているので、法体釈といいならわしている。法体とは、この場合は機受に対する言葉で、衆生（機）に受け容れられるべき教法の本体ということで、南無阿弥陀仏そのものをさしている。それは、称名の行体である名号そのもののもつ意義を開顕するためであった。

まずはじめに詳細な帰命釈がなされる。すなわち「帰命」の「帰」について、「帰の言は至なり」といい、ついで「帰説なり、説の字は悦の音なり」という釈と、「また帰説なり、説の字は、税の音なり」という二つの訓をあげ、それをまとめて「悦税二つの音、告なり、述なり、人の意を宣述するなり」と釈されている。

「帰とは至なり」というのは、憬興大師の『無量寿経連義述文賛』に依った訓であろう。[1]「至」には「いたる（往至）」と「きたる（来至）」の意味があるが、いまは「きたる」の意味をとるのであろう。南無阿弥陀仏は、阿弥陀仏が私のところへ来至されているすがたであるという意味を読み取ろうとされたものであろう。つぎに「帰説《きえつ》」というのは、帰には「帰説（悦）」と熟字して「悦服（心から従い喜ぶ）」という意味があるからであり、「帰説《きさい》」というのは、帰には「帰説（税）」と熟語して

「舎息（家に帰ってくつろぎいこう）」という意味があるからである。ところでこのような「帰説」という字訓をあげられたのは、「説」という字の本来の音は「せつ」で、帰には「説く」という意味があることを表したかったからである。「説く」とは、自分の思いを言葉で表現して、人に伝えるという意味を表しているが、帰命の帰には、如来がその本願の救いを説きあらわすという意味がこめられているといいたかったのであろう。しかもその「帰説《きえつ》」の左訓には「よりたのむなり」とあり、「帰説《きさい》」の左訓には「よりかかるなり」とあることに注意しなければならない。それについてはのちに信心を顕すところで詳しく述べることにする。

つぎに帰命の「命」について、「業なり。招引なり、使なり、教なり、道なり、信なり、計なり、召なり」という八種の訓があげられている。如来は、大願業力（業）をもって衆生を招引し、本願を信行せしめ（使）るために、救いの大道（道）を教示（教）されるが、そのみ言葉は、信《まこと》であって、いつわりはない。こうした如来のおはからい（計）によって、私どもは浄土へ召されていくというい われを、帰命の命の字に読みとっていかれたのである。

こうして最後に「ここをもって、帰命は本願招喚の勅命なり」と帰命釈を結んでいかれる。すなわち名号は、浄土から至りとどいた、如来の大願業力そのものであって、しかも「わが誓願をたのめ」と呼びかけたまう、悦ばしいおとずれであり、真実なる教命であるとみられたわけである。

帰命について、賢首大師法蔵（六四三～七一二）の『起信論義記』に「帰はこれ趣向の義、命はいわく己身の性命……己の重んずるところの命を尽くして三宝に帰向し、加を請うて、製述することを明かすが故に帰命という」という「趣向性命」の義と、「帰はこれ敬順の義、命はいわく諸仏の教命なり。これ論主、如来の教命を敬奉して、伝法利生するをあかすなり。故に帰命という」といわれた「帰順教命」の義とが、広く帰命の釈名として用いられてきた。(2) なお前義を「帰投身命」ともよんでいる。

親鸞聖人は、帰命に礼拝の意味と、帰順教命の意味とを見ていかれるが、『尊号真像銘文』では「釈迦・弥陀の二尊の勅命にしたがひて召しにかなふ」といわれていたから、明らかに教命に帰順すること、すなわち如来の「おおせにしたがう」信心のこととみなされていた。それをここでは、「帰せよという勅命」のこととされたのだから、まさに帰命の主体の転換がおこなわれたわけである。

それは、第十八願の信心は、行者が自力によって起こすものではなく、如来より与えられたものであるという信心の根源を顕すための釈であったのである。具体的には、「わが誓願をたのめ、必ず救う」と呼びかけたまう本願招喚の勅命が、私にとどいているすがたを信心というのであって、勅命のほかに信心はなく、信心の本質は勅命であるという道理を釈顕されたものである。本願が、招喚の勅命となって私にとどいてくるということは、二河白道の喩えに明らかに示されているところであった。(3) 特にそのことわりを、南無阿弥陀仏という名号のいわれの上で釈顕されたところに深い意味が秘められているのである。すなわち私の口から流れ出てくる南無阿弥陀仏というみ名は、そのまま如来の私を呼びたまう勅命であり、私に信心を回向されているありさまであるという道理を知らせようとされたものといわねばならない。まことに念仏は私が称えていても私の営みではなくて、如来が私どもを呼び覚ましつづけられている活動だったのである。

なお招喚の招は「まねく」で、水火の二河、すなわち愛憎の煩悩を超えた安らかなさとりの世界へ招きたまうことである。喚は「よばふ」と訓読されているが、「よばふ」とは「よぶ」という動詞の未然形に「ふ」という反復・継続をあらわす助動詞をつけたもので、「呼び続ける、大声で喚びつづける」という意味をあらわす。すなわち如来はたえず私どもを招きよび続けられているという状態を表すのである。私が生きてある限り、如来は私をよび続けるということは、それだけ私の迷いは深く、煩悩は激しく燃え盛っているということであろう。

このような親鸞聖人の念仏観は、法然聖人のつぎのような法語によびさまされたものであろう。

しかればたれだれも、煩悩のうすくこきおもかへりみず、罪障のかろきおもきおもさたせず、たゞくちにて南無阿弥陀仏ととなえば、こえにつきて決定往生のおもひをなすべし、決定心をすなわち深心となづく。その信心を具しぬれば、決定して往生する也。詮ずるところは、たゞとにもかくにも、念仏して往生すといふ亨をうたがはぬを、深心とはなづけて候なり。(『西方指南抄』下本、真聖全四、一九一頁)

わが心の煩悩・罪障をかえりみて救われるか救われないかをはからわず、おおせのままにただ南無阿弥陀仏ととなえ、その声を聞くごとに、わが往生は決定なりという思いをなす。その心を深心というといわれるのである。念仏はたしかに私が称えているけれども、私の言葉ではなくて如来の仰せであり、私はただ如来の仰せを疑いをまじえずに信受しているほかにないのである。念仏がそのまま如来の仰せであり、決定往生の信心であるということをすでに法然聖人も言い切っておられたのである。

次の発願回向については「如来すでに発願して衆生の行を回施したまふの心なり」といわれている。「如来すでに発願して」というのは、私どもが如来に救いを願い求めるのをまたずに、すでに先だって如来の方から大悲をもって苦悩の衆生の救いを発願し、万人を平等に救い取るための行法を選択して、十方の衆生に回施されているのである。名号のいわれである発願回向はそのことを表しているというのである。もともと発願回向というのは、私どもが浄土に生まれたいと願って、心を浄土に向け、あらゆる行業を浄土に生まれていくための資糧としていこうとする心であった。しかし浄土を願う心は、浄土へ生まれさせようと願いたまう如来の願心によって開けた心であり、浄土に生まれる行道は、すでに如来が選択して我らに回向したもうた道であった。そのことを告げる言葉が本願招喚の勅命だったのである。したがって私はただ如来の願いに信順し、如来よりすでに与えられている本願の行道を信受し、奉行する以外にないことが明瞭になってくる。

その如来より回向されている行法を、善導大師は「阿弥陀仏即是其行」と示されたのである。すでに述べたように、阿弥陀仏という名号が往生の行体となりうるのは、一切の余行を選び捨てて、み名を称える一行を万人の行道として選び取られた如来の選択本願があるからである。それを「即是其行といふは、選択本願これなり」といわれたのである。

私の思いもとどかない私の全存在を救う如来のはたらきは、私の思いを超えたところから発ってきて私を包み、私に働きかけてくるのである。「行文類」において、帰命と発願回向と行という六字の三義を、ともに如来の側で釈顕されたのは、私がいま南無阿弥陀仏と念仏している、この事実の根源に躍動している、如来の選択本願のはたらきを開顕するためであったといえよう。すなわち本願招喚の勅命というのは、念仏は如来が万人に本願の名号という救いの道を回向されているありさま（能回向の相）であるということを明かす釈であり、発願回向というのは、念仏は万人を平等に救うために、本願の行道を施し与えようとされる如来の願心（能回向の願心）の現れであるということを明かしたものであり、即是其行というのは、念仏は如来が万人に施し与えられている選択本願の行（所回向の行）であるということを明かした釈であった。したがって帰命も、発願回向も、行も、それぞれが南無阿弥陀仏の全体のもついわれをあらわしていたことがわかる。つまり南無阿弥陀仏全体が本願招喚の勅命であり、発願回向であり、行なのであるが、帰命、発願回向、行といった、それぞれの言葉の意味の親しいところに寄せて、南無阿弥陀仏のもつ義意を開顕されたものであった。

こうした六字釈によって、如来は念仏という本願のみ言葉となって私どもの世俗的な日常生活の中に具現し、煩悩に惑う私どもの世俗の生活をよびさまし導いていくという親鸞聖人の独自の念仏観がわかる。また聖人にとって念仏は、世俗の中にあって、しかも世俗を超える非僧非俗の生き方の原点であったことがわかるのである。

註

（1）『無量寿経連義述文賛』（大正蔵三七、一六六頁）

（2）『起信論義記』（大正蔵四四、二四六頁）

（3）「散善義」（註釈版聖典七祖篇、四六九頁）の二河譬のなかで、西岸上にあって行者を招喚する声のことを善導大師は自ら「すなはち弥陀の願意に喩ふ」と釈されていた。

第五章　行信の一念

第一節　行の一念と信の一念

『大無量寿経』には三箇所に「乃至一念」という言葉が説かれている。第十八願成就文に「その名号を聞きて、信心歓喜せんこと乃至一念せん」といわれたものと、三輩段の下輩の文に「もし深法を聞きて歓喜信楽し、疑惑を生ぜずして、乃至一念、かの仏を念じたてまつりて、至誠心をもつてその国に生れんと願ぜん」と説かれたものと、最後の付属の文に「それかの仏の名号を聞くことを得て、歓喜踊躍して乃至一念せんことあらん」といわれたものとである(1)。

法然聖人は『選択本願念仏集』の「利益章」のなかで、これらの三所の文をいずれも行の一念、すなわち一声の称名のことであるとみなされていた(2)。ところが親鸞聖人は、第十八願成就文の一念は、信の一念を示したものであり、付属の一念は、行の一念を述べたものであると、両者を信と行とに分けてみられている。ただし下輩の一念に関しては何も言われていない。おそらく三輩段の経文は、先哲が一文両義といいならわしてきたように、第十九願成就とみなして、方便の自力行を説かれたとみなされる場合と、第十八願成就と同意とみなす場合とがあったからであろう。ともあれ、『大経』の両所の一念を信と行とに分けて解釈するという明らかな例は、親鸞聖人以外には見られないところである。

親鸞聖人は、行の一念については、「行文類」において、信の一念については、「信文類」において、それぞれ詳しい解釈を施されている。しかしそれを窺うのに先立って、信の一念と、行の一念との関係について聖人自身が解説された晩年のお手紙をまず拝見することにしよう。それは、建長八年五月二十八日、八十四歳のときに、下野国高田の住人、覚信房にあてて出された御消息で、「行信一念章」とよびならわされている。そのご真筆は、高田本山専修寺に伝世されている。内容は、おそらく『教行証文類』や『一念多念文意』などに示されている、行の一念と、信の一念との関係についてたずねたのに対する応答であったと考えられる。

お手紙は、行と信の一念についてまず、

さては仰せられたること、信の一念・行の一念ふたつなれども、信をはなれたる行もなし、行の一念をはなれたる信の一念もなし。（註釈版聖典、七四九頁）

といって、『大経』に説かれた一念には、信の一念と、行の一念との別があるが、その両者は決してはなれることのない不離の関係にあるといわれる。そして、その理由を説明して、

そのゆゑは、行と申すは本願の名号をひとこゑとなへて往生すと申すことをききて、ひとこゑをもとなへ、もしは十念をもせんは行なり。この御ちかひをききて、疑ふこころのすこしもなきを

信の一念と申せば、信と行とふたつときけども、行をひとこゑするときききて疑はねば、行をはなれたる信はなしとききて候ふ。また信はなれたる行なしとおぼしめすべし。

といわれる。

すなわち行とは、本願の名号を一声、もしくは十声、口に称える称名のことであるから、行の「一念」とは「一声」ということになる。もっとも本願にはすでに「乃至十念（すなわち十念にいたるまで）」と誓われたように一声にとどまらず、いのちの続く限り十声・百声・千声等と多念にわたって相続していくべきものである。

それに対して信の一念とは、念仏往生の本願を聞いて疑う心のないことをいうといわれている。これは信の一念を「無疑の一心」のこととみられていたことがわかる。のちに述べるように、親鸞聖人は、信の一念を解釈するのに、時剋の釈と、信相の釈という二釈を施されていた(3)。時剋の釈というのは、一念を時間的に領解して、信心が開けおこった「最初の時」のことを「一念」というとするのである。信相の釈というのは、一念とは「二心のない状態」すなわち「疑い心のない状態」を表す言葉とみなし、「一心」のこととする釈である。いまここでは「この御ちかひをききて、疑ふこころのすこしもなきを信の一念と申せば」といわれているから、明らかに信相の釈を用いて解釈されていたことがわかる。

さてまず、行の一念を離れた信の一念はないということを論証するのに「行をひとこゑするときききて疑はねば、行をはなれたる信はなしとききて候ふ」といわれている。選択本願というのは、わずか一念の行（一声の称名）によって、極悪最下の者も決定往生ができるようにと、至極の易行でありながら、しかも最勝の徳をもつような名号を選択して十方の衆生に与え、善悪・賢愚のへだてなく万人を平等に救いたもう誓願である。したがってこの本願を信じると言うことは、わずか一声に至るまでも本願の名号を称えるならば必ず往生せしめられると信じることである。このことを「行をひところするときゝて疑はねば、行をはなれたる信はなし」といわれたのである。念仏往生を所信の事としているような信心であるから、行を離れた信心はありえないといわれるのである。

ここに「……とききて候ふ」といわれたのは、それは法然聖人から聞かれた法義であったからに違いない。『西方指南抄』下本に収録されている法然聖人の「十一箇条問答」の第八問答によれば、『往生礼讃』の深心釈のなかに「十声・一声必ず往生を得、乃至一念疑心あることなし」ととかれた文と、「散善義」の就行立信釈に「念念捨てざるは、これを正定業と名づく」といわれた文とをあげて、「いづれかわが分にはおもひさだめ候べきや」と問うたのに対して、

答、十声・一声の釈は、念仏を信ずるやうなり。かるがゆへに信おば一念に生ととり、行おば一形にはげむべしと、すゝめたまへる釈也。（真聖全四、二一六頁）

といって、本願の念仏における一念と多念とのありようを明らかにされている。

念仏が決定往生の行であるためには、それがただの一声であっても決定往生するような行でなければならない。もし一念（一声）が不定ならば、不定の念仏の積み重ねであるような多念相続もまた不定であって決定業にはなりえないからである。『往生礼讃』に、「十声・一声必ず往生を得、乃至一念

疑心あることなし」といわれたのは、本願においてはただの一声に至るまでも往生が決定するような、絶対的な行法を選択されたことを信知せよとすすめられているのである。善導大師が「乃至一念」を「下至一声（下一声に至るまで）」と領解された所以である。それゆえ決定往生の信心を確立する場合（安心門）には、阿弥陀仏の本願は一声の念仏までも往生ができるような決定業を選択されていると信じるのである。それを「信おば一念に生るととり」てといわれたのである。つぎに「行おば一形にはげむべし」といわれたのは、信受した往生決定の行を生涯相続するべきことをすすめられたのである。

要するに一念とは、それが決定業であることを信ぜしめる安心門の教語であり、多念とは、念仏は煩悩の生涯を貫いて行ぜられるべきものであることをあらわす起行門の教語だったのである。法然聖人は、またそのことを禅勝房に対して「阿弥陀仏は、一念に一度の往生をあておきたまへる願なれば、念念ごとに往生の業となる也」といわれていた。「一念に一度の往生をあておきたまへる願」であると本願を信じているすがたを念仏往生の信というのであるとさとされている(4)。

さて親鸞聖人は、前掲のお手紙の中で「また信はなれたる行なしとおぼしめすべし」といわれている。本願の念仏は、念仏往生の本願を信じて称えているのでなければ如実の行ということはできない。私のような愚悪の凡夫を救うために念仏の一行を選択し、回向したもうた大悲の本願に感動し、信順しているありさまが称名なのである。このように大悲の願心に信順して称えているような行であるから如実の行といい、また真実の行といわれるのである。

信心のない行とは疑心をもって称名していることである。本願を疑い、たのまないということは、自己をたのみ、自分が称えて積んだ功徳をたのんでいることである。たのみにならない自己をたのむ憍慢心が、如来に大悲されている自己を見失い、如来よりたまわった念仏を、己れの功徳とみなすことによって真実の如来を見失っていくのである。こうして疑心によって本願を見失い、大悲の仏意を領解しないまま如来の御名を称え、救いを祈願していくということは、如来に向かっているように見えて、かえって背いているのである。それゆえ親鸞聖人は、信なき行を虚仮の行といい、不如実行といい、本願に信順して称えている念仏を真実行、如実行といわれたのである。

こうして真実の行と信とは決して切り離すことのできない一具の法義であるから、第十八願には回向されている「至心信楽欲生」という三心即一の信心と、「乃至十念」という称名行とが往生の因として誓われているのである。そのことをこのお手紙の最後に「これみな弥陀の御ちかひと申すことをこころうべし。行と信とは御ちかひを申すなり」といわれたのである。信も行も、一念も多念も本願の所誓であるから、一方を取って他方を捨てるという一念義も多念義もともに本願に背いた見解といわねばならない。

親鸞聖人は、有阿弥陀仏に与えられた御消息のなかでも、

信心ありとも、名号をとなへざらんは詮なく候ふ。また一向名号をとなふとも、信心あさくは往生しがたく候ふ。されば、念仏往生とふかく信じて、しかも名号をとなへんずるは、疑なき報土の往生にてあるべく候ふなり。（註釈版聖典、七八五頁）

といわれている。行と信とのありようは、行は所信の法であり、信は能信の機受であって、法と機との関係にある。すなわち本願の行に就いて信を立て（就行立信）、信を以て名号を行ずる（如実修行相応）というように、信と行とは不離一具の法門として選択回向されているというのである。

そして「行を信ずる」と行信の次第をもって表すときは、第十八願において選択された所信の行法である南無阿弥陀仏が、一乗真実の法であると顕わす念仏往生の法相である。そこにはまた自ずから、この法を信受するものは一乗真実の機であるという信心の徳も明らかになっていく。聖人が「行文類」において、一乗の法（教）と機を釈顕されたものがそれである。(5)

また「信じて行ずる」という信行の次第をもって表すときには、行が如実であるか不如実であるかを、信心の有無によって決判していく法相であった。それを「一向名号をとなふとも、信心あさくは往生しがたく候ふ」といわれたのである。この法義を徹底していくと、信心の定まるときに往生が定まるという信一念業成の法義となり、信心が往生成仏の正因であるという信心正因の法義となっていく。

註

（1）『大経』（註釈版聖典四一頁、四三頁、八一頁）

（2）『選択集』（註釈版聖典七祖篇、一二二三頁）に「いまこの一念（流通分）といふは、これ上の念仏の願成就のなかにいふところの一念と下輩のなかに明かすところの一念とを指す」といい、いずれも称名の一念とされている。

（3）「信文類」（註釈版聖典、二五〇頁、二五一頁）

（4）『和語灯録』四（真聖全四、六三二頁）

（5）「行文類」（註釈版聖典、一九九頁）に「しかるに教について念仏諸善比挍対論するに（中略）しかるに本願一乗海を案ずるに、円融満足極速無碍絶対不二の教なり。また機について対論するに（中略）しかるに一乗海の機を案ずるに、金剛の信心は絶対不二の機なり」といわれている。これを一乗の機法という。

第二節　行の一念

「行文類」に行の一念を釈して、

おほよそ往相回向の行信について、行にすなはち一念あり、また信に一念あり。行の一念といふは、いはく、称名の遍数について選択易行の至極を顕開す。……『経』に「乃至」といひ、釈に「下至」といへり。乃下その言異なりといへども、その意これ一つなり。また乃至とは一多包容の言なり。大利といふは小利に対せるの言なり。無上といふは有上に対せるの言なり。まことに知んぬ、大利無上は一乗真実の利益なり。小利有上はすなはちこれ八万四千の仮門なり。釈に「専心」といへるはすなはち一心なり、二心なきことを形すなり。「専念」といへるはすなはち一行なり、二行なきことを形すなり。いま弥勒付属の一念はすなはちこれ一声なり。一声はすなはちこれ一念なり。一念すなはちこれ一行なり。（註釈版聖典、一八七頁）

等といわれている。これは、すぐつぎに『大経』の付属の文を引用して、ゆゑに『大本』にのたまはく、「仏弥勒に語りたまはく、それ、かの仏の名号を聞くことを得て、歓喜踊躍して乃至一念せんことあらん。まさに知るべし、この人は大利を得とす。すなはちこれ無上の功徳を具足するなり」と。

といわれているように、付属の文の一念の意義を釈されたものである。

私どもが浄土に往生する往相の因として如来が回向された法に、行と信とがあるが、その行と信についてそれぞれ一念ということが説かれている。すなわち付属に説かれた「乃至一念」は行の一念を顕しており、第十八願成就文の「乃至一念」は信の一念を顕しているといわれるのである。付属の一念を行の一念とみなし、一声の称名のもつ徳義を顕しているというのは、法然聖人以来の伝統であった。『選択集』「利益章」によれば、本願の念仏は、わずか一声に、無上の功徳を具足していて、称えるものに、広大無辺の功徳を得しめ、決定して往生せしめるような最高の行である、それゆえ釈尊は、他の一切の行を捨てて、念仏一行を讃嘆し、付属されたのであるといわれていた(1)。親鸞聖人は、そのこころをうけて、本願の念仏が一乗無上の行法であることを開顕するために、行の一念についての釈を施されるのである。

ところで経の「乃至」という言葉について、「経に乃至といひ、釈に下至といへり。乃下その言異なりといへども、その意これ一つなり。また乃至とは一多包容の言なり」といわれている。これもすでに法然聖人が、『選択集』「本願章」で、乃下合釈、念声是一釈を施されたものを承けていた。乃下合釈というのは、本願の「乃至十念」を善導大師が「下至十声」といいかえられたのは、上は一形称名正定業の道理を顕すためであったといわれたことをいう(2)。

（一生涯）にわたる念仏相続から、下はわずか十声、一声にいたるまで、決定往生の行であるという

もっとも「乃至」という言葉は、基本的には数量を限定しないという一多不定の道理を顕していた。いいかえれば、いのちが延びれば百声、千声、万声と、いのちの限り称え続けていくという従少向多（少より多に向かう）の意味と、いのちが短ければ、わずか十声、いや一声しか称えることができなくても往生に不足は無いという従多向少（多より少に向かう）の意味とを顕す言葉であった。そして従少向多の場合は、念仏は生涯にわたって相続すべきであるという起行相続の法義（多念相続）を顕しており、従多向少の場合は、念仏は一声で往生が決定するような無上の徳をもつ正定業であるということ（一念業成）を顕す立場であり、念仏往生の信心を確立するときの表しかたであって、これを行について信を立てる安心門の法相というのである。したがって「乃至」を「下至」といい換えられているのは、安心門（業因門）を主とした釈であったことがわかる。

さて「乃至一念」とは「すなはち一念に至るまで」とよみ、「乃至」は数を定めない時に用いる言葉であるから、一多不定を表すともいい、また上と下を挙げて中を略するときによく用いられるから「兼上下略中」の言葉ともいわれている。いまは「一多包容の言なり」といわれているが、一念と多念とを包括しているところに本願の念仏の真実義があるということを顕されているのである。『選択集』の「本願章」に、第十八願を「念仏往生の願」と名づけるいわれを述べて、諸師が第十八願を「十念往生の願」と呼び、往生の因を十念に限定していることは、下は一念を捨て、上は一生涯の念

仏相続を捨ててしまったことになるから、本願念仏のいわれが正しく領解されていないと批判し、ただ善導大師だけが、「乃至」の意味を正しく領解して、下は一念を捨てず、上は一生涯の相続を捨てず、一念にも多念にも偏らない本願念仏の全相を顕すために「念仏往生の願」と命名されたのであるといわれていた(3)。いま「乃至」の意味を釈して「一多包容の言なり」といわれたのは、行の一念を強調したからといって、決して多念相続を否定するものではないということを示し、一念義に偏向しないように注意されたものであろう。

なお念声是一釈というのは、本願の「十念」を、善導大師が「十声」といい換えられているのは「念」を「声」の意味で理解されたからであって、本願の十念は「称名念仏」を誓われたものと領解すべきであるというのであるが、これには多くの問題もあり、詳しいことは別の機会にゆずることにしよう。

さて「行文類」の、行の一念の釈をみると、遍数の意味で一念を解釈するものと、行相の意味で一念を解釈するのとの二種類の解釈がみられる。前者は一念を一声の称名とみて、その行徳を顕す釈であり、後者は専一無二の一行という意味にとり、称名の行相を明らかにする釈である。もちろん『大経』の文章の当面の意味は、一声の称名とみるべきであるから、遍数釈が当釈であり、行相釈は、一行専修という宗義を顕すための釈であるから宗釈とも義釈ともいわれている。

行の一念の遍数釈というのは、

行の一念といふは、いはく、称名の遍数について選択易行の至極を顕開す。(中略)大利といふは小利に対せるの言なり。無上といふは有上に対せるの言なり。まことに知んぬ、大利無上は一乗真実の利益なり。小利有上はすなはちこれ八万四千の仮門なり。

といわれたものをさす。

『大経』の付属の文に、名号を聞信して、わずか一声でも み名を称えるものは、往生成仏の大利を得べき無上功徳を具足するといわれているのは、一遍の称名という最少の数をあげて、そこに無上の功徳が具足していると説くことによって、選択本願の念仏は、最も勝れた徳をもつ究極の易行であるという「選択易行の至極」の義意を開顕されたものであるというのである。同じことを『一念多念文意』には、

「一念」は功徳のきはまり、一念に万徳ことごとくそなはる、よろづの善みなをさまるなり。「当知此人」といふは、信心のひとをあらはす御のりなり。「為得大利」といふは、無上涅槃をさとるゆゑに、「則是具足無上功徳」とものたまへるなり。「則」といふは、すなはちといふ、のりと申すことばなり。如来の本願を信じて一念するに、かならずもとめざるに無上の功徳を得しめ、しらざるに広大の利益を得るなり。自然にさまざまのさとりをすなはちひらく法則なり。

（註釈版聖典、六八五頁）

と釈されている。真如にかなって成就された如来のあらゆる功徳は、すべて名号にこめられて、本願を信受する人に与えられるから、わずか一声という至極の易行が無上の功徳でありうるのである。しかもその功徳は、如来の功徳の何たるかを知らない一文不知の愚鈍のものにも、願力不思議の自ずか

らなる働きによって「求めず、知らざるに」そなわり、無上涅槃をさとる因となっていくといわれるのである。

人々の機縁に応じて応病与薬的に説きあたえられた自力の諸行は、八万四千といわれるようにおびただしい数にのぼるが、いずれも有上の功徳であり、小利しかもたらさないものであって、自力の行者を他力の世界へ導くために仮に用いられる方便の行道でしかない。それにひきかえ本願の念仏は、善悪、賢愚の人をえらばず、万人を平等に往生成仏せしめるから、一行で一切の衆生を包摂する唯一無二の成仏道であり、如来の功徳のすべてが与えられている大利無上の行法であるから、余の行とは比肩を許さない絶対不二の一乗の行法である。そのことを聖人は「大利無上は一乗真実の利益なり。小利有上は、すなはちこれ八万四千の仮門なり」といわれたのである。

ところで選択本願の念仏は、如来が、一切の自力の諸行を選び捨てて、選びとり、選び定められた唯一の往生行であるから、当然、余行を雑えず一行を専修するといういわゆる専修念仏の行相をとらねばならない。そのことを善導大師の「専心専念」の釈を通して、「一念」という教語のうえに読みとられたのが「一念すなはちこれ一行なり」といわれた行相の釈である。すなわち、
釈に「専心」といへるはすなはち一心なり、二心なきことを形《あらわ》すなり。「専念」といへるはすなはち一行なり、二行なきことを形すなり。いま弥勒付属の一念はすなはちこれ一声なり。一声はすなはちこれ一念なり。一念すなはちこれ一行なり。

といわれたものがそれである。善導大師の「専心専念」というのは、「散善義」の三心釈のなかから

取意された言葉である。「専」とは専一といわれるように「一」の意味であるところから、専心とは一心のことであり、専念は一行のことであるといわれるのである。もっとも専心を一心というのはわかるが、専念を一行というのはわかりにくい。おそらく専心に対して専念という言葉を用いるときは、この「念」は心念の意味ではなくて称念のことになる。称名正定業を明かすなかに「一心に弥陀の名号を専念する」といわれたときの専念である。この場合、専念とは余行をまじえず一行を専修していることとしなければならない。そのことを専念すなわち一念とは「二行なきことを形す」といわれたのである。

こうして遍数釈によって称名が一乗真実の絶対不二の行であるという大行の徳が釈顕せられ、行相釈によって、それは一行専修という行相をとることが明示されたのである。なお後に述べるように、この一行はつねに一心と組み合って、一心をもって一行を修するという行信の相状が顕されるわけであるが、それについては信一念釈のところで詳しく述べることにしよう。

註

（1）『選択集』（註釈版聖典七祖篇、一二三四頁）
（2）『選択集』（註釈版聖典七祖篇、一二一三頁）
（3）『選択集』（註釈版聖典七祖篇、一二一四頁）

第三節　信の一念

法然聖人が『大経』の三処の一念（第十八願成就文、下輩の文、付属の文）をすべて行とされたのに対して、親鸞聖人は成就文は信の一念、付属は行の一念を明かされたものであるといわれたことは、すでに述べたとおりである。すなわち法然教学を承けながら、その念仏往生の本願を疑いなく信受したときに往生が定まるという、信心による現生正定聚説を確立された親鸞聖人は、そのことを第十八願成就文の「乃至一念」の教語を通して釈顕していかれるのである。第十八願成就文は、

あらゆる衆生、その名号を聞きて、信心歓喜せんこと、乃至一念せん。至心に回向したまへり。かの国に生れんと願ずれば、すなはち往生を得、不退転に住せん。ただ五逆と正法を誹謗するものとをば除く。（註釈版聖典、四一頁）

といわれている。親鸞聖人によれば、それは第十七願成就文を承けて、十方の無量の諸仏が讃嘆し教示される阿弥陀仏の本願の名号を信受するものは、即時に往生すべき身となり、不退転の位に住せしめられることを述成されたものであった。このように成就文は、諸仏の讃嘆される教法に対応する機の聞法受法をあらわしているが、受法は無疑信順の信が親しいから、その一念は信の一念と見るべきである。また「即得往生、住不退転」という利益を得る時も、信心が開け起こったときであるから、この一念は、信心についての一念であるとみなければならない。それに『大経』の異訳の『如来会』

には、「他方の仏国の所有の有情、無量寿如来の名号を聞きて、よく一念の浄信を発して歓喜せしめ」(1)といい、あきらかに一念を浄信について語る言葉とされているからであるといわれるのであった。

それにひきかえ付属の経説は、当来末法万年の後には滅尽する聖道権仮の教法に対して、「慈悲をもつて哀愍して、特にこの経を留めて止住せしめる」といわれた本願の教法を、当来の教主たる弥勒に付属する所であるから、法の勝徳を顕わすのが主となっている。法とは現に称名となって躍動している本願の名号であるから、その一念は、行の一念すなわち一声の称名とみるべきであるというのである。もっとも第十八願成就文の「乃至一念」も、「乃至十念」の称名の短縮したものとみれば、法然聖人のように行の一念と見ることも可能である。その意味で存覚上人が『浄土真要鈔』に第十八願成就文の一念を解釈して、「この一念について隠顕の義あり。顕には、十念に対するとき一念といふは称名の一念なり。隠には、真因を決了する安心の一念なり」といわれたのは、この文が信行の両義に亙るいわれを含んでいたからである。(2)

さて親鸞聖人は信一念について「信文類」に次のように顕されている。

それ真実の信楽を案ずるに、信楽に一念あり。一念とはこれ信楽開発の時剋の極促を顕し、広大難思の慶心を彰すなり。(中略)一念といふは、信心二心なきがゆゑに一念といふ。これを一心と名づく。一心はすなはち清浄報土の真因なり。(註釈版聖典、二五〇頁)

この信一念釈は、時剋釈と信相釈とに分かれている。時剋釈とは「一念とはこれ信楽開発の時剋の極促を顕し、広大難思の慶心を彰す」といわれたものがそれである。また『一念多念文意』に「一念といふは、信心をうるときのきはまりをあらはすことばなり(3)」といわれているのも「時剋」について釈されたものである。「時剋の極促」とか「ときのきはまり」といわれているからである。それに対して「一念といふは、信心二心なきがゆゑに一念といふ。これを一心と名づく」といわれたものは信相の意味で一念を釈されたものである。この二釈のなかで、時剋釈が経文の当分の意味であって、信相の釈は宗義によって釈された義釈である。なぜならば、経文は、名号を聞信するときに即時に往生が決定するという正因決定の「時」を表すことを主としていたからである。それは、さきに述べた行一念の釈で、遍数釈が当釈であり、行相釈が義釈であったのと対応している。

ところで信の一念に、時剋を顕す意味と、信相を顕す意味とをあげられたのは、親鸞聖人の独自の見解によることはいうまでもないが、もともと一念という言葉に、時間的な意味と、心の働きをあらわす意味とがあったからでもある。すなわち念という言葉は、梵語で心の働きをあらわす「チッタ（citta）」の訳語として用いる場合と、極めて短い時間をあらわす「クシャナ（kṣaṇa）」の訳語として用いる場合とがあったのである。前者の場合、一念は「ひとおもい・一心」の意味であり、後者の場合、一念は「一刹那」という極めて短い時間をあらわす単位であった。もっとも時間としての一念の長さについては経論の中に異説があって、必ずしも決まったものではなかった。たとえば『大智度論』巻三十には「一弾指の頃に六十念あり」といわれているし(4)、『大智度論』巻三十八には「時中の最小は、六十念中の一念なり」といっている。また『仁王経』には九十刹那を一念とするといい、一刹那に九十生滅を経るといっている(5)。なお『論註』の八番問答には「百一の生滅を一刹那と名づく。

六十の刹那を名づけて一念となす」といわれていて、一刹那は百一の生滅のことであり、一念は六十刹那のことといわれている。[6] ただし『論註』では、本願に十念とか一念といわれたのは、こうした時間のことではなくて、心念の意味であり、また称名の場合は一声称えることを一念というとされていた。ともあれ一念を時間の単位とするときには、さまざまな説があって一定しないが、基本的には一念といっても一刹那といっても、要するに時間の最小単位を表すことばであって、実際にそれがどれほどの長さであるかということはわからない。

もともと仏教では「時に別体なく、法に依って立つ[7]」といわれるように、時間そのものが実在するとは考えていないのである。時間があるのではなくて、諸法の生滅変化という状況があるのである。すなわち一瞬・一刹那もとどまることなく生滅変化していく存在の状況を表すために、過去、現在、未来という「時剋」を設定しているに過ぎないのである。いまも時剋の極促といっても時間が実在するということではなくて、信楽の開発ということがらの生起があるのである。仏願の生起本末を如実に聞いて、生死を超えていく手がかりさえもないこの罪障の身を障りなく救いたまう難思の弘誓のましますことを信知し、無上涅槃を一定と期する信心が、わが身の上にはじめて開け発るという状況があるのである。そのような「信心をうるときのきはまりをあらはすことば」が「一念」という言葉であるというので「信楽開発の時剋の極促を顕す」といわれたのである。

その「時剋の極促」において現成している信心は、一切衆生を平等に救うという、人間の思議を超えた広大難思の本願を聞信して、あいがたい救いにあえたことを慶喜する心であるから、この経文には、広大難思の慶心が現成しているということがひそかにあらわされている。そのことを「広大難思の慶心を彰す」といわれたのである。ところで信の一念が「信楽開発の時剋の極促を顕している」ということは、文章のうえにはっきりと見ることができるから「顕」という字を用い、その時に起こっている信心が「広大難思の慶心」であるということは文面には見えていない事柄であるから「彰」という字を用いられたのである。「西本願寺本」に「彰」の字に「ウチニアラハス」という左訓を施されているのはその故であろう。

ところで「時剋の極促」といわれた「極促」について古来さまざまな解釈が施されてきた。それというのも親鸞聖人が「促」という文字を二様に使われていたからである。もともと「促」というのは、長さや、幅が縮むことで、時間の場合は短縮するという意味を持っていた。そこから、「つづまる」とか「すみやか」という訓が与えられるようになったのである。これによって親鸞聖人の用語例にも、奢促対で解釈される場合と、延促対で解釈される場合とがあった。

延促対というのは、延に対して促という場合で、延は「のびる」という意味であるから、それに対する促は「ちぢまる」という意味になる。『浄土文類聚鈔』に、本願成就文の「乃至一念」を、

また乃至一念といふは、これさらに観想・功徳・遍数等の一念をいふにはあらず。往生の心行を獲得する時節の延促について乃至一念といふなり、知るべし。(註釈版聖典、四八〇頁)

と釈されているものは明らかに延促対で一念をみられていたことがわかる。すなわち念仏者の生涯を貫いて相続し、延びていく信心が、はじめて私どもの心に開け発った時のことを「ときのきはまり」

とも極促ともいうのである。相続し延びていく状態を「乃至」であらわし、それのつづまりきった極限は最初に発ったときだから「一念」といったのである。したがってこの場合、一とは二、三に対する語ではなくて「初一」のことで、「はじめ」という意味であり、念とは時剋、すなわち時間を表す言葉であろう。こうして、延促対の促の意味で「時剋の極促」を解釈するならば、諸仏が讃嘆される仏願の生起本末を疑いなく聞き受けて、信心が開けおこった最初の時ということになる。すなわち受法の初際のことであって、信心を得るのに要した時間の「速さ」を表わした言葉ではないということになる。

それにひきかえ奢促対は、奢に対して促という場合である。「奢」には「おそし」という訓があり、遅いという意味であるから、それに対すれば「促」とは「とし」と訓じられているように「はやい」という意味になる。つまり奢促対の促は、時間的に早いということを表していることになる。「行文類」や『愚禿鈔』に「奢促対」をあげて「オソシ・トシ」と左訓を施し、また『尊号真像銘文』に「奢はおそきこころなるものあり、促は疾きこころなるものあり」といわれたものなどがそれである。(8)そして西本願寺本の場合は極促の促に「トシ」という左訓があり、また「行文類」の六字釈に「報土の真因決定する時剋の極促を光闡するなり」といわれているが、専修寺本によれば、その「極促」に「キワメテトキナリ」という左訓が施されている。(9)これらはいずれも促を「はやい」という意味で見られたものと考えられる。

こうして極促の促には「はやい」という意味があったことがわかるが、その場合「極めてはやい」

ということは、どのような意味をあらわしているのか。また延促対の促とどのような関係にあるのかを考えてみなければならない。

註

（1）『無量寿如来会』下（真聖全一、二〇三頁）
（2）『浄土真要鈔』本（註釈版聖典、九六七頁）
（3）『一念多念文意』（註釈版聖典、六七八頁）
（4）『大智度論』巻三〇（大正蔵二五、二八三頁）、『大智度論』巻三八（大正蔵二五、三三九頁）
（5）『仁王般若経』上（大正蔵八、八二六頁）
（6）『論註』上（註釈版聖典七祖篇、九八頁）
（7）『華厳経旨帰』（大正蔵四五、五九〇頁）
（8）「行文類」（註釈版聖典、一九九頁）、『愚禿鈔』上（註釈版聖典、五一〇頁）、『尊号真像銘文』末（註釈版聖典、六六八頁）
（9）「行文類」（原典版聖典校異、一〇九頁）、専修寺本『顕浄土真実教行証文類』上巻九〇頁

第四節　信一念の意義

信の一念を時剋（時間）の意味で解釈していくことを時剋釈というが、それに一念を「初めの時」という意味にとって、信心が私のうえに開発した最初（初際）のことと見る説と、一念を極めて速い

時間のことと見る説とがあるといったが、両者は必ずしも矛盾する説ではないと考えられる。

一念を極めて速い時間とみるといっても、それは、一秒とか、何万分の一秒とかというふうに数量で表すことの出来るような時間ではなくて、時間の極限を表すとみているのである。その「ときのきわまり」は、凡夫に識別できる時間ではなくて「唯仏与仏の智見」であるという人もいる。しかしそれは、信心が私の心に開け起こる時間の長さを識別できないということであって、信心が無意識であるとか、わからないということではもちろんない。いいかえれば信心を得るのに時間的な経過を要しないということなのである。それを「時剋の極促」といい、「キワメテトキナリ」といわれたと解釈するのである。

信心が私の上に実現するのに時間的な経過を要しないというのは、第十八願の信心は、如来より回向されたものであって、人間が作り上げていくものではないということを表している。自分で作り上げていくものならば、どんなに速く仕上げたとしても、必ず時間の経過を要する。しかし「必ず救う」という本願のみ心が私の心に宿るのには時間はかからない。天上の月がその影を水中に宿すのに時間を要しないのと同じである。

こうして信の一念の時剋釈における「一念」には、受法の初際を表すという延促対の「促」の意味と、極めて速い時間、いいかえれば時間の経過を要せずに信心が実現するという奢促対の「促」の意味との両義を含んでいるというべきであろう。要するに信の一念とは、私のうえに信心が初めて起こった時ということであり、その信心は如来より賜った信心であるから、信心が起こるのに時間の経過はない、本願を疑いなく聞き開いた時が信心が開発した時であるということを表していたとみるべきである。それは時を超えたものが時の中に示現することによって時の中にあるものが時を超えた領域に心開かれる時であった。

ところで「信文類」に、四不十四非をもって大信海の徳を讃えられる一段がある。そこに、「多念にあらず、一念にあらず、ただこれ不可思議不可称不可説の信楽なり」といわれている。(1) これに依れば信心は一念でも多念でもないということになり、信一念釈の初めに「信楽に一念あり」といわれたことと矛盾するようにみられる。しかし「非一念、非多念」等といわれた四不十四非の釈は、信心の本体は、一切の限定を超えた如来の智慧であるということを顕示されたものであった。それゆえ人間が分別的にとらえていくような相対的な状況を十八項目にまとめて、そのすべてを「非」といい「不」といって否定していかれたのである。

如来の無分別智の領域にあっては、分別知が作りあげた過去、現在、未来といった三世の時間系列はすべて不可得として否定されていく。そして「一念に無量劫を摂め」一瞬が三世であるような、いわば「永遠の今」を自覚的に生きていくのが仏陀である。そのようなさとりの智慧の領域においては前もなく後もなく、始めもなく終わりもないから、したがって一念とか多念というような区別はない。ゆえに非一非多というのである。それにひきかえ凡夫には過去・現在・未来という三世の差別が厳然と立ちはだかっている。虚妄なる分別によって三世という生死流転の時間を描き出し、その時間に束縛されて身動きができなくなっているのが凡夫である。こうした私ども凡夫を救うために、三世を超えた超時間的な如来の智慧が、凡夫の生死流転という時間系列のなかに現れて呼び覚ましていく。それを如来の慈悲の本願というのである。その大悲智慧の具体的な顕現が南無阿弥陀仏という本願の名号であった。

阿弥陀仏は、自他をわけへだてして愛憎し、生と死とを峻別して生死に迷う苦悩の衆生を一人ももらさずに救うて、怨親平等、生死一如の浄土にいたらしめようとして大悲の本願を建て、「わが真実なる誓願を疑いなく信じ、わが名を称えつつ浄土へ生まれ来たれ」と呼びかけられている。その仏願の生起本末を釈尊のみ教えをとおしてはからいなく聞き開いた「時」を信の一念という。そして信受した本願のみ言葉のままに念仏していく人生が開かれていく。そこに自ずから一念から多念へという念仏生活が展開していくのである。

こうして信の一念とは、曠劫のむかしから未来際を尽くして生死流転する空しい三世を断ち切るように、永遠なる如来の願心が、私の煩悩のただなかに現成する充実した「時」である。それゆえ聖人はその「時」の内実を「広大難思の慶心」といわれたのであった。三世を超えた永遠なる仏心の宿る「ただ今」が信の一念であるならば、それは「永遠の今」といえるような性格をもっている。それゆえ一念の信はそのまま「一念にあらず、多念にあらず」ともいわれるのである。

さきに信の一念は、経過する時ではなく、識別することのできない時であるといったが、それは対象としてとらえられるものではないということを意味していた。三世を超えた如来の智願が招喚の勅命（南無阿弥陀仏）となって一人一人の上に印現しているのが信心である。信心はそのまま勅命であるというような信の一念は、時を超えた永遠が、時と接して時の意味を転換するような内実を持っていた。

このような信の一念において、私の時間の意味、すなわち私の人生の意味と方向が転換する。それは煩悩にまみれた、しかも悔いに満ちた過去の中にも、大悲をこめて私を念じ育てたまうた久遠の願心を感じ、そこに遠く宿縁を慶ぶという想いが開けてくる。また次第に迫ってくる死の影におびえ、人生の破滅という暗く閉じられた未来への想いを転じて、臨終を往生の縁と聞き開くことによって永遠の「いのち」を感じ、涅槃の浄土を期するという「ひかり」の地平が開けてくるのである。こうして信の一念という「いま」は、新たな過去と将来を開いていくような「現在」であるといえよう。本願を信ずるただ今の一念は、こうして如来、浄土を中心とした新しい意味を持った人生を開いていくのである。それを親鸞聖人は現生正定聚という言葉で表されたのであった。

信の一念に正定聚に住せしめられることを信益同時といいならわしている。『一念多念文意』には、第十八願成就文の「即得往生」を釈して、

真実信心をうれば、すなはち無碍光仏の御こころのうちに摂取して捨てたまはざるなり。摂はをさめたまふ、取はむかへとると申すなり。をさめとりたまふとき、すなはち、とき・日をもへだてず、正定聚の位につき定まるを「往生を得」とはのたまへるなり。（註釈版聖典、六七九頁）

といい、信心を得た即時に正定聚の位につき定まることを「即得往生」と説かれたのであるといわれている。これは信一念同時の利益を顕されたものである。また「行文類」の六字釈には、そのことを

「時剋の極促」ということばで表現されている。すなわち六字釈のなかの「必得往生」を釈するのに、成就文の「即得往生」とあわせ、その「即」を釈して「即の言は願力を聞くによりて報土の真因決定する時剋の極促を光闡するなり」といわれる。これは「即」を同時即とし、願力を聞信すると同時に報土の真因が決定し、正定聚に入らしめられることを即得往生と説かれたというのであって、「時剋の極促」とは、即時、同時の意味になる。高田本にはこの「極促」に「キワメテトキナリ」と、利益を得る「時」の速疾をあらわす意味の左訓が施されていることはすでに述べたとおりである。この場合の速さも、時間的な経過のある速さではなくて、時の流れの極限としての同時のことを極促といわれたとしなければならぬ。

同時即とは、同一時間内に、二つ以上の事柄が、相関性、因果性をもちながら生起しているという状況をあらわしている。願力を聞くことと、信楽が開発することと、報土の真因が決定して即得往生の益を得る、すなわち正定聚に入ることとが同時に成就することを時間的に表現したのが「時剋の極促」という言葉だったのである。こうして成就文の「一念」は、上の「その名号を聞いて信心歓喜す」という言葉に対すれば、名号を聞いた即時に信心が開発するということを顕しており、下の「即得往生」と対望させると、信心が開発したと同時に正定聚に住するという、信益同時、速疾の利益をあらわすことになる。親鸞聖人が「信心の定まるとき往生また定まるなり」といわれたゆえんである。[2]

すでに述べたように親鸞聖人は、行一念に行相釈を施されたように、信一念にも信相釈を施される。「一念といふは、信心二心なきがゆゑに一念といふ。これを一心と名づく。一心はすなはち清浄報土の真因なり」といわれたものがそれである。行一念の行相釈がそうであったように、善導大師の専心・専念の釈を手がかりとして、専念を無二行、すなわち余行をまじえることのない一行のこととし、専心を無二心、すなわち「ふたごころ」のない無疑の一心とし、それぞれ行一念、信一念の義意とされたのである。そして行の一念の経説のなかに一行専修という本願念仏の義理を読みとられたように、信の一念の経説の上に、自力のはからいをまじえない無疑の一心という本願の信心のありさま（信相）を読みとろうとされた義釈であった。このように信相でいえば、信心と一念は同義語になり、信心を一念ということができるし、一念でない信心はないということができる。

また行相の一念と、信相の一念を対望すると、行は一切の自力の諸行を選び捨て、選択回向された念仏の一行を専修することであり、信は自力疑心を雑えることなく選択本願を信受する無疑の一心であって、この一心を以て一行を修することが選択本願の行信であるという法義を顕そうとされていたことがわかる。すなわち選択本願とは一行一心を往相の行信として回向する誓願であり、阿弥陀仏とは、一行一心なる人を摂取して捨てないことを名義としている仏なのである。『唯信鈔文意』に「この一行一心なるひとを摂取して捨てたまはざれば阿弥陀となづけたてまつる」といわれたゆえんである。[3]

註

（1）「信文類」（註釈版聖典、二四五頁）
（2）『親鸞聖人御消息』（註釈版聖典、七三五頁）
（3）『唯信鈔文意』（註釈版聖典、七一一頁）

第六章　真実の信

第一節　真実の信心

『歎異抄』第一条に「弥陀の本願には、老少・善悪のひとをえらばれず、ただ信心を要とすとしるべし」といわれている(1)。老人も若者もえらばず、善人も悪人もわけへだてなく、平等に救いたまうという阿弥陀仏の本願の世界は、老と少、善と悪、賢と愚、生と死、愛と憎しみをわけへだてしてしかとらえることの出来ない人間の知性で認識することは決して出来ない。それゆえ「弥陀の誓願不思議」といわれるのである。人間の思議を超えた大悲本願の世界は、はからいなくそのみ言葉を聞き受ける信心によってのみ開入せしめられる。「ただ信心を要とするべし」といわれる所以である。

念仏という至極の易行を選択して、念仏するものは善悪・賢愚のへだてなく平等に救うとおおせられる本願のみ言葉を、信ずるか、それとも疑うかによって、涅槃の境界にいたるか、迷いの境界に止まりつづけるかが分かれると、信と疑によって迷と悟を分判されたのは法然聖人であった。すなわち『選択本願念仏集』「三心章」に、次に「深心」とは、いはく深信の心なり。まさに知るべし、生死の家には疑をもつて所止となし、涅槃の城には信をもつて能入となす。（註釈版聖典七祖篇、一二四八頁）

と言われたものがそれであって、これを信疑決判といいならわしてきた。仏教では、迷うか悟るかは、煩悩を起こして悪行をなすか、それとも善行をなし、智慧を磨いて煩悩を断ち切っていくかによるといい、悪を廃して善人となり、愚を転じて智者になれと教えてきた。いわゆる戒・定・慧の三学のすすめがそれである。それは善悪相対の教えであり、智愚相対の教えであったといえよう。それに対して法然聖人は、信疑相対をもって仏道を領解し直されたのである。その意味で仏教理解の枠組みを転換していかれたといえよう。

自力によって悟りを完成しようとするならば、必然的に廃悪修善の道を歩み、智慧を極める道をたどらねばならない。しかし善人も悪人もわけへだてなく救うて、涅槃の浄土にいたらしめようと誓願し、万人を平等に救う本願力が成就されている以上、悪人であるから生死を超えられないのではない。本願を信受しないから涅槃にいたれないのである。また善人であるから浄土へ生まれられるのでもない。煩悩の垢にまみれた凡夫の善をもって、無明煩悩を超えた悟りの領域には決して至ることが出来ないからである。われらはただはからいなく本願を信じて、念仏すれば、念仏の行者を浄土にいたらしめようと誓われた本願力の自ずからなるはたらきとして、煩悩の寂滅した涅槃の浄土に迎え取られていくのである。「浄土宗略抄」のなかで、法然聖人は、深心（信心）のいわれを釈して、

心の善悪をもかへり見ず、つみの軽重をも沙汰せず、ただ口に南無阿弥陀仏と申せば、仏のちか

ひによりて、かならず往生するぞと決定の心をおこすべき也。その決定の心によりて、往生の業はさだまる也。往生は不定におもへば不定也、一定とおもへば一定する事也。詮じてはふかく仏のちかひをたのみて、いかなるところをもきらはず、一定むかへ給ぞと信じて、うたがふ心のなきを深心とは申候也。（『和語灯録』二、真聖全四、六一四〜六一五頁）

といわれている。我が心の善悪をかえりみず、念仏の行者を必ず救うと誓われた本願力をたのむ決定の信心によって往生の業因は成就するといわれるのである。それにしても「往生は不定におもへば不定也、一定とおもへば一定する事也」とは、深い宗教経験に裏打ちされた言葉である。法然聖人は、その本願力のはたらきを、法爾の道理と名づけ、それをたのみまかせる信心を出離の肝要とされたのであった。ともあれ法然聖人が開示されたこの信疑決判の釈義を継承し、その深い意義を釈顕していかれたのが親鸞聖人の『教行証文類』の「信文類」であった(2)。

信心という言葉を親鸞聖人は両様に使い分けられている。「罪福を信ずる」という場合と、「本願を信ずる」とか、「仏智不思議を信ずる」といわれる場合とである。同じ信心といっても、前者は自力の信であり、後者は他力の信心であって、その内容は全く異なる。「誡疑讃」に、

仏智不思議をうたがひて　　罪福信ずる有情は
宮殿にかならずうまるれば　　胎生のものとときたまふ（註釈版聖典、六一三頁）

といわれたものは、仏智不思議を疑って、罪福を信ずる疑心自力の行者がいるということを指摘されたものである。

罪とは罪悪のことであって、なしてはならない悪行のことであり、福とは福徳をもたらすような善行のことである。すなわち善もしくは悪行をなせば、それに応じて楽もしくは苦なる果報をまねくという善悪業報の因果の道理をまことと信ずることを「信罪福心（罪福を信ずる心）」というのである。それは悪を廃して善を修すという仏道修行の原動力になる信心であった。それゆえ善悪業報の因果を否定するというような見解は、因果撥無の邪見として厳しくいましめてきたのである。

浄土教といえどもそれを一概に否定することは許されない。念仏者の倫理として重要な意味を持っているからである。ただ問題は、善悪業報の因果観にのみとらわれて、善悪を平等に救いたまう本願の世界のあることを信受しないことを自力疑心として誡められているのである。

「仏智不思議」とは、私どもの分別思議を超えた阿弥陀仏の本願の本質をさした言葉である。人間は、虚妄なる分別思議をもって自己を中心としたそれぞれの世界を描き出していく。自分と他人を区別し、生と死を矛盾としてとらえ、愛と憎しみの葛藤を生み出し、善悪、賢愚のへだてを造りあげているのである。仏陀はこうした一切の差別を超えて、万物は一如であるとさとることによって、一切のとらわれを離れ、すべての束縛から解脱していかれたのであった。その智慧を無分別智という。しかし万物一如のさとりに達するということは、人々の悩みや悲しみを、わがことととして共感することであった。それは、人々を苦悩の渕から救い、清らかな平安を与えようと願わずにおれない大悲者となることでもあった。それを無分別智のはたらきとしての平等の大悲という。その大智大悲が万人平等の救いの言葉となって、私どもをよびさましているのが阿弥陀仏の本願であり、救いの名のりとしての名号である。

そこで親鸞聖人は、本願のことを「大悲願」とも、「智願」とも、「不思議の仏智」ともいわれるのである。善悪、賢愚のへだてを超えた絶対的な救いの世界を、善悪差別の分別的な知解をもってはかり知ろうとすることを自力のはからいといい、それを本願疑惑というのである。いいかえれば本願を疑う心とは「自力のはからい」であるというのが親鸞聖人であった。はかることのできない仏智の領域を、はかり知り得たと思うことは、知ったのではなくて誤解をしているだけであって、如来に向かっているつもりが如来を見失っているのである。それは如来の大悲智慧に背く心であるから「仏智うたがふつみふかし」といい、罪とされたのである。

善悪業報の因果の考えをもって、阿弥陀仏の本願の救いをはかれば、当然善業をつめば浄土に近づき、悪業を犯せば如来から遠ざかるに違いないという自力の因果を信ずる信仰になっていく。そして善人・賢者にならねば如来の救いにあずかれないとして、大悲の正機である煩悩具足の凡夫の救いの道を閉ざしてしまうことになるのである。そのような人を「仏智不思議をうたがひて、罪福信ずる有情」といわれたのであった。

それにひきかえ「仏智不思議を信ずる」とは、わがはからいをまじえずに、如来の大悲智慧のみことばである本願の名号をそのおおせのとおりに受けいれることをいう。それによって如来の智慧がわが心に宿り、わが智慧となって私を呼び覚ましつづけ私に生きることの意味と方向を知らせていくのである。すなわち煩悩をもったままで如来に摂取されていることを信知し、臨終の一念には、妄念煩悩の寂滅した涅槃の浄土へ生まれしめられるという不思議を信知するのである。それを親鸞聖人は「信心の智慧」といわれた。『正像末和讃』に、

釈迦・弥陀の慈悲よりぞ　願作仏心はえしめたる
信心の智慧にいりてこそ　仏恩報ずる身とはなれ（註釈版聖典、六〇六頁）

と讃詠し、その「信心の智慧」に「弥陀のちかひは智慧にてましますゆゑに、信ずるこころの出でくるは智慧のおこるとしるべし」と註釈を施されたのはそのゆえであった。このような生死を超え、妄念を超える智慧であるような信心であるから、よく涅槃を感得するといわれるのである。つぎの『和讃』に、

智慧の念仏うることは　法蔵願力のなせるなり
信心の智慧なかりせば　いかでか涅槃をさとらまし

といい、信心はよく煩悩の寂滅した無上涅槃をさとる因となるといわれたのはそのゆえである。それをまた「信心正因」といい、『正像末和讃』には、

不思議の仏智を信ずるを　報土の因としたまへり
信心の正因うることは　かたきがなかになほかたし（註釈版聖典、六〇八頁）

と讃詠されている。如来の境界であるような報土に生まれ、さとりを完成する正因であるような信心は、人間の虚妄分別の心からは絶対に発し得ない心であって、ただ如来の大悲本願のみことばとなって、私に恵み与えられる本願力回向の信心であるといわれるのである。

註

（1）『歎異抄』（註釈版聖典、八三二頁）

（2）親鸞聖人は、この『選択集』の信疑決判のこころを「正信偈」の源空章には「生死輪転の家に還来ることは、決するに疑情をもって所止とす。すみやかに寂静無為の楽に入ることは、かならず信心をもって能入とすといへり」と讃詠し、『高僧和讃』の「源空讃」（註釈版聖典、五九七頁）には「無上の信心をしへてぞ、涅槃のかどをばひらきける」「流転輪廻のきはなきは、疑情のさはりにしくぞなき」と詠まれている。

第二節　信心の意味

親鸞聖人は、信心を無疑心と定義された。『一念多念文意』に第十八願成就文の「信心」を釈して、「信心は、如来の御ちかひをききて疑ふこころのなきなり」といわれたように、本願を疑う心がないことを信心というのである。(1)同じことが「信文類」の字訓釈には「疑蓋間雑なきがゆゑに、これを信楽と名づく」といい、法義釈下の信楽釈には「疑蓋間雑あることなし、ゆゑに信楽と名づく」といわれている。(2)第十八願には信楽といい、第十八願成就文には信心といわれているように、信楽と信心は同義語で、いずれにせよ、疑う心のない、疑蓋間雑のない状態をいうのである。

信心を無疑心と定義するのは、浄影寺慧遠大師の『大乗義章』に「三宝等において、浄心不疑なるを信と名づく」(3)というような例があり、また法然聖人の『往生大要鈔』に「うたがひをのぞくを信とは申すべきなり」といい、『浄土宗略抄』に「ふかく仏のちかひをたのみて、いかなるところをもきらはず、一定むかへ給ふぞと信じて、うたがふ心のなきを深心とは申候也」といわれている。[4] このような伝統をうけて、親鸞聖人は信を無疑心といわれたのである。

ところで「疑蓋間雑あることなし、ゆゑに信楽と名づく」といわれた「蓋」とは、一般的には煩悩の異名である。煩悩は真理をおおいかくすというので、貪、瞋、痴、慢、疑を五蓋とよんでいた。なかでも疑はとくに真実をおおいかくす性質が強いから、聖人は疑蓋という用語を使われたのであろう。また間雑とは「まじわる」ということで、不純物がまじわることであった。清浄真実な智慧のみことばである本願を聞きながら、凡夫のはからいを雑じえて、本願を受け容れず、法を変質させてしまうことを疑蓋間雑といわれたのである。

あるいは疑いという蓋を法と機の間に雑じえないことともいえよう。容器に蓋をしたまま水をそそぐように、本願の法水が、疑心にへだてられて、心器にとどかないようなありさまを知らせようとされたともいえよう。凡夫のはからいという心の蓋さえなければ、法水は、衆生の心に満入する。その状態を信心とも信楽ともいうのである。

信心とは、「疑いのない」状態であるということは、所聞の法が機のうえにとどいてある状態であるといえよう。本願の名号という法が、そのいわれのとおりに衆生という機のうえに受け容れられていることを信心というのである。先哲が「勅命のほかに領解なし」といわれた所以である。

『教行証文類』のあらわし方をみると、「教文類」「行文類」「証文類」「真仏土文類」には、それぞれ真実の教、行、証、真仏土についての出体釈があるが、「信文類」には出体釈がない。たとえば真実の教は『大無量寿経』であるとか、大行とは無碍光如来の名を称するなりとか、真実の証は、利他円満の妙位、無上涅槃の極果なりとか、真仏は不可思議光仏であり、真土は無量光明土であるというように、それぞれの物柄が指定されている。しかし「信文類」には信心の物柄を指定する出体釈がなく、ただ大信心の徳を讃嘆する十二の嘆釈があって、すぐに出願釈につづいていく。それは信心には固有の物体（ものがら）がないからで、あえて信心の体をいえば、本願の名号（あるいは仏智）のほかにないのである。それゆえ三心釈には、「この至心はすなはちこれ至徳の尊号をその体とせるなり」(5)といい、三心即一の信心の体は名号であるとされているのである。

こうして第十八願の信心とは、本願の名号、すなわち本願招喚の勅命をはからいなく聞きうけていることであるというので、聞即信であるような信心であるといわれる。『一念多念文意』に、第十八願成就文を釈して、

聞其名号といふは、本願の名号をきくとのたまへるなり。きくといふは、本願をききて疑ふこころなきを聞といふなり。またきくといふは、信心をあらはす御のりなり。（註釈版聖典、六七八頁）

といわれている。名号のいわれである本願の始終を疑いを雑じえずに聞いていることを、真実の意味における聞であるといわれたのは、無疑（信）をもって如実の聞の何たるかを釈されたもので、信をもって聞を釈したものである。また聞くということが信心をあらわしているというのは、本願の名号をはからいを雑じえずに聞いているほかに信はないということで、聞をもって他力の信心の意義を釈

したものである。こうして聞が即信であるような第十八願の信心は、人間が考えて思いかためるものではなくて、本願の名号という如来のみことばをたまわる時に私の上に生起する事柄であるから、信心もまた如来より賜ったものであるということが明らかになる。

このように本願招喚の勅命を疑いを雑じえずに聞いていることは、おおせに随順していることであるから、信は信順と熟字して随順の意味とされる。「信文類」に引用された善導大師の「二河譬」のなかに「いま二尊の意に信順して……(6)」といわれているものがそれである。釈迦の発遣、弥陀の招喚に随順して、願力の白道を歩むことを信順といいあらわされているのである。

ところで親鸞聖人は、如来の勅命に随順することを帰命の語義として用いられていたことについてはすでに述べたところである。梵語の南無は帰命と訳されるが、それについて、賢首大師の『起信論義記』上には、

帰はこれ趣向の義、命は謂く己身の性命。……己の重んずる所の命を尽くして、三宝に帰向す。……二に帰はこれ敬順の義、命は謂く諸仏の教命。これ論主、如来の教命に敬順して伝法利生することを明かす。(大正蔵四四、二四六頁)

といい、わが命をささげて仏法僧の三宝に向かっていくということと、如来の教命に敬順していくということとの二義をあげている。親鸞聖人は『尊号真像銘文』に「帰命と申すは如来の勅命にしたがふこころなり(7)」といわれているから、帰命の二義のなかでは「敬順教命」の義を採用されていたことがわかる。

もっとも「行文類」の六字釈にはすでにみてきたように「帰命とは本願招喚の勅命なり」といい、帰命を「帰せよ」という如来の「勅命」とみられている。[8] これはもともと帰命とは如来の勅命に帰順する信心のことであるが、信心は如来の勅命が衆生にとどいているほかにないという本願力回向の義意を明確にするための特別の釈であった。「必ずたすける」という勅命が、「必ずたすかる」という信になっていくからである。

こうして信心と帰命とは、元来は別の言葉であったのを、親鸞聖人はどちらも如来のおおせにしたがうという共通の意味をもつというので、多くの場合、同義語として使われていく。ただ帰命には礼拝という意味があり、信にはそれがないから全同というわけではない。

また親鸞聖人は、信心のことを「たのむ」という和訓であらわされることがある。『唯信鈔文意』の初めに「本願他力をたのみて自力をはなれたる、これを唯信といふ」[9]といわれたものがそれで、信心とは自力のはからいをすてて、本願他力をたのみたてまつっていることをいうと規定されている。この「たのむ」という言葉は、「行文類」の六字釈にも帰命の帰の字の訓として用いられている。すなわち「帰説《きえつ》也」の左訓に「よりたのむなり」とあり、「帰説《きさい》也」の左訓に「よりかかるなり」といわれたものがそれである。[10] ここでは「たのむ」とは「よりたのむ」ことであり「よりかかる」ことを意味しているから、「本願招喚の勅命」にわが身をまかせている状態をあらわしていた。

現代の辞書によれば「たのむ」には「たよりにする。あてにする。信頼する。たよるものとして身をゆだねる。懇願する。願う」などの意味があげられているが、親鸞聖人の「たのむ」の用法のなかには「愬願する。願う」という場合は全くなく、「たよりにする、まかせる」という意味でのみ用いられている。[11] たとえ自力の信心を顕す場合でも「善本徳本たのむひと」とか「わが身をたのみ」といい、自身と、自身が自力で積んだ功徳を憑みにしていることを「たのむ」といわれていて、この場合でも愬願の意味で「たのむ」を用いられることはなかった。

ことに「信文類」には「大悲の弘誓を憑み、利他の信海に帰す」[12]といわれているように「たのむ」を「憑」の訓とし、「よりたのむ」「よりかかる」「まかせる」の意味として用いられていた。『和讃』にも「本願他力をたのみつつ」とか「如来の回向をたのむ」という表現がしばしば用いられている。のちに蓮如上人が信心を専ら「悲願をたのむ」とか「弥陀をたのむ」といい表されたのはこの用法を踏襲されたものである。

また親鸞聖人は信心を「真実心」の意味とされている。「信文類」の字訓釈に「信はすなわちこれ真なり、実なり」といわれたものがそれである。もともと信という漢字は真《まこと》という意味であり、真には実という意味があるところから、信を真実といわれたのである。このように信には「うそいつわりのない真実」という意味があったから、信憑とか信頼という意味が派生してきたのであるが、親鸞聖人が「たのむ」といわれたときは、「頼」は用いず、必ず「憑」の和訓として用いられていたことを注意しておかねばならない。ともあれ親鸞聖人が、信をつねに真実と関連させ、如来の智慧という真実に裏付けられた信でなければ如実の信心ではないといわれるのも元来信は真であったからである。いいかえれば親鸞聖人が、信心とは「本願をたのむ」ことであるといわれたときには、本願こそ究極の真実であるから「たのむ」という信相が成立するのだということを顕したかったのであろう。

註

(1)『一念多念文意』(註釈版聖典、六七八頁)
(2)「信文類」(註釈版聖典、二三〇頁、二三四頁)
(3)『大乗義章』(大正蔵四四、四九二頁)
(4)「往生大要鈔」(『和語灯録』一、真聖全四、五八六頁)、『浄土宗略抄』(『和語灯録』二、真聖全四、六一四頁)
(5)「信文類」(註釈版聖典、二三一頁)
(6)「信文類」(註釈版聖典、二二六頁)、「散善義」(註釈版聖典七祖篇、四六九頁)
(7)『尊号真像銘文』(註釈版聖典、六五一頁)
(8)「行文類」(註釈版聖典、一七〇頁)
(9)『唯信鈔文意』(註釈版聖典、六九九頁)
(10)「行文類」(原典版聖典、二二一頁)
(11)『日本国語大辞典』十三(一四七頁)
なお「たのむ」に相当する漢字には、憑・頼・恃・怙等があるが、親鸞聖人は、信の和訓の「たのむ」を漢字で表わす場合、必ず「憑」を用い「頼」は用いられていない。すなわち「憑」の意味を表わす「たのむ」だったのである。
(12)「信文類」(註釈版聖典、二九五頁)

第三節　三心と一心

「信文類」の中心は三一問答とよばれる三心一心についての問答の部分である。

問ふ。如来の本願、すでに至心・信楽・欲生の誓を発したまへり。なにをもつてのゆゑに、論主一心といふや。（註釈版聖典、二二九頁）

という問いではじまり、先ず字訓釈とよばれる解釈を施し、つづいて問答をおこして法義釈（実義釈）がなされていく。そして、

まことに知んぬ、至心・信楽・欲生、その言異なりといへども、その意これ一つなり。なにをもつてのゆゑに、三心すでに疑蓋雑はることなし、ゆゑに真実の一心なり。これを金剛の真心と名づく。（註釈版聖典、二四五頁）

等といい、三心はそのまま無疑の一心であると釈顕されている。

親鸞聖人は、この問答をとおして、本願の三心の本体は如来が大智大悲をこめて成就し回向された仏心であって、私の上では如来のおおせを疑いなく聞いている信楽の一心に集約していくという三心即一心の道理をあらわし、仏心であるような信心であるから、よく涅槃の浄土を感得する真因となるという信心正因の義理を顕示されるのであった。

さて三心とは、第十八願に誓われた至心・信楽・欲生をいい、一心とは天親菩薩の『浄土論』の初

めに示された一心帰命をさしていた。第十八願には、
たとひわれ仏を得たらんに、十方の衆生、心を至して信楽して、わが国に生まれんと欲ひて、乃ち十念に至るまでせん。もし生まれずは正覚を取らじ。ただ、五逆と正法を誹謗せんとをば除く。（註釈版聖典、一八頁。ただし訓読は筆者が行った）
と誓われている。その中「至心・信楽・欲生（我国）」を三心といわれたのである。もっとも願文は「心を至して信楽して、わが国に生まれんと欲へ」と誓われていると読めば、至心と信楽と欲生という三心とは必ずしも見えない。それを三種の心といわれたのは、『観経』の三心と対望させたからである。『観経』には、
もし衆生ありて、かの国に生ぜんと願ずるものは、三種の心を発して即便往生す。なんらをか三つとする。一つには至誠心、二つには深心、三つには回向発願心なり。三心を具するものは、かならずかの国に生ず。（註釈版聖典、一〇八頁）
といわれていて、浄土を願生するものが起こすべき心として至誠心と深心と回向発願心という三種の心が説かれている。この『観経』の三心とあわせて、本願の心を三心といわれたのは法然聖人が最初であった。元亨版『和語灯録』三所収の「要義問答」に第十八願文を引き、
この文に至心といふは観経にあかすところの三心の中の至誠心にあたれり、信楽といふは深心にあたれり、欲生我国は回向発願心にあたれり。（真聖全四、一二四八頁本文及び校異）
といわれたものがそれである。

さきに述べたように、『観経』は文面にあらわに説かれている顕説と、隠された形で説かれている隠彰との両面があって、顕説には定善・散善という自力の諸行が説かれており、隠彰には本願の念仏が説かれていた。したがって同じ三心でも、定散諸行と組み合う場合は自力の三心であり、本願他力の念仏と組み合って念仏行者の信心を示す場合は他力の三心となる。その本願の念仏（乃至十念）と組み合っている三心は、第十八願の「至心・信楽・欲生」と同じものといわねばならない。親鸞聖人が『観経』の三心と第十八願の「至心信楽欲生」とは同じものであるといわれたのは、隠彰の三心と合わされたものであった。親鸞聖人は「化身土文類」に『観経』の三心と『大経』の三心とを対比して、「二経（『大経』と『観経』）の三心、顕の義によれば異なり、彰の義によれば一なり[1]」といい、『観経』の顕説の自力の三心と第十八願の三心とは別物であるが、隠彰の弘願他力の三心は、第十八願の三心と全く同じであるといわれたのはそれゆえである。

第十八願の至心と信楽と欲生の三心について親鸞聖人は、『尊号真像銘文』に詳しい解説をされている。それによれば「至心」とは、如来の真実心であるといわれる。すなわち、

至心は真実と申すなり、真実と申すは如来の御ちかひの真実なるを至心と申すなり。煩悩具足の衆生は、もとより真実の心なし、清浄の心なし、濁悪邪見のゆゑなり。（註釈版聖典、六四三頁）

といわれている。煩悩具足の凡夫にあるのは虚仮不実の心だけであって、清浄真実な心はかけらほどもない。それゆえ果てしなく迷いつづけねばならないのである。真実心とは、こうした凡夫を憐れみ救おうと願いたたれた如来の大悲智慧のみこころをいうのであって、それを至心というといわれてい

るのである。

信楽とは、すぐつぎに、

信楽といふは、如来の本願真実にましますを、ふたごころなくふかく信じて疑はざれば、信楽と申すなり。

といわれたように、本願の真実を疑いなく聞き受けている無疑心のことである。

そして欲生とは、

欲生我国といふは、他力の至心信楽のこころをもつて安楽浄土へ生れんとおもへとなり。

といわれているように、浄土へ生まれさせていただこうと疑いなく浄土を要期する願生心であるといわれている。

こうして三心とは、真実心、無疑心、要期心（願生心）をいうのであるが、聖人はまず本願の三心の本体は、「わが真実なる誓願を信楽」して「安楽浄土に生まれんとおもへ」とよびかけたまう如来の願いであり、この「如来の御ちかひをたまわり」「如来の至心信楽をふかくたのむ」ことが三心のすがたであり、それが信心であると見られていたことがわかる。

次に『浄土論』の一心とは、その冒頭に「世尊、我一心に尽十方無碍光如来に帰命したてまつりて、安楽国に生ぜんと願ず」と、天親菩薩が自らの願生の信心を表白された「一心」を指していた[2]。この一心について曇鸞大師の『論註』上には、

我一心とは天親菩薩の自督の詞なり。言ふこころは、無碍光如来を念じて安楽に生ぜんと願ず。

心心相続して他の想間雑することなしとなり。(註釈版聖典七祖篇、五一頁)

と釈されている。この「他想間雑なし」について親鸞聖人は、疑心が間雑しないことであるとみて、『尊号真像銘文』本には、「一心といふは教主世尊の御ことのりをふたごころなく疑なしとなり。すなはちこれまことの信心なり」といわれている。[3] すなわち一心とは「二心がない」ことである。二心とは心が一つに決定していない、疑いの状態をいうのであるから、二心がないというのは、疑いがないことであり、ここでは釈尊の発遣の教勅を「ふたごころなく疑い」なく聞きうけていることを一心といわれている。釈尊の発遣は、そのまま弥陀の招喚でもあるから、一心は本願を二心なく聞信している心でもあった。ところで無疑心とは信楽のことでもあった。「信文類」の字訓釈の終わりに「まことに知んぬ、疑蓋間雑なきがゆゑに、これを信楽と名づく。信楽すなはちこれ一心なり。一心すなはちこれ真実信心なり」といわれているように、一心は三心の中の信楽のことでもあったのである。

こうして、本願には三心と誓われているけれども、要をとっていえば、如来の本願のみ言葉を疑いなく聞きうける信楽の一心のほかにないという法理をあらわすために天親論主は三心といわずにあえて一心といわれたと釈成していくのが三一問答であった。

このような三心即一論が成立する背景には、親鸞聖人の独自の信心観があった。それは第一には、私の中からは、如来・浄土にふさわしい清浄真実な信心は決して起こりえないという煩悩具足の自己への徹底した断念であった。そして第二には、如来の本質である大智大悲は、本願のみ言葉となって私どもに回向され、如来のみ言葉が、私の信心となっているという信心の超越性の領解である。そして第三には、如来より与えられる信心であるから、私はただはからいをまじえずに聞き受ける以外にないという無疑信順の姿勢であった。

信心は私の煩悩の心中にありながら、完全に私を超えて、むしろ私を包みたまうような仏心であって、それゆえ信心が私を導き救うのであるという、信心の形而上学とでもいえるような体系を樹立していかれたのであった。

『浄土論』の一心を『論註』に釈して「天親菩薩の自督の詞なり」といわれていたが、その自督の「督」に親鸞聖人は注釈を加えて「勧なり、率なり、正なり」という訓を出されている。(4) 勧は「すすめる」、率は「ひきいる」、正は「ただす」という意味である。すなわち指揮官が部下を率い、正し、勧励するように、信心が自己を正しい方向に率い導き、勧励するということが「自督」という言葉であると聖人は領解されていたことがわかる。こうして親鸞聖人にとって信心とは、如来の智慧が本願の言葉となって私にとどき、私をよびさまし、涅槃の領域に向かって導いていくことを意味していたというべきであろう。

註

（1）「化身土文類」（註釈版聖典、三九六頁）
（2）『浄土論』（註釈版聖典七祖篇、二九頁）
（3）『尊号真像銘文』（註釈版聖典、六五一頁）
（4）「行文類」（註釈版聖典、一五五頁）

第四節　三心の字訓

さきにのべたように「信文類」の中心をなす三心一心の問答は、

問ふ。如来の本願、すでに至心・信楽・欲生の誓を発したまへり。なにをもつてのゆゑに、論主一心といふや。

という問いではじまっている。本願には、至心・信楽・欲生という三心をもって念仏行者の信心を誓われているのに、天親菩薩は何故一心といわれたのかと、本願の三心をもって論主が一心といわれたことの意義を問うわけである。

こうした問いをおこされたのは『浄土論』が『無量寿経優婆提舎願生偈』といわれるように、『無量寿経』の法義を、人々にわかり易く近づけて説いた解説書であるという前提があった。しかも『浄土論』のはじめには「我、修多羅の真実功徳相に依りて、願偈を説きて総持し、仏教と相応せん」といわれていた。修多羅（スートラ sūtra・経）すなわち『無量寿経』には、真実の智慧と慈悲を具現した、阿弥陀仏とその浄土のありさまが詳しく説かれているが、その真実なる功徳に帰依し、それを浄土願生の詩（願偈）として要約したものがこの『浄土論』であって、『無量寿経』と内容的には寸分のちがいもない書であるというのである。したがって『浄土論』の一心は、本願の三心を一つにまとめ総持したものとせねばならぬという確信を聖人はもっておられたのであった。もっともそこは親鸞聖人の独自の『浄土論』観が反映しているが、それについては、また別の機会にのべることにしよう。

　さて聖人は自らの問いに答えて、

　答ふ。愚鈍の衆生、解了易からしめんがために、弥陀如来、三心を発したまふといへども、涅槃の真因はただ信心をもつてす。このゆゑに論主三を合して一とせるか。

といわれる。これは三心と一心についての問にあらかじめ略答されたものであるが、『浄土文類聚鈔』には同意の問答があり、そこには、

　答ふ。愚鈍の衆生をして、覚知易からしめんがためのゆゑに、論主、三を合して一としたまふか。

（註釈版聖典、四八九頁）

といわれている。この両者をあわせてみると本願の三心は、本来一心であるということを愚かなものに易く知らせるためであったということでは両書は一致している。しかし「信文類」には、涅槃の真因は信心のみであるからだといわれている。これを第二の理由とみるか、それとも涅槃の因はただ信心のみであるから、三心は即一心でなければならないという道理を、愚かなものに易く知らせようとして、論主は三心とある経文を、一心としてあらわされたのであるという一つの理由と見るか、古来論議のあるところである。しかし私は、後説のように理解していきたいと思う。

　すなわちこの文章は、「愚鈍の衆生に、三心はそのまま一心であるという道理を知り易からしめるためであった。すなわち阿弥陀如来は本願に三心を誓われているけれども、涅槃を証得する因はただ

信心のみであるという道理がある。それゆえ、天親論主は三心を合わせて一心として顕されたのであろう」というのである。そこから古来「三心即一は法義の固有、合三為一は論主の勲功」といいならわしている。本願の三心はそのまま一心であるという道理があるが、それを知らせるために三心を合して一心といわれたのは天親論主であるから、論主の勲功であるというのである。

なお「涅槃の真因はただ信心である」といわれたのは、言葉としては『往生要集』に『涅槃経』を引用して「阿耨菩提には信心を因となす」といわれたものに依っている。(1) しかし法義としては、すでに述べたように、『選択集』「三心章」の信疑決判を承けたものである。すなわち万人を平等に救うて涅槃の浄土にあらしめようと誓願された念仏往生の本願が成就している以上、生死に止まるか、涅槃の悟りを完成するかは人間の修行能力の有無に依るのでもなく、心の善悪・賢愚に依るのでもない。如来の本願を疑いなく信受するか、それとも疑って拒絶するかに依るというのである。本願を疑うがゆえに迷いははてしなく、信ずるがゆえに涅槃に入るという法然聖人の信疑決判のもつ深い意義を開顕していかれるのが「信文類」だったのである。

さて聖人が、三心即一を論証するのに、字訓釈と法義釈(実義釈)をもうけられたということはすでにのべた。字訓釈とは、それぞれの文字があらわす意味を手がかりにして、三心が一心におさまるということを論証するもので、「わたくしに三心の字訓をうかがふに三すなはち一なるべし」といって詳述されるものがそれである。法義釈とは、また実義釈ともいい、三心のそれぞれが顕す義理を開顕するもので、いちいちについて、機無・円成・回施・成一といわれるような特異な解釈が展開されている。

さて字訓釈によれば、至心の至について三訓、心について二訓、信楽の信には十二訓、楽には八訓、欲生の欲に四訓、生に四訓、総計三十三訓があげられている。その中には、その文字が本来もってい
る意味をあらわす本訓もあるが、音が共通するところから同義語とみなされた音通の訓や、意味が通ずるところから転用した義訓や転訓などが多用されている。そして、それらを四字ずつ組み合わせて一句とし、三心の一々にこめられている深い意味を読み取っていかれるのである。このような釈を寄字顕義（文字に寄せて法義を顕す）といい、とくに日本天台の本覚法門などではよく用いられた釈義法だった。

まず至心の至には真・実・誠の三訓があり、心には種・実の二訓があるから、字訓を集めると真実誠種の心ということになる。すなわち往生成仏の因種となる真実にして誠なる心という意味を表しているというのである。その本体は、如来の真実心であるから、真実を覆い隠すというような意味をもつ疑蓋の心は全くまじわっていないというのである。

つぎに信楽の信には、真・実・誠・満・極・成・用・重・審・験・宣・忠という意味があり、楽には欲・願・愛・悦・歓・喜・賀・慶という意味がある。それゆえ信楽とは、真実誠満の心、すなわちわれらの内に真実が満入している心であり、極成用重の心、すなわち完成（至極成就）された本願のはたらき（用）を敬い尊重する心であり、審験宣忠の心、すなわちつまびらかに明言された（審験）如来のおおせ（宣）を偽りなく（忠）信ずる心であり、欲願愛悦の心、すなわち浄土往生の願いを満

たされて愛《め》で悦ぶ心であり、歓喜賀慶の心、すなわち往生の決定したことを喜び、聞き得た法をよろこぶ心である。こうして信楽とは真実なる法を聞いてよろこぶ心であるから、疑蓋のまじることはないといわれるのである。

つぎに欲生の欲には、願・楽・覚・知といった意味があり、生には成・作・為・興という意味がある。それゆえ欲生とは、願楽覚知の心、すなわち往生できると知ってよろこび願う心であり、成作為興の心、すなわち仏に成り大悲を興して衆生救済の活動をなさしめられることを期する心である。さらに字訓からではないが、欲生には「大悲回向の心」という意味がある。如来が大悲をこめて衆生に回向される心である。このような心であるから「疑蓋雑はることなきなり」といわれている。

このように大悲回向の心という一句が欲生の字訓釈の最後に出されたことについて、すでに先哲が指摘されているように、三心全体が如来の大悲によって回向された心であるということを知らせるために、字訓にはないこの一句を字訓釈の最後に挙げられたということも考えられる。

欲生が回向心でもあるというのは、本願の三心を、『観経』の三心と対望すれば、欲生は、回向発願心にあたるからである。それゆえ聖人はつぎの法義釈のなかの欲生心釈の最後に「欲生すなはちこれ回向心なり。これすなはち大悲心なるがゆゑに、疑蓋雑はることなし」といい、字訓釈と同じように欲生を大悲回向の心とされている。なお聖人が回向発願心を、如来の大悲回向心とみられたのは、衆生の回向発願心は、衆生を浄土へ生まれしめようと願い立たれた如来の大悲回向心より発起したものであることを知らそうとされた妙釈である。同じことが「行文類」の六字釈の「発願回向」の釈にも見られる。そこでは発願と回向をいずれも如来の救済の願心とみて、「如来すでに発願して衆生の行を回施したまふの心なり」(2)といわれていた。いずれにせよ如来が大悲の誓願を起こして、往生の行である南無阿弥陀仏を回向し、万人を平等に救うて涅槃の浄土に生まれしめようとされている大悲心が、欲生心の本体であるというのである。すでに大悲回向の心であるような欲生心であるから、疑惑の心は微塵もまじわっていないというのである。

ところで大悲回向心ということが、欲生心の本体をあらわしていたということは明らかになったが、しかし、字訓釈の最後にこのような字訓にはない法義による一句を挙げられたのは、欲生だけではなく、至心も信楽もいずれも大悲をもって回向された心であるということを表そうとする意図であったといえよう。そしてそのことを広く開示していくのが次の法義釈なのである。

こうして詳細な三心の字訓を施すことによって、三心は如来の真実そのものであるような心であって、虚仮のまじわることはなく、まっすぐに涅槃に向かっていく正直心であって、少しの邪偽もまじわっていない。すなわち三心は疑いというような虚仮、邪偽のまじわることのない心であることがわかるといい、

まことに知んぬ、疑蓋間雑なきがゆゑに、これを信楽と名づく。信楽すなはちこれ一心なり、一心すなはちこれ真実信心なり。このゆゑに論主、建めに「一心」といへるなりと、知るべし。

（註釈版聖典、二三〇頁）

と結ばれている。三心とは、虚仮不実なる人間のはからいをまじえることなく、真実なる如来の本願

を疑いなくうけいれたところに自ら備わっている涅槃の因としての徳義であって、要は、疑いを雑えることなく法を聞きうけているほかにはない。その無疑心を信楽というのであるから、本願の三心は信楽の一心に摂まるということがわかる。論主が本願の三心を合して一心といわれたのはこのような道理によるというのである。

註

（1）『往生要集』（註釈版聖典七祖篇、九七一頁）
（2）「行文類」（註釈版聖典、一七〇頁）

第五節　至心釈

「信文類」の三心釈は、字訓釈について、また問いが起こされる。

問ふ、字訓のごとき、論主の意、三をもつて一とせる義、その理しかるべしといへども、愚悪の衆生のために阿弥陀如来すでに三心の願を発したまへり。いかんが思念せんや。（註釈版聖典、二三一頁）

天親菩薩が、本願の三心は一心に摂まるということを、愚鈍の衆生に知らせようとして三心を合して一心といわれたという道理はわかった。しかしそれならば、本願に一心と誓えばよいものをなぜ三心と誓われたのか。もともと本願は愚悪の衆生のために誓われたはずではないかというのである。前の問いが本願の三心をもって『論』の一心のいわれを問うたのに対して、いまは『論』の一心をもって本願の三心のいわれを問うのである。

これに答えて第十八願の信心は、名号となって呼びかけられる招喚の勅命を疑いなく聞き受ける一心のほかにないが、それを至心・信楽・欲生の三心として誓われたのは、信心にこめられている広大な徳義を知らせるためであったといわれるのである。愚鈍の衆生に本願領受の心相を知らせるときには、一心と表すべきであるが、その一心は、仏心そのものであって、如来の智慧と慈悲の徳を備えていて、涅槃の真因となるという実義のあることを知らせるために、本願には三心と誓われたというのである。それゆえ先哲は、以下の問答を法義釈とも実義釈ともよんでいる。

答ふ。仏意測りがたし、しかりといへども、ひそかにこの心を推するに、一切の群生海、無始よりこのかた乃至今日今時に至るまで、穢悪汚染にして清浄の心なし、虚仮諂偽にして真実の心なし。ここをもつて如来、一切苦悩の衆生海を悲憫して、不可思議兆載永劫において、菩薩の行を行じたまひしとき、三業の所修、一念一刹那も清浄ならざることなし、真心ならざることなし。如来、清浄の真心をもって、円融無碍不可思議不可称不可説の至徳を成就したまへり。如来の至心をもつて、諸有の一切煩悩悪業邪智の群生海に回施したまへり。すなはちこれ利他の真心を彰す。ゆゑに疑蓋雑はることなし。この至心はすなはちこれ至徳の尊号をその体とせるなり。

人間の虚妄なる分別思議を完全に超えた仏智のなしたまえるわざを忖度することは私にはできない。しかし仏祖のみ言葉を手がかりに、その深いお心をおしはかってみると、次のようなことがわかる。

はてしない迷妄の境界を空しく流転しているあらゆる衆生は、無始よりこのかた今日ただ今にいたるまで、愛憎の煩悩に汚れて、清浄な心はなく、うそいつわりに満ちていて、まことの心は全くない。それゆえ大悲の救主、阿弥陀如来は、煩悩の広海に沈む衆生の苦悩を、わがこととしてあわれみ痛み、その救済のために、法蔵菩薩という修行者のすがたをとって現れ、はかり知ることもできない時をかけて菩薩としての自利利他の行を励んでいかれた。その身・口・意の三業のはたらきは、一瞬たりとも妄念煩悩のまじわることのない清浄真実であった。こうして如来は清らかな真実心をもって、自他、生死の隔てを超え、すべてがさわりなく完全に融けあう一如の領域をさとる智慧を完成し、人間の思いも、言葉も及ばぬ無上の徳を完成していかれた。それが南無阿弥陀仏である。すなわち名号は清浄真実なる如来の智慧の心、すなわち至心が円かに完成したすがたである。

如来はこの至心の結晶である南無阿弥陀仏を、愛憎の煩悩に狂い邪悪な姦智に迷う衆生に与えていかれる。すなわち至心とは、本願の信心が如来よりたまわった真実なる智慧の心であるということを表している。それゆえ至心といっても、疑いをまじえることなく名号を頂戴する信心の外にはない。こうして至心とは名号そのものであり名号こそ至心の本体であるということがわかるといわれるのである。

この至心釈に見られるような釈相は、つぎの信楽釈にも欲生心釈にも共通しており、古来これを機無・円成・回施・成一の釈といいならわしている。機無とは、本来私の中には至心も信楽も欲生も存在しないし、また起こすことも不可能であるということであり、円成とは、それゆえ如来は大悲心をもって、私に代わって三心を完成されたということである。回施とは、その成就された三心を南無阿弥陀仏の一句におさめて十方の群生海に施し与えられるという本願力の回向を表す。成一とは、如来より与えられた心であるから、受け取る私の上はただ無疑の一心のほかにはないということである。こうして三心の法義釈において本願力回向の信心の構造が明らかになるのである。

ところで至心を真実心とみるのは善導大師の「散善義」の三心釈によったものである。ところがそこには、

「一には至誠心」と。「至」とは真なり、「誠」とは実なり。一切衆生の身口意業所修の解行、かならずすべからく真実心のうちになすべきことを明かさんと欲す。外に賢善精進の相を現じ、内に虚仮を懐くことを得ざれ。貪瞋・邪偽・奸詐百端にして、悪性侵めがたく、事蛇蝎に同じきは、三業を起すといへども名づけて雑毒の善となし、また虚仮の行と名づく。真実の業と名づけず。（中略）この雑毒の行を回して、かの仏の浄土に生ずることを求めんと欲せば、これかならず不可なり。なにをもつてのゆゑに。まさしくかの阿弥陀仏因中に菩薩の行を行じたまひし時、すなはち一念一刹那に至るまでも、三業の所修、みなこれ真実心のうちになしたまひ、おほよそ施為・趣求したまふところ、またみな真実なるによりてなり。（註釈版聖典七祖篇、四五五〜四五六頁）

といわれていた。至には究極、最高という意味はあるが、ただちに真という意味はない。しかし至誠というときには、「このうえないまこと」ということで、真実という意味になるから、その真実を、至と誠とに分けて「至とは真、誠とは実」と解釈されたものである。

ところで善導大師によれば、至誠心とは、内心と外相とが一致して内外共にまことであるような状態を意味していた。それゆえ「外に賢善精進の相を現じ、内に虚仮を懐くことを得ざれ」というのである。内心に貪欲・瞋恚・奸詐の心が渦巻いているような状態で、たとえ外相に賢善精進のふるまいをしてみても、それは煩悩という毒の混じった善に過ぎないから浄土には往生できない。その理由は、阿弥陀仏が、浄土建立の行を修行されたとき、施為（利他）も趣求（自利）も、すべて真実心をもって行じ、その行徳によって完成された清浄真実な世界だからである。いいかえれば浄土へ往生するためには、阿弥陀仏が浄土を建立されたのと同質の真実心をもって修行し、願生しなければならないというのである。しかし果たして凡夫にそのようなことが出来るであろうか。

おそらく善導大師は、そうあらねばならない仏道の道理と、現実の煩悩具足の自己との矛盾に悩みつつ、戒律の厳守と、絶えざる罪障の懺悔とを自らに課していかれたのであった。大師が日夜厳しい懺悔を行っていかれたことは、『往生礼讃』の三品の懺悔の釈や、『法事讃』の懺悔文などをみればわかる。(1) そうした深い罪障懺悔の中で自身は罪悪深重の凡夫であって、出離の手がかりさえもないという真相があらわになり、機の深信が成立していくのであった。

こうした善導大師の至誠心釈に疑問をもたれたのが法然聖人であった。もし内に煩悩をもっていることが往生の障りになるのならば、貪瞋煩悩をもったまま白道を行くと説かれた二河白道の喩えと矛盾するし、なによりもつぎの深心釈の機の深信と法の深信が両立しなくなると考えられたのであった。そもそも浄土教とは、自分で煩悩を断ち切ることのできないものを救うための教法であるとすれば、内に煩悩をもっていることが往生の障りになるはずがない。したがって善導大師が、真実とは、内外相応の心であるといわれたのは、内に念仏往生の本願を信じ、外に称名をしていることをいうのである。反対に内外不調の不真実とは、外面だけはいかにも殊勝な浄土願生者のように見せかけているが、内心に本願を信じることがないようなもののことで、これを虚仮の行者といわれていた。こうして至心とは内に信心（深心）をもって念仏することであって、煩悩をなくすることではないとみられていた。(2)

ところが親鸞聖人は、浄土にふさわしい真実心とは、煩悩を超えた無漏智のことであって、そのような真実心は凡夫の上には存在しないし、起こしようもない。凡夫は死ぬまで愛憎の煩悩を燃やしながらしか生きようのないものであるといいきり、真実とはかかる凡夫を救おうと願い立たれた阿弥陀仏の本願にだけあることだといわれる。

『尊号真像銘文』にはそのことを、

至心は真実と申すなり。真実と申すは如来の御ちかひの真実なるを至心と申すなり。煩悩具足の衆生は、もとより真実の心なし、清浄の心なし。濁悪邪見のゆゑなり。信楽といふは、如来の本願真実にましますを、ふたごころなくふかく信じて疑はざれば、信楽と申すなり。（註釈版聖典、六四三頁）

といわれている。すなわち至心とは、私を救いたまう本願の心である。それゆえ至心は私が起こす心ではなくて、はからいなく信受すべき心であるといわれたのであった。

こうした立場から聖人は「散善義」の文章を読み変えていかれる。『愚禿鈔』下や、「信文類」によれば、

一切衆生、身口意業に修するところの解行、かならず真実心のうちになしたまへるを須ゐんことを明かさんと欲ふ。外に賢善精進の相を現ずることを得ざれ、内に虚仮を懐ければなり。（中略）まさしくかの阿弥陀仏、因中に菩薩の行を行じたまひしとき、乃至一念一刹那も、三業の所修みなこれ真実心のなかになしたまひしに由りてなり。おほよそ施したまふところ趣求をなす、またみな真実なり。（註釈版聖典、五一七頁）

と読まれたものがそれである。それは後に述べるように、二種深信や、二河譬の心によって至誠心釈を読めば、こう読まざるをえないという信念があったのである。[3]

註

（1）『往生礼讃』（註釈版聖典七祖篇、七〇六頁）、『法事讃』上（註釈版聖典七祖篇、五三四頁以下）、『法事讃』下（註釈版聖典七祖篇、五七六頁以下）

（2）法然聖人の至誠心釈については、拙著『法然教学の研究』二五七頁以下を参照。

（3）醍醐本『法然上人伝記』「三心料簡事」（法然上人全集、四四八頁）、『三部経大意』（真聖全四、七八六頁）等には至誠心について『選択集』とは異なった見解が述べられている。特に「三心料簡事」には、「施為趣求」について、仏が施された念仏をもって浄土を趣求していくという意味の釈がなされている。これが隆寛律師の『具三心義』上（「遺文集」七頁）の独自の至誠心釈や、親鸞聖人の至心釈に展開したものと考えられる。これについての詳細は拙著『一念多念文意講讃』（八〇頁以下）を参照されたい。

第六節　真実心

真実ということは、煩悩具足の凡夫のなかからは決して起こり得ないというのが親鸞聖人の領解であった。「信文類」の至心釈には『涅槃経』「聖行品」（北本『涅槃経』一三、大正蔵一二、四四三頁）の文を引いて、

真実といふは、涅槃経にのたまはく、実諦は一道清浄にして二あることなきなり。（中略）真実といふはすなはちこれ如来なり。如来はすなはちこれ真実なり。（註釈版聖典、二三四頁）

といわれている。虚妄分別を離れた智慧の眼をもって、万物一如といわれるような真実の法をさとり、それになりきって、万人を救うていく方を如来というが、そのような如来こそ真実であり、そのほかに真実はないといわれるのである。

聖人によれば、このような如来の真実が顕現しているのが『大無量寿経』に説かれた阿弥陀仏の本願の因果であった。わけても、法蔵菩薩の兆載永劫の修行のありさまこそ、万人が本来そうあらねばならない、法にかなった真実の生き方を示しているとみられたようである。それは善導大師が、法蔵菩薩の修行のうえに真実心の典型を見られていたのを承けたものでもあった。

「信文類」の至心釈（註釈版聖典、二三一頁）には、至心すなわち真実心とはどのようなものであるかを経釈によって証明するために、『大経』の勝行段の文と、異訳の『如来会』の該当の文章と、「散善

義」の至誠心釈の文とが引かれている。このなか『如来会』と「散善義」は、つぎのような『大経』の勝行段の文意を助顕するものであった。

欲覚・瞋覚・害覚を生ぜず。欲想・瞋想・害想を起さず。色・声・香・味の法に着せず。忍力成就して衆苦を計らず。少欲知足にして染・恚・痴なし。三昧常寂にして智慧無碍なり。虚偽諂曲の心あることなし。和顔愛語にして意を先にして承問す。勇猛精進にして志願倦むことなし。もつぱら清白の法を求めて、もつて群生を恵利しき。三宝を恭敬し、師長に奉事しき。大荘厳をもつて衆行を具足して、もろもろの衆生をして功徳成就せしむ。（註釈版聖典、二六頁）

法蔵菩薩は、一切の衆生を救済するために、清らかな悟りの領域である浄土を建立し、善悪・賢愚を選ばず、すべてを迎え取るために、兆載永劫にわたって布施、持戒、忍辱、精進、禅定、智慧といった自利と利他にわたる六波羅蜜の行を修めていかれた。その間、菩薩は、我欲を起こすこともなく、怒り憎むこともなく、他の生き物の「いのち」を損なうこともなく、なにものにもとらわれることはなかった。人々を救うためにはどんな苦難をも堪え忍び、煩悩を制御して、足ることを知り、こころ豊かな生き方をしていかれた。こころはつねに平静で、透徹した智慧をもって「いのち」の真実を見通し、偽りや、媚びへつらうこころは微塵もなかった。

穏やかな表情でつねに人に対し、深い思いやりのこもったあたたかい言葉をかけて慰め、励ましていかれた。すべての人々に真実の幸せを与えるために努め励んで、少しもおこたることはなかった。つねに仏・法・僧の三宝を敬い、師や、先輩を尊んでいかれた。こうした智慧と慈悲の実践によって完成された、すばらしい功徳は、ことごとくこころ貧しきものに施し与えて、迷える人々を悟りの世界へと導いていかれたというのである。

この経説によって天親菩薩は浄土願生の偈を説かれたわけであるが、そのことを「修多羅の真実功徳相に依って願偈を説く」といわれていた。その真実功徳を解釈して真実と不真実とを分けたものが、曇鸞大師の『論註』上の真実功徳の釈であった。親鸞聖人はそれを「行文類」（註釈版聖典、一五八頁）に引用して、私どもが依るべき真実の法の何たるかを明らかにされている。

「真実功徳相」とは、二種の功徳あり。一には有漏の心より生じて法性に順ぜず。いはゆる凡夫人天の諸善、人天の果報、もしは因もしは果、みなこれ顚倒、みなこれ虚偽なり。このゆゑに不実の功徳と名づく。二には菩薩の智慧清浄の業より起りて仏事を荘厳す。法性によりて清浄の相に入る。この法顚倒せず、虚偽ならず。名づけて真実功徳となす。いかんが顚倒せざる。法性によりて二諦に順ずるがゆゑなり。いかんが虚偽ならざる。衆生を摂して畢竟浄に入らしむるがゆゑなり。（註釈版聖典七祖篇、五六頁）

といわれたものがそれである。真実とは、煩悩を超えた無漏の法をいう。無明煩悩のこころからなされる行いは、悪はもちろん、たとい善であっても顚倒・虚偽であって、不実の功徳でしかない。それにひきかえ、法蔵菩薩がなされたような、真如法性にかなった無漏の智慧に導かれた行いこそ、不顚倒・不虚偽の真実であって、それによって完成されたすぐれたさとりの徳を真実功徳というといわれるのである。

その不顚倒とは、真如法性にかなった智慧のはたらきをいう。それは生死一如・自他一如・怨親平等といわれるような万物一如のまことをさとる無分別智であって、それを根本智とも実智ともいい、真諦（第一義諦）ともいうのである。この無分別智が、一如に背いて迷うている世俗の人々をあわれんで呼び覚まし、浄化して、一如の境地に導くために、巧みな教えを分別して説いていく智慧を後得智とも、権智ともいい、また俗諦（世俗諦）ともいう。不顚倒とはこのような智慧のはたらきをいうのである。

不虚偽とは、慈悲のはたらきとしての善巧方便のことである。すなわち真実を知る智慧は、必然的に権智を起こしていくが、それは真実に背いて煩悩を起こし、苦しむものを憐れみ、我がこととして引き受け、救おうとする慈悲のこころの現れでもあった。慈悲とは人々の苦を共感して、それをとり除き、真実の楽を与えようとするこころをいう。その慈悲が具体化して、巧みな救済手段（方便）を設けて人々を救い、煩悩の寂滅した清らかな涅槃の浄土に入れしめていくことを善巧方便ともいわれている。このような大悲の智慧の具体化したものが本願であって、そのはたらきに嘘いつわりのないことを不虚偽というのである。真実なるものとは、智慧と慈悲と方便という構造をもって限りなく煩悩具足の凡夫を呼びさまし、救いつづけており、それを阿弥陀仏（法蔵菩薩）の因果として開顕しているのが『大無量寿経』である。天親菩薩が浄土経典に説かれている浄土・如来・聖衆の三種荘厳を真実功徳相といわれた所以である。

親鸞聖人はこのような天親菩薩・曇鸞大師の真実功徳釈を承けて、「真実は如来なり」といわれたのであるが、そこから三つの事柄が明らかになる。第一は、真実は一面では如来・浄土として現れるが、一面では大悲本願の救いという形で万人の前に顕現してくるということである。そして救済の確かさを人々に信知させ、必ず救われるという疑いなき信心となって私どものうえに実現してくるということである。親鸞聖人が信心の徳を讃嘆して、「たまたま浄信を獲ば、この心顚倒せず、この心虚偽ならず(1)」といい、信心とは如来の真実が私の上に顕現している姿であるから至心といい、真実信心といわれると釈顕された所以である。

第二には、法蔵菩薩の修行のありさまは、私どもに何が真実であり、何が虚偽であるかという、真実と不真実の判別の基準を示しているということである。自己中心的な想念に閉ざされている私どもは、是非、善悪の基準を自己におき、自是他非というゆがめられた価値感覚をもってすべてを計っていきがちである。こうした自己中心の想念を破って、万人が本来そうあらねばならない真如にかなった真実の生き方を聞くことによって、自分の生きざまの虚偽を思い知らされていく。いわゆる機の深信が呼び覚まされるのである。

こうして第三には、如来の真実を基準にした、正しい意味の是非・善悪の価値観が育てられていく。そして正しい生き方とは何であるかという道理の感覚が次第に育てられ、わが身の愚かさをつねに顧みつつ、み教えに導かれて生きようとするようになる。『蓮如上人御一代記聞書』に「わが心にまかせずして心を責めよ(2)」といわれるような生き方が恵まれてくるのである。「責める」というのは、行いの過失や罪をとがめることであるが、ここでは、自分の犯した罪を恥じ、つつしむことを意味していた。私どもは、ともすれば人には厳しく、自分には寛容になりやすいものである。そしていろいろと言い訳をして、自分の罪を自分で許してしまいがちである。そうした自分勝手な考え方や行動を厳しくたしなめ、私どもを悪から守ってくれるのが仏法の真実なのである。

如来の真実を仰ぐものには、自身の醜い行いを自己弁護したり、眼を背けたりしないで、まっすぐに見つめて慚愧し、力のかぎり身をつつしみ、言葉をつつしみ、「和顔愛語」とか、「少欲知足」といわれた経説を、及ばずながらも実践していこうとするような行為の基準と方向性が明らかになる。それをたしなみというのである。そこにはいい意味での「いのち」の緊張感も生まれ、生き甲斐のある日日を送るようになる。それが如来のご照覧のもとに営まれていく人生というものである。

註

（1）「信文類」（註釈版聖典、二一一頁）

（2）『蓮如上人御一代記聞書』（註釈版聖典、一二四八頁）

第七節　信楽釈

信楽とは、疑いの雑わらないこころである。すなわち、阿弥陀仏の本願を、疑いごころをまじえずに聞き受けている状態を信楽とも、信心ともいうといわれているのである。すでに述べたように本願の三心の中心はこの信楽であって、至心と欲生は、信楽の体徳と（至心）とその義意（欲生）を開いて示したもので、三心は、そのまま一心であるというのが親鸞聖人の領解であった。[1] その信楽について「信文類」の法義釈のはじめに、

次に信楽といふは、すなはちこれ如来の満足大悲円融無碍の信心海なり。このゆゑに疑蓋間雑あることなし。ゆゑに信楽と名づく。（註釈版聖典、二三四頁）

といわれている。「信楽というのは、如来が苦悩の衆生を救済しようと思しめされた大悲心を完成し、あらゆるへだてを超えて、万人と一体となり、すべてのものを障りなく救うことができると確信されている、海のように広大無辺な仏心を本体とするものである。それゆゑ一点の疑い心もまじわっていない。ゆゑに信楽と名づけるのである」というのである。

ここに、信楽（信心）という、私どもの上に起こっている状態を説明するのに、「如来の満足大悲円融無碍の信心海なり」と、如来の心としてあげられたのは意外である。それは、信心は確かに私のうえに現れている状況に違いないが、私の心から起こったものではなくて、如来の大悲心が、私の心に顕現しているものであるということを知らせるためだった。

のちに『涅槃経』二〇「梵行品」（大正蔵一二、四八四頁）の、阿闍世王の廻心の物語が引用されるが、そこに、釈尊の月愛三昧（大悲）の徳用と説法によって、極悪非道の阿闍世の心に菩提心（信心）が生じてきたことの不思議を、阿闍世自身が「無根の信」という言葉で表されている。[2] 仏法を否定し、父を殺し、母を牢獄に監禁するといった悪逆をおこなった阿闍世の心に、自らの罪を慚愧し、仏徳を讃仰し、自利利他しようとする菩提心が起こったということは、自分に根ざした心ではなくて全く仏

の徳がとどいた心であるというので「無根の信」といわれたのであった。それをここでは信心の本体は「如来の満足大悲円融無碍の信心海」であるといわれたのである。

「満足大悲」とは慈悲の徳の完成を現し、「円融無碍」とは万物一如をさとる智慧の徳を現している。「信心海」は、智慧と慈悲を完成して、一切の衆生を障りなく救うと決定している決定摂取の仏心は真実そのものであり、微塵も疑い心がないから信心海といったのである。それを海に喩えたのは、万人を包む広大無辺なこころだからである。

信心といえば私が持っている心のように考えやすいが、如来より与えられた信心は、万人を包摂していく広大無辺な信心であって、私もそれに包まれていくような心であるということを表すために、信心海という表現が用いられているのである。その意味で私が信心を持つというよりも、私が如来の信楽に包まれていることを信心といわれていたことがわかる。

このようにして本願の信楽（信心）は、私の心であるままが如来の心であるような性質をもっていた。私を救うことに全く疑いをもっておられない如来の決定摂取の信楽を聞けば、私には、疑いを差し挟む余地さえもないことを思い知らされ、疑惑が除かれる。それを信楽が私の上に実現しているというので、「このゆゑに疑蓋間雑あることなし。ゆゑに信楽と名づく」といわれたのである。この文章には主語が省略されている。それは如来の信楽であるままが、私の信楽でもあることを知らせるためであろう。

次に「すなはち利他回向の至心をもつて信楽の体とするなり」といわれたのは、至心と信楽の関係を説明される釈である。嘘いつわりのない決定摂取の仏心は、本願の名号となって私に聞こえ、私の疑心を破って真実の救いを受け入れる信楽を成就していく。このように私の上にある信楽は、如来の真実なる決定摂取がとどいているすがたであるから、如来回向の真実心（至心）が、信楽の本体であるといわれるのである。

法義釈には続いて、私どもには本来信楽がないという機無を釈して、

しかるに無始よりこのかた、一切群生海、無明海に流転し、諸有輪に沈迷し、衆苦輪に繋縛せられて、清浄の信楽なし、法爾として真実の信楽なし。ここをもつて無上の功徳値遇しがたく、最勝の浄信獲得しがたし。

といわれる。なおこの機無の釈の中で、ここにあげた文章は、無始已来私どもには、法爾として清浄真実の信楽がないということを述べたものである。「しかるに私どもは、無始以来、無明の闇をさまよい、迷いの境界に沈み、苦悩の生存を続けるばかりで、それを超えるための真実の法を受け入れる、清浄真実な信楽を発す能力を全くもっていない。それゆえつねに疑いの心をもって真実をおいかくし、無上の功徳である名号に遇うこともできず、最勝の浄信を自身の力で獲得することもできない」といわれるのである。

ここに「法爾として真実の信楽なし。ここをもつて（中略）最勝の浄信獲得しがたし」というのは「信心がないから、信心を得ることができない」といわれているようにも読める不思議な文章である。しかしこれは、疑いなく法を受け入れる心がないから、成仏の因となるような最勝の浄信（仏心）を

得ることができないといわれているのである。それを『浄土文類聚鈔』には、

しかるに薄地の凡夫、底下の群生、浄信獲がたく極果証しがたし。なにをもつてのゆゑに、往相の回向によらざるがゆゑに、疑網に纏縛せらるるによるがゆゑに。いまし如来の加威力によるがゆゑに、博く大悲広慧の力によるがゆゑに、清浄真実の信心を獲るなり。(3)

といわれている。私どもが清浄真実の信心を得難いのは、疑いの網にまといつかれて、如来の回向を受け入れないからだといわれるのである。

こうして自力のはからいをもってしては、浄土の因となるような浄信を確立することが不可能であることを次に示される。それが、

一切凡小、一切時のうちに、貪愛の心つねによく善心を汚し、瞋憎の心つねによく法財を焼く。急作急修して頭燃を灸ふがごとくすれども、すべて雑毒雑修の善と名づく。また虚仮諂偽の行と名づく。真実の業と名づけざるなり。この虚仮雑毒の善をもつて無量光明土に生ぜんと欲する、これかならず不可なり。

という文章である。「私をふくめて一切の凡夫は、たえず愛欲の心がわき起こって、真実の善に向おうとする心を汚し、憎悪の心はしきりに起こって、わずかに積んだ功徳も焼きつくしていく。頭に燃え移った火を消そうとつとめるほど、慌てふためいて善行にはげんでみても、所詮は煩悩の毒の雑った雑毒の善であり、偽りとへつらいに彩られた虚仮の行でしかなく、真実の業とはいえない。それゆえ清浄なさとりの境界である無量光明土の業因には決してなり得ない」というのである。こうして私

どもには、無始以来、法爾として真実の信楽はなく、またどんなに修行をしてみても信心を成就することのできない身であるとすれば、浄土に往生することは望むべくもない身であるということが思い知らされる。こうして機の深信が成立していくのである。

ところでその理由を述べるのに、至心釈がそうであったように、阿弥陀仏の因位の修行をあげて、信心がすでに如来の方において成就されていることを明かされる。いわゆる円成の釈である。

なにをもつてのゆゑに、まさしく如来、菩薩の行を行じたまひしとき、三業の所修、乃至一念一刹那も疑蓋雑はることなきによりてなり。この心はすなはち如来の大悲心なるがゆゑに、かならず報土の正定の因となる。

といわれたものがそれである。「なぜならば如来が因位のとき、浄土を建立して衆生を往生せしめようとして菩薩の行にいそしまれたとき、その身・口・意業の行いはすべて清浄真実な大悲心に満たされていて、どの瞬間の思いにも、衆生の救済について疑いが雑わるというようなことはなかったからである。私どもの信心は、このような如来の大悲心であるから、よく報土往生の正因となるのである」といわれるのである。

如来は永劫の菩薩行をとおして、一切の衆生を決定して摂取するという、救いについての疑いなき心を完成していかれた。それが如来の方に成就されている信楽である。これによって私どもの救いは疑いなきものとなっていく。こうして本願力に乗託する法の深信が成立していくのである。

信心が回向されるといっても、如来の決定摂取の無疑心が、「必ず汝を救う」という大悲招喚の勅命となって聞こえてくることであって、私の疑いが破られ「必ずたすかる」と如来にまかせる心が成就することを信心が与えられるというのである。

そのことを「この心はすなはち如来の大悲心なるがゆゑに、かならず報土の正定の因となる」といわれたのであった。信心の本体は仏心であるから、よく仏果を得る因となるというのである。米の種をまかなければ米の収穫があり得ないように、仏心が因体とならなければ仏果は開けないのである。

曇鸞大師は『論註』上の性功徳釈において、浄土の根源を論じて、「大慈悲はこれ仏道の正因なるがゆゑに『正道大慈悲』といへり。（中略）大悲はすなはち出世の善なり。安楽浄土はこの大悲より生ぜるがゆゑなり」といい、阿弥陀仏の浄土は如来の大慈悲より生起した世界であるといわれていた。(4) それに応ずるように親鸞聖人は、如来より回向された信心は、大慈悲心であるからよく往生成仏の正因となると釈顕していかれたのである。けだし、法蔵菩薩が浄土を建立されたのと同じ大慈悲心をもってしなければ、法蔵菩薩が建立された報土としての浄土を感得することができないからである。(5)

こうして信楽釈の最後に「如来、苦悩の群生海を悲憐して、無碍広大の浄信をもつて諸有海に回施したまへり。これを利他真実の信心と名づく」といい、如来より回向された信心であるから利他真実の信心というと結んでいかれる。いわゆる廻施の釈である。すなはち「苦悩の群生を憐れんで大悲心を成就された如来は、何者にも障えられることなく衆生を往生成仏せしめる広大無辺な徳用をもった清浄な信心を、迷えるすべてのものに回向された。これを如来よりたまわった真実信心という」と結んでいかれるのである。

註

（1） 同じ法然門下であるが、弁阿上人は三心の中心を回向発願心（欲生）とみ、隆寛律師は至心を主とする三心観をもっておられたから、信楽中心の親鸞聖人の三心観は聖人の信心論の特異性を示すものであったといえよう。
（2） 「信文類」（註釈版聖典、二八六頁）
（3） 『浄土文類聚鈔』（註釈版聖典、四八〇頁）
（4） 『論註』上（註釈版聖典七祖篇、六一頁）
（5） 「信文類」（註釈版聖典、二五二頁）に、信の一念を転釈して、一念は一心であり、深心であり、真実信心であり、金剛心であり、菩提心であり、大慈悲心であるといい、「大慈悲はこれ仏道の正因なるがゆゑに」と結ばれている。これは、浄土の根である法蔵菩薩の大慈悲心と信心とが同じものであることを顕わされたものである。

第八節　欲生釈

親鸞聖人は、第十八願に「欲生我国（わが国に生まれんとおもえ）」と誓われたものを「欲生心」とみられているが、その欲生についてつぎのような解釈を施されている。

次に欲生といふは、すなはちこれ如来、諸有の群生を招喚したまふの勅命なり。すなはち真実の信楽をもって欲生の体とするなり。まことにこれ大小、凡聖、定散自力の回向にあらず、ゆゑに不回向と名づくるなり。（註釈版聖典、二四一頁）

欲生とは、浄土に生まれようと願う願生心であるが、それは根源的には、生死に惑う私ども群生に向かって、「わが国に生まれようとおもえ」と招き喚びつづけておられる、如来の大悲招喚の勅命であるといわれるのである。

「招喚の勅命」という言葉は、「行文類」の六字釈にも、「帰命は本願招喚の勅命なり」といい、帰命の義意として用いられていた。(1) それは、本願の名号は、「わが真実なる誓願を信ぜよ」と喚びたまう招喚の勅命であると顕したものであって、これによって本願力回向のすがたを顕すと同時に、本願の信心は、はからいなく名号を聞いているところに恵まれてくるものであることを知らしめていた。それにひきかえ、この欲生釈で招喚の勅命といわれたものは、さらに具体的に「わが国に生まれようとおもえ」と、浄土願生を命ずるものであるから勅命の内容であった。その勅命をはからいなく聞き受け、誓願を憑む信心は、願生の信心であるという浄土教の信の特徴を示されたものである。

『尊号真像銘文』の初めに、第十八願の三心を釈して、「この至心信楽は、すなはち十方の衆生をして、わが真実なる誓願を信楽すべしとすすめたまへる御ちかひの至心信楽なり」といわれたものは、「本願の真実を信ぜよ」と呼びかけたまう言葉とされているから、「行文類」の帰命釈に対応している。そして、つぎに「欲生我国といふは、他力の至心信楽のこころをもつて安楽浄土に生れんとおもへとなり」といわれたものは、この欲生釈に「如来、諸有の群生を招喚したまふの勅命なり」といわれたものと対応しているということもできよう。(2)

こうして本願の三心は、「わが真実なる誓願を信じて、必ずわが国に生まれることができるとおもえ」と私どもを喚びつづけている如来のおおせであり、したがって本願の信心は、そのみ言葉をはからいなく聞き受けて、浄土を一定と期する心であるということが明らかになる。

さて「わが国」とは、安楽浄土であり、如来の境界である。それは生死の迷いをこえ、愛憎の悩みを超えた、いわゆる怨親平等、生死一如の涅槃の領域である。そこへ「生まれようとおもえ」と浄土願生を勧められたものは、私どもには死としか思えない人生の終末を、永遠の生とし、滅びではなくて、かえってさとりの完成たらしめると誓われた言葉である。

このみ言葉をはからいなく受け容れるとき、私どもは、死を不安に満ちた闇黒としてではなくて、光に満ちた真実の安らぎの開けであるとおもいとることができる。臨終はあるけれども、滅びとしての死はないと領解することができるのである。すなわちこの言葉は、生と死、愛と憎しみというように、すべての物事を二元的・対立的に分別してしか捉えることのできない私ども凡夫の想念の虚構を破っていく。そして人々に愛憎をこえ、生死を超えた如来の大悲智慧の領域がましますことに心を開かせていく、まさに救いのみ言葉なのである。

私どもは、自分の智慧も意志もとどかない、いや意識にすらのぼらない自分の「いのち」のすべてを包んで、「われにまかせよ、必ず浄土に生まれしめる」とおおせられる如来の勅命に呼び覚まされるとき、はじめて生きることの意味と、「いのち」の行方を思い定めることができるのである。

それにしても、死を生と転じていく欲生、願生の心は、人間の想念からは決しておこってくるものではない。ただ生死を超えた領域から呼びかける如来招喚の勅命にはからいなく信順する信楽を体としてのみ成立していく想いである。そのことを聖人は、「真実の信楽をもって欲生の体とするなり」

といわれたのであった。それを先哲は、欲生は信楽のもつ義意を別開したもの（義別）であるといわれている。「まことに、疑いなく、わが国に生まれることができるとおもえ」といわれた本願招喚の勅命を疑いなく聞き受けた信楽には、当然浄土を一定と期する欲生の義意が備わっているから、それを別開して誓ったのが「欲生」であるというのである。

もともと欲とか願というのは、将来を期する言葉であって、信楽（信心）が、つねに現前の仏勅を聞き受けている状態を表すのとは性格が異なっている。将来を期するということには、本来は幾分かの不確定の要素を持っているわけである。すなわち単に未来に往生の実現を期待するということである限り不安を避けることはできない。不定の往生を期待するのであるから、みずからの行徳を往生の因となるよう回向し、その実現を祈願する強い願望をともなわねばならないのである。第十九願や、第二十願に誓われている欲生が、浄土に往生したいと願い求める不定希求（不確定な事柄の実現を願い求める）の心であるといわれるのはその故である。

それに対して第十八願の欲生（願生）が、「必ず浄土へ往生せしめられる」と浄土を決定要期（必ず実現することを期待）するといわれるのは、それが単なる未来のことではなくて、現前の仏勅を聞信しているただ今の信楽の内容であることによってのみ成立することがらだからである。もっとも将来を包むような現在というのは、永遠の今といわれるような性格を持っている。いいかえれば、信心の内容である欲生とは、現在（永遠の今）の内容として与えられているような意味の将来である。それにひきかえ信心と別体であるような欲生は、たんなる未来を期する不定希求の願心になるのである。

このように第十八願に誓われている欲生は、如来の勅命に信順するただ今の信心の内容であるから、凡夫であれ、聖者であれ、自己の修めた定善や散善の功徳を回向して浄土を願うような自力の回向心ではない。それゆえ不回向と名づけられるといわれるのである。

欲生（願生）心と回向心が組み合わされているのは、『観経』の三心のなかの回向発願心である。この回向発願心は、本願の念仏と組み合う場合は他力の心であって、第十八願の欲生と同じであることはいうまでもない。しかし定善や散善といった自力の行と組み合う場合は自力の心となる。いまここで不回向といわれたのは、自力の回向心を否定するものであって、それはまた真実の回向心とは、如来の大悲回向心を体とする心であるということを逆に顕していた。欲生釈の最後に「欲生すなはちこれ回向心なり」といわれたものがそれである。

「不回向」という言葉は、法然聖人が『選択集』「二行章」においてはじめて用いられた言葉であった。諸行は本来往生の行でないものを往生行として転用するのであるから、回向しなければ往生行にはならない。しかし本願の念仏は、如来が往生の行として選び取り選び定められた往生行であるから、称える人が特別に回向しなくても、自然に往生の行となるようにできている。それゆえ念仏は不回向の行であるといわれたのであった(3)。

ところが親鸞聖人は、念仏が不回向の行であるということは、もともとそれが、如来の方で選択されて、私どもに回向された行だからであるというので、法然聖人の不回向は、如来の回向を反顕しているとみられたのである。『正像末和讃』に、

真実信心の称名は　　弥陀回向の法なれば
不回向となづけてぞ　　自力の称念きらはるる（註釈版聖典、六〇七頁）

といい、また『浄土文類聚鈔』に「凡夫回向の行にあらず、これ大悲回向の行なるがゆゑに不回向と名づく」といわれたものがそれである。(4)こうして、行が不回向であるように、信もまた不回向の信であって、真実の行信はいずれも如来回向の法であるということを、欲生（回向発願心）の釈をとおして釈顕していかれるのである。そのことは「行文類」の六字釈で、発願回向を釈して、「如来すでに発願して、衆生の行を廻施したまふの心なり」といって、如来の発願と回向を釈顕されたものと明らかに対応している。

欲生釈は、つづいて機無・円成・廻施・成一の釈が施されていく。

しかるに微塵界の有情、煩悩海に流転し、生死海に漂没して、真実の回向心なし、清浄の回向心なし。このゆゑに如来、一切苦悩の群生海を矜哀して、菩薩の行じたまひしとき、三業の所修、乃至一念一刹那も、回向心を首として大悲心を成就することを得たまへるがゆゑに、利他真実の欲生心をもって諸有海に回施したまへり。欲生すなはちこれ回向心なり。これすなはち大悲心なるがゆゑに、疑蓋雑はることなし。

といわれたものがそれである。

はてしない煩悩の海にただよい、生死の苦海に沈んでいる私どもは、そこから脱出して涅槃の境界に向かっていこうとするような清浄真実な回向心をもたず、いたずらに煩悩にあけくれ、悪業を犯しつづけている。

この憐れむべき群生を救おうと願い立たれた如来は、永劫にわたる修行において、その一刹那の行徳に至るまで、すべてを苦悩の衆生に回向して救おうという回向の心を中心にして大悲心を完成していかれたのであった。

こうして完成された利他真実の大悲回向心は、南無阿弥陀仏に結晶して万人に与えられるが、それは「決定して我が国に生まれんと欲へ」という勅命となって、迷える私どものうえにとどけられているのである。

こうして欲生とは、私どもを浄土に生まれさせようとはたらく如来の回向心であり、如来の大悲心のとどいたすがたであるから、いささかの疑い心も雑わっていない、すなわち無疑の一心に帰結するといわれるのである。

註

（1）「行文類」（註釈版聖典、一七〇頁）

（2）『尊号真像銘文』（註釈版聖典、六四三頁）

（3）『選択集』「二行章」（註釈版聖典七祖篇、一一九七頁）

（4）『浄土文類聚鈔』（註釈版聖典、四七九頁）

第七章　信心正因

第一節　念仏往生と信心正因

すでに述べたように、機無・円成・廻施・成一という釈相をもって、三心即一のいわれを釈顕された親鸞聖人は、その法義釈を結んで、次のように言われている。

まことに知んぬ、至心・信楽・欲生、その言異なりといへども、その意これ一つなり。なにをもつてのゆゑに、三心すでに疑蓋雑はることなし、ゆゑに真実の一心なり。これを金剛の真心と名づく。金剛の真心、これを真実の信心と名づく。（註釈版聖典、二四五頁）

第十八願に、信心を表すのに至心・信楽・欲生と三心をもって示されているのは、この信心は真実心であり、決定無疑心であり、大悲回向心であって、往生成仏の因種となる徳をもっていることを表すためであった。しかしそれはいずれも如来が成就して回向される徳であるから、私はただ疑いなく頂戴すべきものとして成就されている。すなわち三心はいずれも疑蓋無雑の一心となるように成就されていることがわかるというのである。

したがって私どもの上では三心の穿鑿は不要であって、ただ本願の名号をはからいなく聞き受けている無疑の一心のほかにはない。この一心をその徳からいって金剛の真心ともいわれるが、それが真実の信心なのである。

　こうして三心即一の義意を明らかにされた聖人は、つづいてその信心と、念仏との関係について、

> 真実の信心はかならず名号を具す。名号はかならずしも願力の信心を具せざるなり。このゆゑに論主、建めに「我一心」とのたまへり。また「如彼名義欲如実修行相応故」とのたまへり。

といわれている。この名号とは、覚如上人も指摘されているように称名のことである。すなわち真実の信心は、必ず称名となって相続するから、信心は称名を一具の法として具していて離さないが、称名のなかには、真実の信心のない不如実の称名もあると注意されたものである。[1]

「真実の信心は、かならず名号を具す」といわれたことは、称名を軽視したり、否定したりする一念義と、自身の立場とをはっきりと区別されたものである。他力の念仏を万人の往生行として選択された念仏往生の本願を信ずる信心は、『歎異抄』第一条にいわれるように「念仏申さんとおもひたつこころ」でもあった。[2]『親鸞聖人御消息』には、本願の行と信が離れないことについて、

> 行と申すは、本願の名号をひとこゑとなへて往生すと申すことをききて、ひとこゑをもとなへ、もしは十念をもせんは行なり。この御ちかひをききて、疑ふこころのすこしもなきを信の一念と申せば、信と行とふたつときけども、行をひとこゑするとききて疑はねば、行をはなれたる信はなしとききて候ふ。また、信はなれたる行なしとおぼしめすべし。（註釈版聖典、七四九頁）

といわれている。このように真実の行と信は決して離れないものであるから、念仏往生といっても、その念仏には必ず信心を具している。それゆえ法然聖人も『選択集』「三心章」の標には「念仏の行者、必ず三心を具足すべし」といわれたのであった。(3) また信心正因といっても、その信心には必ず念仏を具していることを知らしめられたものが今の釈である。

それに引きかえ、信心を具していない不如実の念仏もあることを注意されたのが、「名号はかならずしも願力の信心を具せざるなり」という一句であって、ここには自ずから信の一念に往生が定まるという法理を知らない多念義系の念仏観を批判する意味もこめられていたといえよう。(4)

ところで、この釈はその引文からもわかるように、曇鸞大師が『論註』下巻の讃嘆門釈のなかで、同じように破闇満願の徳をもった名号を称えていても、名号のいわれにかなって称えている如実の念仏と、そうでない不如実の念仏とがあるといわれたものに依っている。如実の念仏とは、信心を具している念仏であって、それには破闇満願の利益があるが、名号のいわれにかなわない不如実の念仏、すなわち三不知（如来が実相身であり、為物身であることを知らない）、三不信（信心が不淳であり、不一であり、不相続である）の念仏には、破満の利益がないといわれていた。そして『浄土論』の初めに天親菩薩が「世尊我一心」と、一心の信心を表白されたのは、行を如実ならしめるのは信心であるということを知らせるためであったといわれていた。(5) この『論註』の釈意を承けて、念仏の如実と不如実は、信心の有無に依るという信心を要とする宗義を顕示されたものがこの結文である。

さきに「行文類」において「しかれば名を称するに、よく衆生の一切の無明を破し、よく衆生の一切の志願を満てたまふ。称名はすなはちこれ最勝真妙の正業なり」といって、称名には破満の力用があるといわれていた。(6)しかしその称名は、願力回向の信心を具している称名であって、もし真実の信心を具していない場合は、破満の利益はなく、真実行とはいわれないわけである。そのような不如実の称名について明かすのが「化身土文類」の真門釈であった。

そもそも「行文類」で顕された本願の念仏（名号）は、万人を救うて浄土にあらしめるべく如来が選択せられた無上功徳の行法であるから、正定の業といわれ、浄土に往生すべき能生の因ともいわれている。そしてそれは第十七願に誓われているように、十方の諸仏の讃嘆をとおして、十方世界の衆生にひとしく回向されている普遍の法であった。

それに対して信心とは、「如来の御ちかひをききて疑ふこころのなきなり」といわれているように、疑いをまじえずに本願の名号を領受している状態を表していた。すなわち信心は、法を機の上に領受した機受をあらわす言葉であった。いいかえれば大行が万人を救う普遍の行法をあらわしているのに対して、大信はその法が個人のなかに実現して、一人一人の成仏の因種となっていることをあらわしているのである。このように行と信は、法と機の関係として見ていくのが親鸞聖人であった。それゆえ大行を教法の成就を誓う第十七願で顕し、大信を機受を誓う第十八願で顕されるのである。すでに述べたように「行文類」の一乗海釈のなかで、本願の念仏を絶対不二の教法とよび、本願の信心を絶対不二の機とよばれているのは、念仏と信心は、切り離すことのできない一乗の法と機であるとみられていたからである。

ただし行法が、いかに万人を救うて、生死を超えさせる徳用をもっていたとしても、一人一人がそれをわが道として領受しなければ、自身の救いは成就しないわけで、法は機の上に実現していてこそ、法としての真価を発揮するのである。たとえば重病を癒す薬があったとしても、病人がいただいて飲まなければ病は癒えないようなものである。本願の念仏、すなわち南無阿弥陀仏は、万人が往生すべき因徳をもっているが、一人一人の往生の正因の決定は、その行法を一人一人がはからいなく領受した信心のところでいわねばならない。親鸞聖人が、信心において往生成仏の正因を語られるのはその故である。

この念仏と信心について、行に信を摂めて念仏往生と顕す場合と、行から信を別開して、信心正因と顕す場合とがあることを、巧みな喩えを用いて示されたのが「行文類」の両重因縁（光号因縁）の釈であった。

まことに知んぬ、徳号の慈父ましまさずは能生の因闕けなん。光明の悲母ましまさずは所生の縁乖きなん。能所の因縁和合すべしといへども、信心の業識にあらずは光明土に到ることなし。真実信の業識、これすなはち内因とす。光明名の父母、これすなはち外縁とす。内外の因縁和合して報土の真身を得証す。（註釈版聖典、一八七頁）

この文章では、名号を父に、光明を母に、信心を子の人格の元となるといわれる業識に、そして往生成仏の果徳（報土の真身）を子に、それぞれ喩えて表されているのである。

はじめに徳号（名号）と光明を父母にたとえられた部分は、子という言葉は示されていないけれども、すでに父・母という名が立てられている以上、子に対しているとみなければならないから、名号の父と、光明の母とによって子が生まれてくるという常識的な表し方になっているとみるべきである。したがってこの部分を初重の因縁とよび、往生の因体として選択された名号の徳義によって摂取不捨の利益にあずかり往生せしめられるという念仏往生の法義を喩えあらわされたものといえよう。次にたとえ父母の因縁がそろっていても、子となるべき業識がなかったならば、子は産まれてこないといい、父母によって子が生まれるということは、実は、父母を縁として、その子の独自の人格の元となる業識が宿っていることを意味しているという仏教の受生説によって論述される。そして光明と名号の父母は外縁であって、往生成仏の子が産まれる真実の因は、業識にあたるような一人一人の信心であるといわれている部分は、信心正因の法義を表しており、これを後重の因縁とよんでいる。

このような一見複雑に見える両重の因縁を顕されたのは、念仏往生の法義と、信心正因の法義との関係を構造論的に明らかにするためであった。先哲が、両重因縁は、行信の交際を明かす妙釈であるといわれる所以である。

まず初重の因縁を語るときには、徳号（名号）を能生の因、すなわち往生の因とし、光明を所生の縁とされているが、これは名号の徳義にかなって称えている如実の念仏の衆生を摂取して捨てず、必ず往生せしめるという念仏往生の法義をたとえたものである。このように名号と光明をもって念仏往生の法義を顕されたのは、法然聖人の『三部経大意』の釈義を承けられたものであろう(7)。ところが、後重の釈では、真実信心を内因とし、光明と名号はともに外縁であるといわれたのは、念仏往生の法義においては、行に摂められていた信心を別開して、信心こそ正因であるということを示した釈である。

念仏往生といっても、実は一人一人が本願を信じ、南無阿弥陀仏という因体の法を、はからいなく領受する信心があってはじめて私の往生の因となり、光明摂取の利益にあずかり、往生すべき身になるということであるが、その信を行に摂めて念仏往生といっているのである。これを行中摂信というのである。

『往生礼讃』の後序に出てくる第十八願取意の文に、ただ称名のみを挙げて、「至心信楽欲生我国」の文を省略されたことについて、法然聖人は、「衆生称念必得往生としりぬれば、自然に三心を具足するゆへ」であるといわれていた(8)。これは他力の念仏によって必ず往生をうると教えられるならば、自然に、自力のはからいを離れて他力に帰する信心がそなわる。それゆえ信心をことさらに説かなくても、念仏往生といえば信心は摂まっているというのである。

このように行中摂信して、南無阿弥陀仏によって往生成仏の証果を得るという法義を、教行証の三法門という。それは一切の自力の行法を選び捨てて、他力の念仏一行を一乗無上の行法として選び取られた選択本願の法の絶対性を顕す法門であり、正像末の三時において漸次に衰滅していく聖道門の三法に対して、三時にわたって衰変のない浄土門の三法の超勝性を顕す立場であった。

それに対して、本願の念仏には、願力回向の信心が必ず備わっており、その信心こそ、念仏を如実ならしめるものであり、往生成仏の真因であると開顕する立場がある。それが行より信を別開して、教行信証という四法をもって真宗の法義を顕す四法門の立場である。それは往生成仏の正因は真実信心を得るときに定まると、往生成仏の正因を的示し、信心正因、現生正定聚の法義を顕す法門であった。そしてここに親鸞聖人の独自の発揮があったのである。

註

（1）『本願鈔』（真聖全三、五六頁）
（2）『歎異抄』（註釈版聖典、八三一頁）
（3）『選択集』「三心章」（註釈版聖典七祖篇、一二三一頁）
（4）一念義と多念義については、拙著『玄義分抄講述』（一八頁以下）、及び『一念多念文意講讃』（三頁以下）参照。
（5）『論註』下（註釈版聖典七祖篇、一〇三頁）
（6）「行文類」（註釈版聖典、一四六頁）
（7）『三部経大意』（真聖全四、七八五頁）には、第十二願と第十八願と第十七願と「重誓偈」の第三誓をあげて、「しかればすなわち光明の縁と名号の因と和合せば摂取不捨の益をかぶらむことうたがふべからず」といわれている。初重の釈は、法然聖人のこの釈を承けたものであることは明らかである。
（8）『和語灯録』五（真聖全四、六七六頁）

第二節　信心正因の意義

親鸞聖人は、「信心の定まるとき往生また定まるなり」といって、信の一念に往生は決定するとされたが、さらに信心そのものが、往生成仏の因種としての徳用をもつと顕されていた。それを信心正因説といいならわしている。

信心正因の信心とは、しばしば述べたように「如来の御ちかひをききて疑ふこころのなきなり」とか、「疑蓋間雑あることなし、ゆゑに信楽となづく」といわれているように、疑いなく本願を聞き受けている心を意味していた。

そして正因とは、「報土正定之因」とか「信心は菩提のたねなり、無上涅槃をさとるたねなり」といわれているように、往生成仏の果を将来する正当な、そして決定的な因種ということである。

信心が往生成仏の正因であるということは、「正信偈」に「正定の因はただ信心なり」といい、「信文類」のはじめに、大信心は「証大涅槃の真因」であるといわれたものをはじめ、随所に見うけられる。(1)しかし信心正因という言葉は、『正像末和讃』に出ている。

不思議の仏智を信ずるを　報土の因としたまへり
信心の正因うることは　かたきがなかになほかたし（註釈版聖典、六〇八頁）

ここでは、「不思議の仏智を信ずる」信心を報土の正因とするといわれるのであるが、真実報土とは、親鸞聖人に依れば、無上涅槃の境界であって、唯仏与仏の境界であるから、報土に往生することは成仏することであった。したがって報土の因とは、成仏の因ということを意味していたのである。

不思議の仏智を信ずる信心は、「信心の智慧」といわれるように、涅槃をさとる智慧の徳をもっているというのが聖人の領解であった。それゆえ『正像末和讃』には、

智慧の念仏うることは　法蔵願力のなせるなり
信心の智慧なかりせば　いかでか涅槃をさとらまし（註釈版聖典、六〇六頁）

と言われているのである。

なお信心が智慧であるということについて、国宝本の『正像末法和讃』には、「ミタノチカヒハ、チヱニテマシマスユヘニ、シンスルココロノイテクルハ、チヱノオコルトシルヘシ」(2)という左訓が施されている。聖人は、自他一如、生死即涅槃という、人間の思議を超えた仏の智慧が、万人を平等に救うという言葉となって私どもに告げられているのが阿弥陀仏の本願であると見られていたのである。ともあれ信心は如来の不可思議の智慧を本体としている心であるから、よく往生成仏の因となると領解されていたことがわかる。

ところで、すでに述べたように「信文類」の信楽釈では、信心が真実報土に往生するための正因である理由を、如来の大悲心をもって説明されている。

この心はすなはち如来の大悲心なるがゆゑに、かならず報土の正定の因となる。如来、苦悩の群生海を悲憐して、無碍広大の浄信をもつて諸有海に回施したまへり。これを利他真実の信心と名づく。（註釈版聖典、二三五頁）

といわれたものがそれである。「この心」すなわち第十八願の信楽は、凡夫の煩悩罪濁の妄心ではなくて、如来の大悲心がわれらに回向せられたものであって、無碍広大の徳をもつ浄信であるから、よく報土正定の因となるというのである。これによって、覚如上人も『最要鈔』に、第十八願成就文の

信心を釈して、

この信心をば、まことのこころとよむうへは、凡夫の迷心にあらず、またく仏心なり。この仏心を凡夫にさづけたまふとき、信心といはるるなり。……往生ほどの一大事を、やぶれやすき凡情をもて治定すべきにあらず。（真聖全三、五〇頁）

といわれたのであった。

私どもが自らの往生を一定と楽しむ心は、凡情からは決して出てくるものではない。生死に処して帰するところをしらない苦悩の群生を悲憐して、決定して救わんと思しめしたたれた大悲の願心を聞くところにめぐまれた心である。それは如来の願心を心体としている心相であるといわねばならない。「信文類」の別序のはじめに「信楽を獲得することは、如来選択の願心より発起す」といわれた所以である。いいかえれば、大悲の願心が私の心にひびいている心相は、「それほどの業をもちける身にてありけるを、たすけんとおぼしめしたちける本願のかたじけなさよ」と、はからいなく仰せを聞いて楽しむ信楽のほかにないといわねばならない。本願を領受する機受はつねに信楽の一心であるといわれる所以である。

すでに述べたように、親鸞聖人が、「信文類」の三心釈において、もともと衆生の信心であるはずの本願の三心を、仏が成就して私どもに回向されたものであるとして、仏の三心（約仏の三心）を釈顕されたのは、たしかに三心即一の義を示すためであった。しかしそれと同時に第十八願の信心の本体は、万人を平等に救おうと願われた選択の願心の成就した悲智円満の仏心であるということを明らかにし、それゆえに信心は「証大涅槃の真因」であるという、信心正因の義意を開示するためでもあった。三心釈の初めに「涅槃の真因はただ信心をもってす」といわれていたのはそのことをあらかじめ示すためであったといえよう。

その法義釈では、機無・円成・廻施・成一という釈相が採られていたが、とくにその機無と円成の釈は、おそらく曇鸞大師が『論註』の上巻において、二十九種類にわたる浄土の荘厳相を、因果を対望して解説された発想を承けられたものと考えられる。すなわち「仏もとなんがゆゑぞこの荘厳を起したまふ。ある国土を見そなはすに……」といって、憐れむべき穢土のすがたをまずあげて、このような苦悩の衆生を救うために、この荘厳相を成就しようと願われたのであると、阿弥陀仏の因位における浄土建立の願心をきわめて具体的に説明されていた。私どもが、このような苦悩に沈んでいるために、如来は、このような荘厳功徳を成就しなければならなかったのであるということによって、私どもが現に直面している苦難のなかで、浄土建立の大慈悲心にふれ、煩悩に汚れたわが身の上で、如来の清浄なる願心を領解できるように解説されていたのであった。

曇鸞大師は、このような大悲の願心によって成就された浄土を、「願心荘厳」と呼び、その願心を「正道の大慈悲」といわれていた。正道とは、真如にかなった浄らかな智慧の徳をいい、その智慧が人々の煩悩を浄化し、苦悩をいやそうとして活動するはたらきを大慈悲というから、如来の願心を「正道の大慈悲」というのである。(3)

同じことが、法然聖人が『選択本願念仏集』などで、法蔵菩薩の選択のありさまを解説されるとこ

ろにも見られる。すなわち一切の衆生を平等に救おうとして、念仏一行を選択された本願の心を、
弥陀如来、法蔵比丘の昔、平等の慈悲に催されて、あまねく一切を摂せんがために、造像起塔等の諸行をもつて往生の本願となしたまはず。ただ称名念仏一行をもつてその本願となしたまへり。

（註釈版聖典七祖篇、一二〇九〜一二一〇頁）

といい、念仏を選択された願心を「平等の慈悲」といわれていた。本願の念仏を信楽する心はこの如来の願心に感応しておこるのである。親鸞聖人が「信楽を獲得することは、如来選択の願心より発起す」といわれたのは正しくそれを指していたのである。ただ親鸞聖人は、その願心によって成就された如来の功徳は、南無阿弥陀仏の一句に集約されて私どもに回向され、信楽の一心となって実現しているという廻施・成一の釈を明示されたところに独自の発揮があったのである。

さて親鸞聖人が、三心釈で明らかにされた如来の三心とは、この選択の願心が、兆載永劫の修行によって成就された仏心を三種に分けたものである。清浄真実な智慧の徳を至心といい、大悲をもって一切衆生に仏徳を回向して救おうとする慈悲の徳を欲生といい、悲智相即して衆生を摂取することにいささかの疑いもない決定心を如来の信楽というのである。私どもが本願の名号を聞くということは、このように悲智円満して、決定して摂取すると呼びかけられている願心の成就を聞くことである。これを「信文類」には「聞といふは、衆生、仏願の生起本末を聞きて疑心あることなし、これを聞といふなり」といわれたのであった。それは念仏選択の願心を聞くことであり、悲智円満の仏心を聞いて信受していることであって、信心は如来の選択の願心に根ざしていた。

このように、心体が大悲の仏心であるような信心であるということを顕すために、聖人は「たまま浄信を獲ば、この心顚倒せず、この心虚偽ならず」ともいわれていた。(4)「不顚倒、不虚偽」とは、もとは『論註』上巻の「真実功徳釈」にでてくる言葉であった。不顚倒とは、真如法性をさとりあらわした智慧の徳をいう。一切は空であるとさとる第一義諦と、そのさとりの領域を言葉で表して人々に説き示す世俗諦という、二諦に順じた行動が不顚倒である。不虚偽とは、衆生を救うて究極の清浄所である涅槃の浄土に入らしめる大悲方便の徳である。すなわち悲智相即して、真如にかなって一切の衆生を救いたまう阿弥陀如来の因果の徳を真実功徳といわれたのであった。

いま親鸞聖人が、信心には不顚倒、不虚偽の徳があるといわれるのは、阿弥陀仏の選択の願心であり、また如来・浄土の本質でもある智慧と慈悲の徳が、信心として私どもに与えられているということを明らかにされたものであった。

こうして信心が、報土の真因となるゆえんは、如来回向の信心は、阿弥陀仏の報土建立の因であり、報土の体であるような大智大悲と同じ心であったからである。

註

（1）「正信偈」（註釈版聖典、二〇六頁）、「信文類」（註釈版聖典、二一一頁）

（2）『正像末法和讃』（『原典版聖典』校異、二五七頁下段）、国宝本『正像末法和讃』（親鸞聖人真蹟集成三、一八四頁）

（3）『論註』上（註釈版聖典七祖篇、六一頁）

（4）「信文類」（註釈版聖典、二二一頁）、『論註』上（註釈版聖典七祖篇、五六頁）

第三節　明恵上人の論難

建暦二年（一二一二）十一月二十三日、栂尾の明恵上人高弁（一一七三～一二三二）は、法然聖人の『選択本願念仏集』を論難する『摧邪輪』（『於一向専修宗選択集中摧邪輪』）三巻を著した。(1)「一向専修宗の『選択集』の中において邪を摧く輪」という名前が表しているように、『選択集』に説かれている邪悪な教説（邪幢）を論破するというのである。ちょうど転輪聖王の戦車の轍《わだち》が、あらゆる邪悪な賊を摧破するように、この書は法然の邪説を打ち砕く法輪であるというのであろう。彼は翌年さらに続いて『摧邪輪荘厳記』一巻を著して、文字どおり自説を荘厳している。(2)

法然聖人に対する論難としては、さきに笠置の解脱上人貞慶が元久二年（一二〇五）に起草し、朝廷に上奏した『興福寺奏状』があった。しかし『選択集』を真っ向から取り上げて批判をしたものとしては、『摧邪輪』が最初であり、またもっとも厳しい教義的な論難でもあった。

建暦二年一月二十五日に法然聖人は入滅されるが、その年のうちに『選択集』が発刊されたようである。建暦版と呼ばれているが、現存はしていない。それには建暦元年十一月の日付のある基親卿の序文がつけられていたことが、延応版『選択集』の表紙裏に書写されている建暦版の序文によってわかる。(3)おそらく建暦元年十一月十七日付けで、法然聖人に勅免が下ったのを契機に、平基親卿を中心に在京の門弟たちの手で『選択集』の刊行が企てられたのであろう。しかし実際に刊行されたのは聖人の入滅後であったようである。明恵上人は、早速その刊本を入手して検討を加え、すぐさま『摧邪輪』を著したのである。もっとも彼は、それ以前から『選択集』の写本数本を手に入れており、すでに幾たびか口頭で、『選択集』批判を行っていたわけで、この書はそれをまとめたものであることが『摧邪輪』のなかで言及されている。(4)

さて論難は、『摧邪輪荘厳記』のそれをいれれば、一六箇条にのぼるが、彼自身が言っているように二つの難に収まる。「一は、菩提心を撥去する過失。二は、聖道門をもって群賊に譬ふる過失」である。(5)なかでも彼が絶対に許せないとして、徹底して論難したのは、第一の菩提心撥去の過失であった。法然聖人が、菩提心は阿弥陀仏が本願において選び捨てられた行であるとして、菩提心を所廃の行とされていたことに非難を集中している。

菩提心とは「ボーディ・チッタ（bodhi-citta）」の訳語で、道心と訳される。あるいは「阿耨多羅三藐三菩提心」ともいい、「無上正真道意」とも訳されている。要するに迷いから目覚めて、最高のさとりの智慧を完成しようとする心である。菩提心を起こすことを発菩提心といい、仏道の出発点とされている。このように菩提心とは仏になろうと志すことであるから、それを否定すればもはや仏道ではなく、邪道に過ぎないと非難するのである。

菩提心について、旧訳『華厳経』「入法界品」には、

菩提心は則ち一切諸仏の種子たり、よく一切諸仏の法を生ずるが故なり。菩提心は則ち良田たり、

衆生の白浄の法を長養するが故なり。菩提心は則ち大地たり、よく一切の諸の世間を持するがゆえなり。菩提心は浄水たり、一切の煩悩の垢を洗濯するがゆえなり。……仏子よ、菩提心にはかくの如き無量の功徳成就せり、ことごとく一切諸仏菩薩の諸功徳と等し。何をもつての故に、菩提心に因つて、一切の諸の菩薩行を出生し、三世の諸仏は正覚を成ずるが故なり。（大正蔵九、七七五頁）

等といわれている。菩提心は仏になるための種子であり、人々の心に清らかな功徳を養い成長させる良田であり、大地のように世間の迷える人々の心の拠り所となり、煩悩の垢を洗い流して、心を浄化してくれる浄水のようなものであるというように、百十七個の譬喩を挙げて菩提心の功能を讃えられている。それゆえに菩提心を起こすものは「一切の諸仏菩薩の功徳と等しい」といい、菩提心を発すことが何よりも肝要であるといわれている。

また『大無量寿経』には、法蔵菩薩は無上正覚心（菩提心）を発して浄土荘厳の行を起こされたといい、四十八願のなかの第十九願には、菩提心を発してもろもろの功徳を修することを、臨終来迎の条件として誓われている。そしてそれをうけて三輩段には、三輩に通じて発菩提心が往生の因として説かれているのである。(6)

この経説によって、曇鸞大師は『論註』下に、「このゆゑにかの安楽浄土に生ぜんと願ずるものは、かならず無上菩提心を発すなり」といい、菩提心とは「願作仏心・度衆生心」であると釈されている。願作仏心とは、仏になろうと願う心であって自利の完成を期する心であり、度衆生心とは、一切衆生を済度し、自分と同じような完全なさとりの身にならせようと願う利他の心である。要するに自利と利他、智慧と慈悲の完成をめざす菩提心を往生の因とされていた。(7)

それを承けて道綽禅師は『安楽集』上に、

『大経』にのたまはく、「おほよそ浄土に往生せんと欲せば、かならずすべからく菩提心を発すを源となすべし」と。いかんとなれば、「菩提」といふはすなはちこれ無上仏道の名なり。もし心を発し仏に作らんと欲すれば、この心広大にして法界に遍周せり。この心究竟して等しきこと虚空のごとし。この心長遠にして未来際を尽す。この心あまねくつぶさに二乗の障を離る。もしよく一たびこの心を発せば、無始生死の有輪を傾く。(註釈版聖典七祖篇、二〇二頁)

といい、浄土を願生するものは菩提心を発さねばならないと勧められていた。また善導大師も、『観経疏』のはじめに「帰三宝偈」を置かれているが、その冒頭に「道俗の時衆等、おのおの無上心を発せ」といって発菩提心を勧め、最後には「願はくはこの功徳をもつて、平等に一切に施し、同じく菩提心を発して、安楽国に往生せん」と、自他ともに菩提心を発して安楽国に生まれようと呼びかけて偈を結ばれている。(8)

源信僧都は、『往生要集』の作願門に、『安楽集』によって「菩提心は、これ浄土菩提の綱要なり」といい、浄土願生者は必ず菩提心を発さねばならないと勧められている。そして菩提心の内容を、元暁大師の『無量寿経宗要』によって四弘誓願として顕されている。「衆生は無辺なれども度せんと誓願す。煩悩は無辺なれども断ぜんと誓願す。法門は無尽なれども知らんと誓願す。無上なる菩提を証せんと誓願す」という、いわゆる度・断・知・証の誓願がそれである。そしてこの四弘誓願を天台教学によって説明される。すなわち第一の誓いは衆生を救済しようとする利他の誓願であって、恩徳の心であり、縁因仏性であり、応身の徳を完成する因である。第二の誓いは煩悩を断じようとする断徳の心であり、正因仏性であり、法身を証得する因である。第三の誓いはすべての法門を学び尽くそうとする智徳の心であり、了因仏性であり、報身の徳の因である。そして第四の誓いは仏果菩提の完成を誓っており、三身を具足円満して、一切衆生を済度しようとする二利の円満成就を願う心であるというのである。いずれにせよ、この四弘誓願で顕されるような菩提心が、浄土において菩提を証得するための綱要であると示されているのである。(9)

このように見てくれば、法然の菩提心廃捨は、仏教の通則を否定するばかりか、道綽・善導の浄土教にまでも背いているから、浄土教徒としても許し難い暴論であると明恵上人は激しく論難するのである。そして仏教である限り、たとえ阿弥陀仏の浄土を願生する浄土教であっても、菩提心を往生の正因とすべきであると主張される。

そもそも浄土とは、『探玄記』巻三に「菩薩および如来の唯識智を浄土の体とす」といわれているように、仏の無漏の浄識の所変を浄土と名づけるのである。(10)それゆえ浄土は浄識（無漏智）を体としている。その無漏の浄識の因をいえば菩提心である。因と果のちがいはあっても無漏の浄識と菩提心とは体は一つである。阿弥陀仏の浄土も、法蔵菩薩という地上の菩薩の、真如にかなった大菩提心を正因として建立されたものであるから、極楽の体は菩提心であるともいえる。従ってこのような極楽浄土に往生するためには、往生人もまた菩提心を発し、菩提心に導かれながら万行を修行して心を浄化し、穢土を変現している有漏識を転じて、無漏浄識を完成しなければならないというのである。

ところで菩提心は、たとえ初心の凡夫が、煩悩の心のなかで起こす場合でも、真如にかなった心であるから、真如随縁の法のなかでは浄分に摂せられるものであって、浄土の正因となるのである。もし菩提心がなければ、どれほど念仏していても浄土を変為すべき無漏の浄識がないのだから、浄土を感得することができないというのである。念仏等の行業は、すべて菩提心から発起してくる起行であって、元暁大師もいわれるように菩提心を正因とし、念仏等の行業はその助業と言うべきである。その意味で、成仏は勿論、往生の正因といわるべきものも、浄土の本体と同質の菩提心でなければならないと明恵上人はいうのである(11)。

それゆえ『華厳経』には「菩提心は則ち一切諸仏の種子たり」といわれているのであり、『大日経』「住心品」には「菩提心を因となし、大悲を根となし、方便を究竟とする」といい、菩提心を仏道の正因と断定されているのである(12)。このような仏道の法則に背いて菩提心を廃捨する法然は外道であるといわねばならないと非難するのである。

このような主張は単に明恵上人だけではなく、すべての聖道門の諸師たちの法然批判の基礎理論だったといえよう。そしてこうした明恵上人の論難に応答しようとすれば、往生の因法を法蔵菩薩の浄土建立の菩提心や、浄土の本性である無漏智との関係において明らかにせねばならなかった。

親鸞聖人の信心正因説は、法然聖人が確立せられた浄土宗の根本的立場である選択本願念仏という廃立の教格を厳守しながら、しかも明恵上人の菩提心正因説に応答できるような普遍性を持った浄土教学として樹立された教説でもあったのである。

註

(1)『摧邪輪』下(浄全八、七七二頁)
(2)『摧邪輪荘厳記』(浄全八、八〇二頁)
(3)延応本『選択集』(影印判、五頁)
(4)『摧邪輪』上(浄全八、六八四頁)
(5)『摧邪輪荘厳記』(浄全八、七七四頁)
(6)『大経』(註釈版聖典、一八頁、四一頁)
(7)『論註』下(註釈版聖典七祖篇、一四四頁)
(8)「玄義分」(註釈版聖典七祖篇、二九九頁)
(9)『往生要集』上(註釈版聖典七祖篇、九〇三頁)
(10)『華厳経探玄記』巻三(大正蔵三五、一五八頁)
(11)『摧邪輪』上(浄全八、六八四頁)
(12)『華厳経』(大正蔵九、七七五頁)、『大日経』住心品(大正蔵一八、一頁)

第四節　浄土の大菩提心

親鸞聖人は、「信文類」において、本願の三心は信楽の一心に集約することを明かされた後、その信楽（信心）は横超の菩提心であるということを釈顕される。

しかるに菩提心について二種あり。一つには竪、二つには横なり。また竪についてまた二種あり。一つには竪超、二つには竪出なり。竪超・竪出は権実・顕密・大小の教に明かせり。歴劫迂回の菩提心、自力の金剛心、菩薩の大心なり。また横についてまた二種あり。一つには横超、二つには横出なり。横出とは、正雑・定散、他力のなかの自力の菩提心なり。横超とは、これすなはち願力回向の信楽、これを願作仏心といふ。願作仏心すなはちこれ横の大菩提心なり。これを横超の金剛心と名づくるなり。横竪の菩提心、その言一つにしてその心異なりといへども、入真を正要とす、真心を根本とす、邪雑を錯とす、疑情を失とするなり。（註釈版聖典、二四六頁）

これは明らかに明恵上人が法然聖人に向かって放った菩提心撥去の論難に応答する意味を持っていた。一口に菩提心といっても、聖道門と浄土門という二種の法門がある以上、菩提心の性格にも違いのあることを知らせるために、まず菩提心について二双四重の判釈をほどこされたのである。すなわち法然聖人が廃捨されたのは自力聖道の菩提心であって、そのほかに横超他力の菩提心があるということを明らかにしようとされたものである。

もともと竪横《たてよこ》とは、まっすぐに立っている縦の軸を竪といい、それに対してわきにはみでた線のことを横ということから転じて、竪は通常の道理を表し、横は通常の道理とちがった「理外の理」を表すことがあった。ところで、このような横・竪という言葉をもって仏教を分類したのは、中国宋代の浄土教家、桐江の択瑛法師であった。彼は自力の功に依って生死を出離しようとする三乗の道を竪出といい、自力の行徳に阿弥陀如来の強力な他力が加わって往生せしめられる法門を横出と呼んだのである。けだし自力をもって煩悩を断ち切ってさとりを開いていくことは、自業自得という通常の因果の道理にしたがった道であるから竪といわれるが、阿弥陀仏の他力によって悟りを開く道は、通常の因果の道理をはみ出た理外の理であるから横といったのであろう。親鸞聖人は、この択瑛の横竪二出に、さらに他力の救いを表すのに「横截」(『大経』)とか「横超」(「玄義分」)といわれていた例に倣って、横とは他力浄土門を、竪とは自力聖道門を表すのに親しいとみて、この名目を採用されたのであった。

また超とは「とびこえる」ということで、次第を経ずに超証することを表しており、出とは、順序を追って漸次に生死を出離していく次第漸証の法門を表す名目とされたのである。こうして横・竪と超・出を組み合わせることによって、仏教を竪超・竪出、横超・横出という四種の教法に分類された。これを二双四重の教判ということはすでに述べたところである。

こうして「信文類」の菩提心釈は、教法に二双四重の別があるのに対応して、菩提心にも二双四重の別が立つといわれるのである。まず竪超と竪出という聖道門の中に、権教・実教、顕教・密教、大乗・小乗といったさまざまな教えがあるが、その教法に応じてそれぞれの菩提心がある。すなわち長い時間をかけて悟りを開こうと志すのは竪出の菩提心であり、「初発心時、便成正覚（初めて発心するとき、すなわち正覚を成ず）」といわれるような金剛心を自力で発せといわれるのは、竪超の菩薩の大菩提心である。

横、すなわち浄土門の中にもまた二種類がある。自力心をもって正雑二行・定散二善を行じて往生し、浄土においてさらに修行を継続して成仏しようと願うのは横出、すなわち他力の中の自力の菩提心である。それに対して横超の菩提心とは、本願力によって回向された信楽をいう。これを曇鸞大師は「願作仏心」（仏になろうと願う心）といい、善導大師は「横超の金剛心」と名づけられたが、この「願作仏心」がすなわち他力の大菩提心である。

このように菩提心という言葉は一つであるが、聖道門と浄土門とによって、その意味は異なっていることがわかる。したがってさまざまな経論釈に説かれている菩提心は、このような枠組みによって理解すべきである。しかしいずれにせよ、菩提心は、真如の領域にさとり入ることを目指す真如にかなった心でなければならないし、真実をあやまり見失う邪心や疑心を排除することにおいては共通しているというのである。

そして最後に、

欣求浄刹の道俗、深く信不具足の金言を了知し、永く聞不具足の邪心を離るべきなり。

と結ばれている。浄土を願い求める道俗は、釈尊が、不具足の信であってはならないと仰せられたみ言葉の意味をよくわきまえ、不具足の聞であってはならないと戒められたことを想い起こして、信不具足・聞不具足の状態を離脱しなければならないといわれているのである。

ここに信不具足、聞不具足といわれたのは、「信文類」と「化身土文類」に引用された『涅槃経』「迦葉品」の言葉であった。(1) すなわち信不具足とは、聞より生じて、思より生じない信であり、道のあることを信じていても、その道を得た人のいることを信じないような信心のことである。すなわち経典の文言だけにとらわれて、その言葉が真に伝えようとしている深い義理を領解することが出来ないものや、実際に真実を確認した得道の者がいることを信じないようなものは、不十分な信心であるというのである。

また聞不具足とは、如来の十二部の経説の半分（六部）だけを信じて他の半分（六部）を信じないような不十分な聞法のことをいうのである。また六部の経を聞きうけても、論議のため、勝他のために用いるようなものは聞不具足であると説かれていた。仏教といえば自力聖道の道しかないと思いこんで、本願他力の救いの法門のあることを認めず論難を加えるようなものは、不十分な聞き方であるというのである。これによって親鸞聖人は、『摧邪輪』などが加えている『選択集』批判は、浄土門という仏教のあることに気づかない一面的な仏教観にもとづくものであることを指摘し、逆批判されたのである。

菩提心とは、すでに述べたように二利円満の仏果を実現しようと願う心であるが、それに自力聖道の菩提心と他力浄土の菩提心とがあって、その構造を異にしている。自力の菩提心とは、具体的には四弘誓願であらわされるような願心である。たとえば天台宗ならば正・了・縁の三因仏性を信解して、円頓止観を実習して法身・般若・解脱の三徳を実現し、法・報・応の三身を成就しようという「大心」を菩提心という。しかし横超の菩提心とは、如来回向の信楽にそなわっている願作仏心（仏になろうと願う心）、度衆生心（衆生を済度しようとする心）という悲智の徳をいうのである。それはわがはからいによっておこした菩提を求める勇猛心ではなくて、如来より与えられた信心に自ずからそなわっている、菩提の果となるべき因種のことである。

そもそも浄土教とは、自力の大菩提心を発して生死を超えるというようなことのできない罪業の凡愚を救うて、浄土にあらしめようと誓願された如来の大悲智慧の本願を本体とする教えである。その本願には、「若不生者（度衆生心）不取正覚（願作仏心）」と誓われている。すなわち衆生を往生させるという利他に自らの正覚を賭けて、往生と正覚を一体不二に誓われているのである。このように願作仏心と度衆生心という自利と利他を一体に誓われているということは、法蔵菩薩の本願そのものが、自他平等の一如法性にかなった如実の大菩提心の表れであるということを意味している。

したがって本願を聞くということは、自分では菩提心をおこし得ない愚鈍の身が、かかる身を見捨てたまうことなく救おうと思し召したたれた如来の大菩提心を聞いて感動しているすがたであった。煩悩具足の凡夫にとって大菩提心とは、自分が起こすものではなくて、如来の菩提心に包まれていることを信知して慶ぶことであった。それが如来の正覚成就の智徳（願作仏心の成就）を全うした大悲度衆生の願心によびさまされていることであり、如来の度衆生心によって無上涅槃を一定と期する願作仏心としての信心が恵まれていることであった。こうして本願を疑いなく信受している信楽は、浄土の菩提を要期する願作仏心であるというので「願力回向の信楽、これを願作仏心といふ」といわれたのである。

このように、如来が万人を往生成仏せしめようと願われる度衆生心が、私の願作仏心となっているのであるから、願作仏心はそのまま度衆生の徳をもっている。それを往相の信心は、やがて万人を救うて涅槃にあらしめる還相回向の悲用となって展開していくべき徳を具えているといわれるのである。『正像末和讃』には、浄土の大菩提心を次のように讃嘆されている。

浄土の大菩提心は　願作仏心をすすめしむ
すなはち願作仏心を　度衆生心となづけたり

度衆生心といふことは　弥陀智願の回向なり
回向の信楽うるひとは　大般涅槃をさとるなり

如来の回向に帰入して　願作仏心をうるひとは
自力の回向をすてはてて　利益有情はきはもなし（註釈版聖典、六〇三～六〇四頁）

こうして信心が願作・度生の大菩提心であるということによって、よく往生成仏の正因であるということが論証されていくのである。

註

（1）「信文類」（註釈版聖典、二五〇頁）には聞不具足の文が引用されており、「化身土文類」（註釈版聖典、四〇七頁）には信不具足の文が引用されている。なお聞不具足の文は北本『涅槃経』「迦葉品」（大正蔵一二、五七五頁）に、同じく信不具足の文も北本『涅槃経』「迦葉品」（大正蔵一二、五七五頁）に説かれている。

第五節　往生成仏の正因

親鸞聖人が、『論註』の真実功徳釈の言葉によって、「たまたま浄信を獲ば、この心顚倒せず、この心虚偽ならず」といい、本願の信心は、阿弥陀仏が成就された、法性に依り二諦に順ずる智慧の徳（不顚倒・自利成就）と、衆生を救うて浄土に入れしめる大悲の徳（不虚偽・利他成就）が、煩悩具足の私の上に与えられているすがたであるといわれていたことはすでに述べた。それを言葉を換えていったのが、信心は、願作仏心・度衆生心という自利利他の大菩提心であるということであった。それは恐らく明恵上人の、菩提心撥去の論難を契機に確立した横超の菩提心論であったと考えられる。

「信文類」の、三心釈の終わり近くに、経釈に顕されている信心についてさまざまの異名を挙げて転釈会名されている。その中に本願の信心は金剛心であり、願作・度生の菩提心であり、如来の大慈悲心であり、如来の智慧、すなわち無量光明慧より生じたものであるといったあと、次のように結ばれている。

願海平等なるがゆゑに発心等し。発心等しきがゆゑに道等し。道等しきがゆゑに大慈悲等し。大慈悲はこれ仏道の正因なるがゆゑに。（註釈版聖典、一二五二頁）

この文章は『浄土論』の「正道大慈悲、出世善根生」という性功徳の文を釈した『論註』上の、

「正道大慈悲　出世善根生」とは、平等の大道なり。平等の道を名づけて正道となす所以は、平等はこれ諸法の体相なり。諸法平等なるをもつてのゆゑに発心等し。発心等しきがゆゑに道等し。道等しきがゆゑに大慈悲等し。大慈悲はこれ仏道の正因なるがゆゑに「正道大慈悲」といへり。（中略）大悲はすなはち出世の善なり。安楽浄土はこの大悲より生ぜるがゆゑなり。ゆゑにこの大悲をいひて浄土の根となす。ゆゑに「出世善根生」といへり。（註釈版聖典七祖篇、六一～六二頁）

といわれた文を転用されたものであることは明らかである。聖人は、「真仏土文類」に、この『論註』の文章をそのまま引用して、浄土の体性をあきらかにされているのである。[1]ところが「信文類」では、この文章を転用して信心が成仏の正因であることを顕されたのである。これには深い意味があったと考えられる。

いま両方の文章をくらべてみると、『論註』に「諸法平等なるをもつての故に発心等し」といわれたものを、「信文類」では「願海平等なるがゆゑに発心等し」と変えられている。『論註』は、浄土が、平等なる一如法性の顕現した性起の世界であるということを顕すために浄土の性徳を論じたものである。しかし「信文類」は、一切衆生をわけへだてなく救おうとする平等大悲の本願海より、仏道の正因たる信心が与えられるという、如来回向の信徳を顕すために造語をかえられたのである。

次に『論註』の「発心等し」は、一如にかなった、法蔵菩薩の願心（菩提心）の平等性をさしているが、「信文類」の「発心等し」は、善悪・賢愚の隔てのない信心の一味平等性をさしている。信心を発心といったのは、それが願作・度生の菩提心であることを顕すためである。次の「道等し」の道とは、菩提の訳語で智慧のことであるから、「道等し」とは、智慧の平等性をいい、「大慈悲等し」とは、大慈悲の平等性をいう。それは『論註』では、法蔵菩薩の大智と大悲のことであるが、「信文類」では、願生行者の信心のもつ智徳と悲徳をさしている。

「大慈悲はこれ仏道の正因なるがゆゑに」という結びは、『論註』では、阿弥陀仏の成仏の正因、浄土建立の正因が、大智の必然の展開である無縁平等の大慈悲心であるということをあらわしていた。しかし「信文類」では、私どもの往生成仏の正因が、仏の大慈悲心であるような、本願力回向の信心であることを顕そうとされている。信楽釈に「この心はすなはち如来の大悲心なるがゆゑに、かならず報土の正定の因となる」といわれたものを裏付ける釈なのである。

こうして、性徳（真如）の諸法平等と修徳（阿弥陀仏）の願海平等、法蔵菩薩の発願と願生者の信心、菩薩道の本体である悲智と信心の体徳である悲智というように、それぞれ対応させることによって、法蔵菩薩も信心の行者も、ともに無縁平等の大慈悲心を正因として仏道を成就していくという道理が明らかになっていく。このように、如来の浄土建立の正因と、衆生の往生の正因とが、全く同じ大慈悲心のはたらきであるという道理を成立させていくのが、本願力回向の法義だったのである。

明恵上人は、無漏の境界である浄土は、無漏智によってのみ感得できるが、その智慧を成就する因は大菩提心であるといい、成仏は勿論往生の正因も菩提心でなければならないといい、『大日経』の「住心品」に依って「菩提心を因とし、大悲を根とし、方便を究竟とする」のが仏道であると強調されていた。この明恵上人の論難に的確に応答されたのが、この「信文類」の信心の転釈会名であったといえよう。方便法身である阿弥陀仏の本願力は、無縁平等の大悲心を根源とした度衆生心の現れであるが、その本願力の必然として私どもに回向された信心は、往生成仏の志願を満たす願作仏心であり、また度衆生心でもある。すなわち信心は、無漏の大菩提心であるから往生成仏の正因となるといわれるのである。こうして親鸞聖人の信心正因説は、菩提心正因説と関連して理解しなければならない一面を持っていたのである。

ところで「信文類」の信楽釈下には、唐訳『華厳経』「賢首品」の信徳を讃嘆する偈頌を引用して、本願の信楽の徳相をあらわされている。「賢首品」は、あらゆる菩薩道の所依となる浄信の内容を説いた「普光法堂会」の六品のなかの最後におかれたもので、「問明品」(「明難品」)が信中の解を、次の「浄行品」が信中の行を説くのに対して、「賢首品」は信の証(徳)をあらわすものであるといわれている。

「信文類」に引用された「賢首品」の讃頌に依れば、信は法蔵第一の財であって、あらゆる衆行の所依となり、智功徳を増長せしめて必ず如来地に至らしめる力用のあることが開示されている。そして信心には不退転、大因力、諸仏護念、菩提心、勤修仏功徳、生在如来家、修行巧方便、修習波羅蜜等の無量の徳をもっているから、無上仏道の因として限りなく功徳を生んでいくものであるとたたえられている。まことに「信は道の元とす。功徳の母なり。一切の諸の善法を長養す。疑網を断除して、愛流を出で、涅槃無上道を開示せしむ」といわれる所以である。(2)

また「入法界品」（晋訳）の最後の、「此の法を聞きて信心を歓喜し、疑なきものは、速やかに無上道を成らん。諸の如来と等し」（訓点は「信文類」による）という文も引用されている。(3) 経文は普賢菩薩が仏徳を讃嘆された偈文の結頌であるが、「入法界品」の全体からいえば、文殊の智慧に導かれて菩提心を発し、つぎつぎと善知識を歴訪して、ついには普賢の願海に帰入していく善財童子の菩提心の始終を結嘆されたものといえる。そこで親鸞聖人はこの文は、仏道全体を菩提心（信心）に収めてたたえられたものとみなし、信が仏因であり、「諸仏と等しい」徳を持つと示された経文とみられたのである。

「信文類」には、また『涅槃経』の信心仏性説や、信心を菩提の因とする文が引釈せられている。すなわち「師子吼品」に、慈・悲・喜・捨の四無量心と、大信心と、一子地とをそれぞれ仏性であるといわれたものを信楽釈下に引用して、本願の信心には、六度二利の行徳が具足していて成仏の因となるから仏性（仏因としての性質）であることを釈顕しようとされているのである。(4)

親鸞聖人は、恐らく四無量心を、初めの大慈大悲に摂め、影の形に随うように菩薩に随逐する如来の大慈悲心が、衆生に成仏の因としての信心仏性を与えていくと理解されたのであろう。それは次上の至心釈下に、『涅槃経』の「聖行品」によって、真実なるものとして如来・虚空・仏性の三を挙げ、虚空のように無碍なる如来の救いの真実が、衆生に回向されて成仏の因体となっているのが、仏性としての至心であるといわれたのと同意である。(5)ただ至心釈が智慧の徳を顕すのが主であったのに対して、信楽釈は「檀波羅蜜乃至般若波羅蜜を具足せり」といわれるように六波羅蜜成就の行徳をもって信体を顕されている。

一子地とは、怨親平等の心によって証得された果徳で、いわゆる果仏性である。すなわち、怨憎と親愛を平等にみることの出来る大悲の智慧は、一切の衆生を一子の如くかけがえのない大切な仏子(如来蔵・仏性)とみそなわすから、一子地といい、そのような境地が浄土であるから、いまは信心の徳が顕現する浄土の果徳のこととされたのであろう。これは、如来回向の信心が仏因であるということを、仏性の因果をもって釈顕せられたわけである。

「信文類」には、さらに「迦葉品」の「あるいは阿耨多羅三藐三菩提を説くに、信心を因とす。これ菩提の因、また無量なりといへども、もし信心を説けば、すなはちすでに摂尽しぬ」という文を引用されている。(6)これは無上菩提の因は、信心の一法に極まるということで、三一問答の初めに「涅槃の真因はただ信心をもつてす」といわれたのはこの経説に依られていたことは明らかである。

親鸞聖人が、信心が往生成仏の正因であるといわれるとき、本願を信ずるが故に涅槃に至り、本願を疑うが故に生死に止まると信と疑を対望して決判し、信心を正因と定める場合と、如来回向の信心は、悲智円満の大菩提心であるからよく涅槃の正因であり得ると、信心の徳義をもって顕される場合とがあった。前者は法然聖人の信疑決判を承けた釈義で、信相のうえで顕されたものである。後者は曇鸞大師の指示を通して、『華厳経』や、『涅槃経』の幽意を探って開顕された親鸞聖人のご己証であって、信心の体徳を開示するものであった。
「諸経和讃」に、

信心よろこぶそのひとを　如来とひとしとときたまふ
大信心は仏性なり　仏性すなはち如来なり（註釈版聖典、五七三頁）

と讃述されているが、前二句は『華厳経』により、後の二句は『涅槃経』によったものである。ところで『華厳経』と『涅槃経』は釈尊説法の最初と最後であって、そこには全仏教が摂まると信じられていた。このような二経によって本願の信徳を開顕されたということは、聖人の信心正因説は、本願の信心をもって全仏教を統合するような視点から示されたものであったといえよう。

註

（1）「真仏土文類」（註釈版聖典、三五九頁）
（2）『華厳経』「賢首品」（大正蔵一〇、七二頁）
（3）『華厳経』「入法界品」（大正蔵九、七八八頁）。なおこの経文は通常は「この法を聞きて歓喜し、心に信じて疑いなき者は、すみやかに無上道を成じ、もろもろの如来と等しからん」と読み、速やかに無上道を成じて、諸如来と等しくなることを述べたもので、信心のものが如来と等しいということではなかったが、親鸞聖人は所讃の仏徳を阿弥陀仏の功徳とみなし、意味を転じて用いられたものである。
（4）『涅槃経』「獅子吼品」（大正蔵一二、五五六頁）
（5）『涅槃経』「聖行品」（大正蔵一二、四四三頁）
（6）『涅槃経』「迦葉品」（大正蔵一二、五七三頁）

第八章　現生正定聚

第一節　正定聚・邪定聚・不定聚

親鸞聖人の教義の特徴の一つに現生正定聚説がある。それまでは、浄土に往生して後に正定聚の位に入るとみられていたのを、現生において、煩悩具足の凡夫のままで正定聚の位に入れしめられるといわれたのであった。

「信文類」の初めに、「至心信楽の願」と第十八願を標挙し、その下に「正定聚の機」と細註を施されていた。これは第十八願（弘願）の法義を信ずる者は、「正定聚の機」と呼ばれるような利益を得ることをあらかじめ表示されたものである。それは「化身土文類」の初めに、「至心発願の願」と第十九願（要門）を標挙して、「邪定聚の機」と細註し、「至心回向の願」と第二十願（真門）を標挙して、「不定聚の機」と細註されたものと対応しているが、そのことについては後に詳述する。

正定聚の利益を得るのが、信心が開け起こった時であるということは、「信文類」に「金剛の真心を獲得すれば、横に五趣八難の道を超え、かならず現生に十種の益を獲(1)」といって、十種の利益を挙げる第十番目に「十には正定聚に入る益なり」といわれたものや、『一念多念文意』に、第十八願成就文の「即得往生」を釈して、「真実信心をうれば……とき・日をもへだてず、正定聚の位につき定まるを『往生を得』とはのたまへるなり」(2)といわれたものによって明らかである。

さて、正定聚とは、邪定聚・不定聚に対する名目で、この三種を合わせて三定聚と呼び、もともとは仏道修行者の階位を表す言葉であった。それはまた、正性定聚、邪性定聚、不定性聚ともいい、三聚ともいった。聚とは聚類のことで、同じような性質をもった者の集合のことを聚というのである。一般的にいって、正定聚とは、正に定まる聚類という意味であり、邪定聚とは、邪に定まる聚類、不定聚とは、正とも邪とも定まらない聚類のことである。

修行者を、このような三種類に分類することは、『長阿含経』第八に、「また三法あり、いはく三聚なり、正定聚と、邪定聚と不定聚となり」(3)といわれたのをはじめ、経典や、論釈の至るところに明かされている。そして、古来その解釈をめぐって八別二十五説もの異説があったといわれている。

その代表的なものに、『倶舎論』巻十の三聚説がある。それは、五無間業という邪悪な業をつくり、三悪趣(邪性)に堕することに定まっている者を邪性定聚といい、無漏智を起こして見惑等の煩悩を断じた学、無学の聖者を正性定聚という。無漏智を起こして四諦の真理を達観し、見惑・修惑を断じた聖者は、必ず涅槃という正性を悟ることに決定しているからである。この二性以外のものを不定性聚という。善縁にあえば正定聚に進んでいくが、悪縁にあえば邪定聚に落ちていく可能性を持っているからであるといっている(4)。

大乗仏教では、さまざまな異説があるが、『釈摩訶衍論』第一の三種の三聚説は有名である。

しかるに三聚門にその三種あり。いかんが三とする。一には、十信前を名づけて邪定聚となす。業果報等を信ずるあたわざるがゆえなり。三賢および十聖を名づけて正定聚となす。決定して不退位に安立するが故なり。十種の信心を名づけて不定聚となす。あるいは進み、あるいは退き、いまだ決定せざるが故なり。二には、十信前ならびに十信心を名づけて邪定聚となす。みな善根なきが故なり。無上大覚果を名づけて正定聚となす、すでに満足するが故なり。三賢及び十聖を名づけて不定聚となす。みないまだ究竟せざるがゆえなり。三には、十信前を名づけて邪定聚となす。楽求の心なきが故なり。十聖を名づけて正定聚となす。すでに真証を得るが故なり。十信三賢を名づけて不定聚となす。いまだ正証を得ざるが故なり。（大正蔵三二、五九六頁）

これは、菩薩の階位を、十信、十住、十行、十回向、十地とした上で、第一説は、まだ初信位に至っていない凡夫を邪定聚、十信位の行者を不定聚、十住、十行、十回向の三賢位の賢者と、初地から十地に至る聖者（十聖）を正定聚とする。第二説は、第十信位までの凡夫を邪定聚、三賢位と十地の菩薩を不定聚、仏を正定聚とする説である。そして第三説は、まだ初信位に至っていない凡夫を邪定聚、十信位と三賢位の行者を不定聚、初地以上の菩薩を正定聚というのである。

浄土経典の中で三定聚について説かれているのは『大経』の第十一願文と、その成就の文とである。

たとひわれ仏を得たらんに、国中の人・天、定聚に住し、かならず滅度に至らずは、正覚を取らじ。（註釈版聖典、一七頁）

と誓い、その成就文には、

それ衆生ありて、かの国に生まるるものは、みなことごとく正定の聚に住す。ゆゑはいかん、かの仏国の中には、もろもろの邪聚および不定の聚なければなり。（註釈版聖典、四一頁、訓点は筆者）

と説かれたものがそれである。「国中の人天」とか、「彼の国に生まるるものは」というのは、あきらかに浄土の聖衆を指しているから、正定聚とは、浄土に生まれてうる利益であったとしなければならない。もっともその正定聚をどのような地位と見るかについては、上述のように古来種々の異説があった。しかし曇鸞大師の『論註』によれば、浄土に往生したものは、仏力によって大乗正定聚に住し、不退転地に至るといい、『十住毘婆沙論』の初地不退転の位を正定聚と見られていた。ただ邪定聚、不定聚をどのように考えられていたかは正確にはわからないが、少なくとも地前の菩薩と凡夫を指していたことはいうまでもない。

浄土教において、正定聚について、教義的な論議をされた最初の人は曇鸞大師であった。『論註』は、いうまでもなく天親菩薩の『浄土論』の註釈書であるが、大師は本文を解釈するに先立って、龍樹菩薩の『十住毘婆沙論』「易行品」の難行道・易行道という枠組みに従って、『浄土論』を易行道を明かした書物と見なければならないと論定された。すなわち『浄土論』に表された浄土願生の行としての五念門（礼拝・讃嘆・作願・観察・回向の五行）は、普通に読めば、止観（作願・観察）の行を中心とした自利・利他の菩薩道であって、とても煩悩具足の凡夫が実践できるようなものではないと見受けられる。しかし『浄土論』は、安楽浄土に往生して正定聚に入る道を明かす浄土教の論書である。しかるに、龍樹菩薩の『十住毘婆沙論』「易行品」によれば、浄土教は、難行道に堪えられない怯劣な凡夫を救うて不退転地に至らせる「信方便の易行」を明かすものであると規定されている。それゆえ、この『浄土論』に明かされる往生の行法も易行でなければならないというのが曇鸞大師の浄土教理解の基本姿勢であった。その立場から『浄土論』の註釈を行っていったのが『論註』であった。こうして曇鸞大師は、阿弥陀仏の浄土教とは、五濁の世、無仏の時代を生きる凡夫が、阿弥陀仏の本願の救いを信ずる因縁（信仏因縁）に依って、仏願力に乗じて浄土に往生し、仏力の住持を得て大乗正定聚に入れしめられる教えであるといわれたのであった(5)。

その正定聚とは、五念門の果徳としての五功徳門のなかの初めの近門と大会衆門にあたり、菩薩の行位に配当すれば、初地に当たると見られていた。初地とは、菩薩が、はじめて無漏智を起こして真如を悟り、愛憎の煩悩を断ち切り、もはや迷いの境界である三界を輪廻転生することがなくなった境地であるから不退転地といい、身心ともに大きな喜びに包まれるから歓喜地ともいうのである。またかならず大涅槃（正性）を悟り極め、仏果を完成することに決定しているから正定聚というのである。このように煩悩を断ち切る無漏の正智を開いた方を聖者というのである。

ところで「易行品」では、「もし人、われを念じ名を称してみづから帰すれば、すなはち必定に入りて阿耨多羅三藐三菩提を得」といわれており、すぐ次の弥陀章の偈にも「人よくこの仏の無量力威徳を念ずれば即時に必定に入る」といわれているから、いかにも現生で必定すなわち不退転の位に入るといわれているようにみられる。もっとも、同じ弥陀章の偈には、「もし人、かの国に生ずれば、つひに三趣、および阿修羅に堕せず」といい、浄土に至ったものは、もはや悪道に落ちることがないといって、浄土で不退転に住するような説きかたもされている。しかし全体としては「易行品」は現生で不退転地にいることが出来ると説かれているように見受けられるのである。(6)

それを『論註』は、あえて転じて、浄土の果徳に限定して正定聚を語られるわけで、そこに『論註』の特徴があるのである。それは、一には『大経』の第十一願や、その成就文が、明らかに正定聚を浄土で得る利益とされていたし、『浄土論』もそうであったからである。そして二つには曇鸞大師自身、正定聚とは、真如を悟る無漏智を起こし、三界を超越した聖者の地位であるとみられていたからであろう。いいかえれば五濁の世・無仏の時代にあって浄土を願生している念仏者は、死ぬまで煩悩具足の凡夫であって、聖者どころか賢者にも至らない浅ましい存在であるから、どうしても正定聚という位を現生で語ることができなかったのであろう。善導大師や法然聖人でさえも、凡夫の願生者を、現生において「正定聚の機」と呼ばれることがなかったのはその故であろう。

註

(1)「信文類」(註釈版聖典、二五一頁)
(2)『一念多念文意』(註釈版聖典、六七九頁)
(3)『長阿含経』第八(大正蔵一、五〇頁)
(4)『倶舎論』巻十(大正蔵二九、五六頁)
(5)『論註』上(註釈版聖典七祖篇、四七頁)
(6)『十住毘婆沙論』「易行品」(註釈版聖典七祖篇、一五頁、一六頁)

第二節　現生正定聚説の成立

親鸞聖人の三定聚説は、第十八、第十九、第二十の真仮三願の機とみなされたところに特徴がある。すなわち、第十八願の法義である本願力回向の行信を得ている弘願の機を正定聚、第十九願の法義である諸行往生という自力の行信に心の定まっている要門の機を邪定聚、第二十願の法義である自力念仏を受行している真門の機を不定聚と呼ばれている。一般には菩薩の修道の地位を表していた三定聚説を、『大経』の第十一願成就文の心によって真仮分判の名目として転用されたのである。

すでに述べたように第十一願成就文には、

それ衆生ありて、かの国に生まるるものは、みなことごとく正定の聚に住す。ゆゑはいかん、かの仏国の中には、もろもろの邪聚および不定の聚なければなり。

と説かれている。もともとこの経文は、「阿弥陀仏の浄土に往生した者は皆正定聚に住する。なぜならば、邪定聚・不定聚というようなものは浄土にはいないからである」と読むのが普通の理解であって、曇鸞大師も、そのように理解されていたことは既に述べた通りである。それを親鸞聖人は、「（真実報土である）彼の国に生まれようとする者は皆悉く正定聚に住している。なぜなら邪定聚や不定聚の者は（方便化土に生まれ）彼の国に生まれることが出来ないからである」というように読み取られたのであった。勿論それは、現生正定聚説を確立し、第十八願・第十九願・第二十願の三願に真仮を見るという聖人独自の願海真仮論が確立したうえでの読み換えであった。

さて、それでは何故三願の機を三定聚に配当することが出来るのであろうか、またその場合三定聚をどのように理解すればいいのであろうか。それについて先哲は種々に論述されている。たとえば月珠師の『広文類対問記』巻九には、因果の二面から解明して次のようにいわれている。因からいえば、第十八願の機は、機（信）も法（行）もともに正であるから正定というべきである。それにひきかえ第十九願の機は、自力心をもって雑行を行じているもので、機（信）も法（行）もともに不正であるから邪定というべきである。また第二十願の機は、第十八願成就の名号という正なる法を称えながら、その心は自力心であって不正であるというあり方をしているものであるから、法（行）は是であるが、機（信）は邪であって一定しないから不定というのである。また果からいえば、第十八願は、機も法もともに正であって真実報土の往生に決定しているから正定聚という。第十九願は、機法ともに邪である雑行を修して化土往生に決定しているから邪定聚という。第二十願の機は、法は正であるが機は不正であるから、進めば第十八願に転入して真実報土に入るが、退けば第十九願に陥って化土往生をするというように進退不定であるから不定聚というといっている(1)。

思うに、阿弥陀仏の正意を顕された第十八願を聞いて疑いなく信じ、念仏する弘願の機は、南無阿弥陀仏という如来の正智（無漏智）を領受して、難思議往生といわれる往生即成仏の正果（仏果）を得ることに決定している。因からいっても、果からいっても正に決定しているから正定聚というのである。それに対して第十九願の要門の機は、本来往生行ではない邪雑の行である雑行を修して、双樹林下往生といわれるような方便化土の往生を願っているから、邪雑の行信因果に心が定まっているという意味で邪定聚というのであろう。また第二十願の真門自力念仏の行者は、称えている行法からいえば弘願であるが、信心（機）からいえば要門の定散自力心であって、正とも邪とも定まらない不定なる自力念仏によって、難思往生と呼ばれるような方便化土の往生をとげるから不定聚とよばれたのであろう。あるいは真門の機は、法の真実に気付けば正定聚になるが、自力の機失をつのれば邪定聚に退転してしまうというような不定の状況にあるから不定聚とよばれたともいえよう。

先に述べたように、『大経』以来、浄土教の伝統的な正定聚説は、彼土正定聚であった。それを超えて、凡夫であるままで信心獲得の一念に、現生に於いて正定聚の機となるといいきられたのは親鸞聖人であった。

聖人が、現生正定聚を主張された根拠について、先哲の中には正定業である名号を領受しているからであるという説もある。確かにそのような一面も考えられるが、聖人の著作の中に、正定業を論拠として正定聚を語られたものは見られない。それに称名正定業を力説された善導、法然両祖の教学の上にも現生正定聚説はみうけられないから、この説は積極的な論拠にはならないだろう。

聖人が正定聚を現生で語られる理由として、もっともよく挙げられているのは摂取不捨の利益である。『親鸞聖人御消息』第一通に「真実信心の行人は、摂取不捨のゆゑに正定聚の位に住す」（註釈版聖典、七三五頁）といわれたものなどは、その典型的な文章である。また「行文類」で、行信の利益を顕すところに、十方群生海、この行信に帰命すれば摂取して捨てたまはず。ゆゑに阿弥陀仏と名づけたてまつると。これを他力といふ。ここをもつて龍樹大士は「即時入必定」といへり。曇鸞大師は「入正定聚之数」といへり。（註釈版聖典、一八六頁）

といい、行信（南無阿弥陀仏）に帰命すれば、阿弥陀仏の名義の通りに現生において摂取不捨の利益に預かることを、龍樹菩薩は「即時入必定」といい、曇鸞大師は「入正定聚之数」といわれたと釈されている。これは、摂取不捨の利益を根拠として『論註』の彼土正定聚説を現生正定聚説に転釈されたことを物語っている。

摂取不捨の利益に預かるということは、信心の行者が、現生護念の利益を得ているということである。『愚禿鈔』下に「二河譬」に説かれている阿弥陀仏の招喚の勅命の中の「我能護汝」の「護」を解釈して、

護の言は、阿弥陀仏果成の正意を顕すなり、また摂取不捨を形すの貌なり、すなはちこれ現生護念なり。（註釈版聖典、五三九頁）

といわれている。阿弥陀仏の本願に信順する人は、仏の正意にかなったものとして光明の中に摂め取られ、決して見捨てられることなく、臨終の一念まで護り続けられるから、信心が退転することがない。そのことを「現世利益和讃」には、

無碍光仏のひかりには　無数の阿弥陀ましまして
化仏おのおのことごとく　真実信心をまもるなり（註釈版聖典、五七六頁）

といわれるのである。往生成仏の因としての信心が退転しないということは、必ず往生し、成仏すべき身に定められているということであるから、正定聚といわれるのである。

信心の行者が、煩悩具足の身のままで摂取の心光の中に摂取せられているということは、阿弥陀仏を中心として十方世界に展開する諸仏・諸菩薩・諸天善神・十方法界同生者・十方衆生といった、壮大な尽十方無碍光如来の秩序の中に収められて、その存在が意味づけられていくということであった。親鸞聖人は『浄土論』や『論註』によって念仏の行者は、「大会衆の数に入る」といわれている。大会衆とは、もともと浄土の大講堂に集まって阿弥陀仏の説法を聴聞している浄土の聖衆のことで、五功徳門のなかの大会衆門のことであった。それを「正信偈」に、「功徳大宝海に帰入すれば、かならず大会衆の数に入ることを獲」といい、信心を得て功徳の大宝海である本願の世界に帰入する者は、現生において大会衆の数に入るといわれたのであった。煩悩具足の凡夫ではあるけれども、摂取の心光に照らし護られ、南無阿弥陀仏という本願招喚の勅命を聞き続けている信心の行者は、現にいま阿弥陀仏の法座に連なる者として、穢土にありながらも大会衆の数に入るということができるといわれるのである。

ところで、大乗正定聚とは、小乗でいわれるような阿羅漢になることに決定している聖者ではなく、真如にかなう無漏智を開いて、成仏することに決定している聖者の位、すなわち地上（初地以上）の菩薩であるというのが『浄土論』や『論註』の説であった。それと対応しているのが、他力の信心は、その体仏智であるという親鸞聖人の領解であった。自力の信心は凡夫有漏の心であるが、如来回向の信心は、その本体は仏心であり、無漏智であるというのである。それゆえ無明を破る金剛心（智）であり、成仏の因となるといわれる。『正像末和讃』に、信心の徳を讃えて、

釈迦弥陀の慈悲よりぞ　願作仏心はえしめたる
信心の智慧にいりてこそ　仏恩報ずる身とはなれ（註釈版聖典、六〇六頁）

といわれているが、すでに述べたように、その「信心の智慧」に「弥陀のちかひは智慧にてましますゆゑに、信ずるこころの出でくるは智慧のおこるとしるべし」という左訓が施されている。それを受けて次の和讃に「信心の智慧なかりせば、いかでか涅槃をさとらまし」といい、信心は無漏の智慧であるからよく涅槃の正因となると信心正因のむねが論証されていた。

すなわち本願を信ずるものは、死ぬるまで愚かな煩悩具足の凡夫ではあるけれども、いただいている信心の徳義からいえば、仏智の所有者であるから、無漏智をそなえた正定聚の機といわれるのである。それは、凡夫でありながら聖者の徳を持つということになる。その心を『入出二門偈』には「煩悩を具足せる凡夫人、仏願力によりて信を獲得す。この人はすなはち凡数の摂にあらず、これは人中の分陀利華なり」（註釈版聖典、五五〇頁）といわれている。「凡数の摂にあらず」という言葉は、「序分義」の「五苦所逼」の釈下にでており、三界六道に生きる凡夫は必ず四苦・五苦・八苦を受けねばならないのであって、もしこの苦を受けないものは凡夫の数に入らない、すなわち聖者の部類に入るものであるといわれていた。[2] したがって『二門偈』の文は、信心の行者は、聖者の部類に属するといわれているのである。こうして信心の行者は、あさましい凡夫の身でありながら、聖者の仲間にいれし

められているというような尊厳性をもつ者として聖人は敬意を表していかれたのであった。それは、信心の行者は、すでに如来の智慧と慈悲の秩序を真実とうけいれ、如来の秩序下におかれているからである。それを摂取されているともいい、正定聚に入るともいうのである。

註

（1）『広文類対問記』（巻九、六頁、明治二十二年刊）
（2）「序分義」（註釈版聖典七祖篇、三九三頁）

第三節　現生十種の益

「信文類」には、信心の利益を挙げて次のようにいわれている。

金剛の真心を獲得すれば、横に五趣八難の道を超え、かならず現生に十種の益を獲。なにものか十とする。一つには冥衆護持の益、二つには至徳具足の益、三つには転悪成善の益、四つには諸仏護念の益、五つには諸仏称讃の益、六つには心光常護の益、七つには心多歓喜の益、八つには知恩報徳の益、九つには常行大悲の益、十には正定聚に入る益なり。（註釈版聖典、二五一頁）

その本体は如来の金剛智であるような真実の信心を得たならば、本願力のはたらきによって、一切の迷いの境界を超えて、悟りを得ることに決定し、仏法に遇うことの困難なすべての領域を離れ、煩悩具足の身でありながら、この世において必ず十種の利益を得る。その十種の利益というのは、一つには私どもの目には見えないけれども、無数の聖衆や神々に護り支えられているという冥衆護持の利益。二つにはこの上もなく尊い功徳が欠けるところもなく身に備わるという至徳具足の利益。三つには悪障を善徳に転換する智慧のはたらきを恵まれるという転悪成善の利益。四つには十方の諸仏に護られ念じられているという諸仏護念の利益。五つには諸仏にほめ讃えられるという諸仏称讃の利益。六つには阿弥陀仏の大悲智慧の光明に包まれて常に護られているという心光常護の利益。七つには仏になることを喜ぶ心が与えられるという心多歓喜の利益。八つには如来の恩を知り、その徳に応えようとする心が与えられるという知恩報徳の利益。九つには常に如来の大悲を弘めようと志す心が与えられているという常行大悲の利益。十には仏になることに定まった位に入れしめられているという入正定聚の利益である。

これを現生十益といいならわしている。いずれも仏祖の経釈に説かれていることであるが、聖人はここで改めて念仏の行者が、信心開発の一念に恵まれる利益として列挙されたわけである。すでに述べたように疑いなく本願を信じる心が開け起こったときに、正定聚の位に入れしめられるわけであるが、それがどのような状態であるかということを、さまざまな利益をもって説明されたものである。先哲が、現生十益は、第十番目に挙げられた「正定聚に入る益」を開いたものであるといわれる所以である。

もともと正定聚というのは、輪廻転生と言い表されるような迷いの生存の原因である煩悩を断ち切って、愛憎も生死も本来空であると悟る無漏の智慧を開いた聖者の境地であった。その方々は、仏陀のようにすべてを知り尽くし、自在無碍の救済活動をすることは出来ないけれども、もはや愛憎に悩み、生死に惑うというようなことのない境地に到達している。そして常に十方の諸仏と感応道交しながら何事にも畏れることなく、自利利他の実践に励む偉大な菩薩として説かれていた。それにひきかえ、本願を信じ、南無阿弥陀仏を身にいただいた信心の行者は、今生の「いのち」の尽きるまでは煩悩具足の凡夫であり続けるが、阿弥陀仏が悟り極められた無量の徳が与えられている。それゆえ『浄土文類聚鈔』には、「信を発して称名すれば、光、摂護したまふ、また現生に無量の徳を獲」（註釈版聖典、四八六頁）といわれている。ここではその無量の徳を仏祖の教説によって十種に要約して示されたわけで、信心の行者が身に得ている豊かな徳相を開示されたものである。

第一は冥衆護持の益である。「冥衆」とは、われわれ凡夫の目にあらわには見えないもののことで、ここでは観音・勢至、普賢・文殊、弥勒といった諸大菩薩をはじめ、一切の善悪の鬼神に至るまですべてを冥衆といわれていると考えられる。仏陀に帰依し、仏道を実現している菩薩が、後輩である念仏の行者を護りたまうのは当然であるが、鬼神（神々）というのは本来仏教以外の宗教（外道・外教）における信仰の対象であるから、それらが念仏の衆生を護るというのはどういう意味をもつのであろうか。

親鸞聖人は、当時流行していた本地垂迹説に依る神祇観は用いられなかったが、インド以来の仏教の伝統に従って、護法善神説を用いられていたようである。それは神々のなかに善神と悪神を分け、仏教に帰依して、生死を離れることが出来た神は、その報恩のために仏教と仏教徒を守護するようになる。それを護法善神（善鬼神）といい、人々に害悪を与え、仏道修行の妨げをするような神々を悪鬼神（悪魔）と呼んでいた。聖人は、このような神祇観を日本の神々にも適用されたわけである。(1)

もともと念仏者は、阿弥陀仏以外は仏・菩薩さえも信仰の対象とはしないのだから、まして神々を信仰の対象とすることはあり得ないが、仏教を守護し、仏教徒を護る善神を軽蔑してはならないと戒められていた。また悪神は、真実の教えに出逢えば、その存在根拠である怨念・悪心を破られるから、念仏者を懼れて避ける。あるいは悪心を翻して仏法に帰依して善神に転じられていく。したがって、本願を信じ念仏する者は、冥界に恐怖心を持ったり、怨霊の祟りを畏れたりすることは少しもないと教えられた。むしろ目に見えないところから護られていることを感謝すべきであるというのである。『歎異抄』に「信心の行者には、天神・地祇も敬伏し、魔界・外道も障碍することなし」（註釈版聖典、八三六頁）といわれていることは有名である。そうした観点から、物忌みをしたり、卜占や、星占いをすることの無意味さを教えられたのであった。聖人が『現世利益和讃』に、

天神・地祇はことごとく　善鬼神となづけたり
これらの善神みなともに　念仏のひとをまもるなり
願力不思議の信心は　大菩提心なりければ
天地にみてる悪鬼神　みなことごとくおそるなり（註釈版聖典、五七五頁）

と讃詠されたのは、冥衆護持の利益をあげて、祟りを恐れる人々に、畏れなき道を知らせていかれたのである。

ところで冥界に対する懼れ、特に「たたり信仰」は、決して古代・中世の遺物ではなくて、今日でも人々の心の奥底に根強く生き続けていることを忘れてはならない。それは日本人の基層信仰というべきものである。平生は忘れていても、個人にせよ、民族にせよ、危機的な状況になったときには、必ず頭をもたげてくる信仰である。それだけに、正確に見据え、確認し、克服しておかなければならない。親鸞聖人が「化身土文類」末に「外教邪偽の異執を教誡する」として、仏に帰依し念仏を行ずるものは、決して余の諸天神に帰依してはならない旨を厳しく誡められたのはその故であった(2)。

第二は至徳具足の益である。「至徳」とは、至極の功徳ということで、仏陀が完成された無上功徳をいう。阿弥陀仏は、その仏徳のすべてを、名号にこめて衆生に与えられるから、信心の行者は無上の功徳を身に宿されていて、仏になるのに必要にして十分な因徳が欠けるところなく備わっている。それゆえ、本願を信ずる者は、「他の善も要にあらず」と断言できるのである。『高僧和讃』の終りに、

南無阿弥陀仏をとけるには　衆善海水のごとくなり
彼の清浄の善身にえたり　ひとしく衆生に回向せん（註釈版聖典、五九九頁）

といわれたものがそれである。

第三は転悪成善の益である。これは、「悪もおそれなし」といわれるような、如来の無碍の救いの具体的なすがたをいったものである。『教行証文類』の「総序」には、名号の徳を讃えて、「円融至徳の嘉号は、悪を転じて徳を成す正智」ともいわれている。自他の隔てを超え、愛憎・生死を超えた円融無碍の悟りを極めた如来の智慧の徳の結晶である名号は、自他を隔て、愛憎に悩み、生死に迷うて

起こすさまざまな煩悩悪業を転じて、尊い功徳に転換するはたらきがあるというのである。悪を徳に変えるのは、智慧のはたらきである。例えば毒を薬に変えるのは薬学の知識であり、薬に対する正しい知識がなくて誤用するならば、薬が毒に変わるようなものである。「いのち」の実相を知るならば、一切の衆生は如来の子として輝いていくし、自他の「いのち」の実相を見失って、我欲の対象として見ていくならば、愛憎違順の境界が出現する。このような如来の智慧のもつ転成の徳をいただいているのが信心であるから、信心に転成の徳があるといわれたのである。

「曇鸞和讃」には、阿弥陀仏の「無碍光」の徳を讃えて、

無碍光の利益より　　威徳広大の信をえて
かならず煩悩のこほりとけ　　すなはち菩提のみづとなる
罪障功徳の体となる　　こほりとみづのごとくにて
こほりおほきにみづおほし　　さはりおほきに徳おほし（註釈版聖典、五八五頁）

といわれている。無碍光の徳によって信心の智慧が開け起これば、人生に対する新しい視点が与えられ、氷が水に変わるように罪障が功徳に転ずるという不思議が実現するといわれるのである。人生にはさまざまな障害と苦難が襲って来る。この世は何が出てきても不思議でない恐るべき境界である。その中にあって、苦難を仏祖の教えに導かれながら乗り越え、むしろ苦難によって磨かれ、成長していった人だけが言い切れる深い喜びが「さはりおほきに徳おほし」という言葉であったといえよう。

註

（1） 拙著『法然教学の研究』三八七頁参照

（2） 「化身土文類」末（註釈版聖典、四二九頁）

第四節　諸仏の護念

第四は諸仏護念の益である。信心の行者は、十方に在す無量の諸仏によって常に護念されているということである。『阿弥陀経』に説かれているように、五濁悪世といわれる濁りきった世界に生きる煩悩具足の凡夫は、仏法を聞こうとする思いもなく、まして信受し奉行するような心を持ち合わせてはいない。それゆえ十方の諸仏は大悲をこめて阿弥陀仏の本願の真実であることを証明し、人々の疑い心を破って信心の行者たらしめられたのである。こうして育て上げたその信心が退転しないように諸仏は護念し、また、行者がさまざまな悪縁を乗り超えて浄土に向かうよう護り続け、行者を浄土へ導きたまうのである。「阿弥陀経和讃」に、

十方恒沙の諸仏は　　極難信ののりをとき
五濁悪世のためにとて　　証誠護念せしめたり（註釈版聖典、五七一頁）

といわれたのはその心を讃述されたものである。

第五は諸仏称讃の益である。本願を信じ、念仏する人を『大経』には「すなはちわが善き親友な

り」と讃えられている。親友とは、本当に心の通う友ということである。釈尊をはじめ、あらゆる仏陀が、心を同じくして勧めたまうた阿弥陀仏の本願を、教えのままに受け入れ信ずる人は、まさに諸仏の御心にかなったものだからである。『観経』には念仏の人は「人中の分陀利華なり」と称讃されている。分陀利華とは、白蓮華のことである。泥沼に咲きながら泥に染まらず、馥郁とかおる純白の蓮華、それはもともと如来を讃える言葉であり、真実の法を讃嘆する言葉であった。それを、ことあろうに煩悩具足の念仏者に与えられているということは、如来は、南無阿弥陀仏となって煩悩の中に宿り、信心の智慧となって煩悩を内から転換しつつあることを告げられているといえよう。善導大師は、その分陀利華の徳を広く讃えて、「もし念仏するものは、すなはちこれ人中の好人なり、人中の妙好人なり、人中の上上人なり、人中の希有人なり、人中の最勝人なり」という五種の嘉誉をあげられている(1)。

その善導大師は、「散善義」の深心釈の中で、本願を信ずるものを「真の仏弟子」と讃えられていた。

仏の捨てしめたまふをばすなはち捨て、仏の行ぜしめたまふをばすなはち行じ、仏の去らしめたまふ処をばすなはち去る。これを仏教に随順し、仏意に随順すと名づけ、これを仏願に随順すと名づく。これを真の仏弟子と名づく。(註釈版聖典七祖篇、四五七頁)

釈迦・諸仏の教えに遵って、捨てよといわれた自力の雑行を捨て、行ぜよと教えられた本願の念仏をつつしんで行じ、去れと教えられた娑婆を後にして、浄土を願生する信心の行者は、身は煩悩の凡夫であっても、釈尊の教えに随順し、諸仏の心に随順し、そして阿弥陀仏の本願に随順するものであるといわねばならない。その意味で、諸仏の本意にかなった真の仏弟子であると讃嘆されたのである。その心を承けて親鸞聖人は、「信文類」において真仏弟子の釈を施し、自力聖道の仮の仏弟子や、内心は外道に帰敬しているような偽の仏弟子に対して、本願を信行する金剛心の行人は、必ず大涅槃を超証すべき真正なる釈迦・諸仏の弟子であると釈顕されたのであった(2)。

法然聖人をしたって専修念仏の道に帰入したがゆえに、弾圧を受け、僧籍を剝奪されて流罪になり、世間の人々からは白眼視され、南都・北嶺の学僧達からは外道よばわりをされながら、しかしただ一筋に本願の白道を歩み続ける親鸞聖人にとって、この諸仏の称讃ほど力強い心の支えはなかったといえよう。「信文類」序に「まことに仏恩の深重なるを念じて、人倫の哢言を恥ぢず」(註釈版聖典、二〇九頁)といわれているが、そこに諸仏の照覧のもと、人間の毀誉褒貶を超えて、堂々と歩みを運ぶ聖人の姿を見ることができる。

第六は心光常護の益である。信心の行者が、摂取不捨の利益に預かることの慶びを挙げられたものである。『観経』には「光明遍照十方世界、念仏衆生摂取不捨」と説かれていて、念仏の利益とされているが、親鸞聖人は、念仏の行者が摂取される時をいえば、念仏往生の本願を信受したとき、すなわち信の一念であるというので、信心の利益とみなされたのである。「正信偈」には「摂取の心光、つねに照護したまふ」といわれている。心光とは、「無碍光仏のおんこころ」のことで、善悪・賢愚の隔てなく、万人を障りなく救いたまう阿弥陀仏の大智大悲の活動を光明というのである。私どもの目に見えるような、物質としての光ではないというので心光といわれたのである。いいかえれば、阿弥陀仏の光明は、目で見て確かめる物ではなくて、本願を聞いて心に信知する仏心なのである。

如来が常に信心の行者を護りたまうことを、善導大師の『観念法門』では、現生護念増上縁といい、

ただもつぱら阿弥陀仏を念ずる衆生のみありて、かの仏の心光つねにこの人を照らして、摂護して捨てたまはずと。総じて余の雑業の行者を照摂することを論ぜず。これまたこれ現生護念増上縁なり。（註釈版聖典七祖篇、六一八頁）

といわれている。親鸞聖人はこの文を『尊号真像銘文』や『一念多念文意』などに詳しく解釈されているが、ことに『一念多念文意』には「常照是人」を解釈して、

「常」はつねなること、ひまなくたえずといふなり。「照」はてらすといふ、ときをきらはず、ところをへだてず、ひまなく真実信心のひとをばつねにてらしまもりたまふなり。かの仏心につねにひまなくまもりたまへば、弥陀仏をば不断光仏と申すなり。「是人」といふは、「是」は非に対することばなり。真実信楽のひとをば是人と申す、虚仮疑惑のものをば非人といふ。非人といふは、ひとにあらずときらひ、わるきものといふなり、是人はよきひとと申す。（中略）まもるといふは、異学・異見のともがらにやぶられず、別解・別行のものにさへられず、天魔波旬にをかされず、悪鬼・悪神なやますことなしとなり。（註釈版聖典、六八三頁）

といわれている。一瞬の絶え間もなく阿弥陀仏は真実信心の行者を照らし続け、聖道門（異学・異見）の人や、自力の念仏者（別解・別行）のものに惑わされることのないよう、また、悪魔・外道に

悩まされることのないように護り続けたまうというのである。

特にここに「是人」を「非人」に対する言葉として独自の解釈を施されたものは注目すべきである。もとの文章では、「是人」とは「この人」ということで、「是」は指示の言葉であった。それを聖人は、あえて「是人」は「是なる人」ということで、「非なる人」に対する言葉であるといわれたのである。「是なる人」とは真実信心を得ている人であって、仏意にかなった善き人であると如来から称讃されている人をいう。それに対して「非なる人」とは、自力をたのみ、本願を疑って虚しく迷うているもののことで、如来に背く悪きものであり、如来からは「ひとにあらずときらわれる」ものであるというのである。このような発想は、明らかに価値観の逆転を表明するものであった。社会の底辺に追いやられて、都の貴族や、南都・北嶺の高位の僧たちからは石、瓦、礫のようにみなされ、「人に非ず」とさげすまれていた俗聖《ぞくひじり》や農民、猟師・あきびと（商人）といった階層の人々と連帯し、その人々とともに如来の大悲智慧の救いを確認していかれたのが聖人であった。

そのことは、同じ頃に書かれたと考えられる『唯信鈔文意』に、「能令瓦礫変成金」という言葉を解釈して、

れふし・あき人、さまざまのものは、みな、いし・かはら・つぶてのごとくなるわれらなり。如来の御ちかひをふたごころなく信楽すれば、摂取のひかりのなかにをさめとられまゐらせて、かならず大涅槃のさとりをひらかしめたまふは、すなはちれふし・あき人などは、いし・かはら・つぶてなんどを、よくこがねとなさしめんがごとしとたとへたまへるなり。摂取のひかりと申す

は、阿弥陀仏の御こころにをさめとりたまふゆゑなり。（註釈版聖典、七〇八頁）

といわれたものによってもわかる。「れふし・あき人、さまざまのものは、みな、いし・かはら・つぶてのごとくなるわれらなり」といい、社会の底辺に押しやられ、石・瓦・礫の如くなるものとみなされている人々と連帯して「われらなり」と言い切られる。そしてこのような我等が、阿弥陀仏の摂取の心光に照らされるとき、黄金の如く尊厳なものに転換されていくといわれるのである。その黄金のような念仏者を「是人」といわれたのであった。それに引き替え、自力をたのみ、自らの善に誇り、さまざまな功徳を積んだことをたのむ自力の善人は、かえって阿弥陀仏の真実の御心に背き、如来を見失っている「非人」であると断言されたのであった。

こうして阿弥陀仏を中心とした摂取の心光の照らす領域では、善悪・是非についての価値観が転換していくことを知らしめられるのである。ここに阿弥陀仏の悲智の心光に根拠をおいて世界のすべてを見直していかれる聖人の新しい世界観の一端を見ることができる。

註

（1）「散善義」（註釈版聖典七祖篇、四九九頁）。なおこれを五種の嘉誉とよばれたのは法然聖人であった。『選択集』（註釈版聖典七祖篇、一二六一頁）に「おほよそ五種の嘉誉を流し、二尊（観音・勢至）の影護を蒙る、これはこれ現益なり」といわれたものがそれである。

（2）「信文類」（註釈版聖典、二五六頁）

第五節　心多歓喜と知恩報徳

第七は心多歓喜の益である。上に挙げた、心光常護の益を受け、諸仏称讃の益にあずかっているものの心には、世間の何者にも換え難い利益を得た喜びがあるというので、「心に歓喜多し」といわれたのである。「歓喜」について『一念多念文意』には、

歓喜といふは、歓は身をよろこばしむるなり、喜はこころによろこばしむるなり、うべきことをえてんずと、かねてさきよりよろこぶこころなり。（註釈版聖典、六七八頁）

といわれている。歓喜とは身も心も喜びに満たされることであるが、特に「うべきことをえてんずと、かねてさきよりよろこぶこころなり」といわれているように、まだ実現はしていないが、実現することに決定している成仏の果報を待望して喜ぶことを意味していた。それに対して、すでに聞き得た法を喜び、本願を信じ念仏する身にならしめられていることを喜ぶときには、聖人は「慶喜」とか「慶哉」というように「慶」を用いられていた。『一念多念文意』に「慶はうべきことをえてのちによろこぶこころなり」といわれたものがそれである。(1) このように歓喜と慶喜を使い分けられていたのである。

さて「行文類」に、行信の利益を述べて、

しかれば真実の行信を獲れば、心に歓喜多きがゆゑに、これを歓喜地と名づく。これを初果に喩

ふることは、初果の聖者、なほ睡眠し懶堕なれども二十九有に至らず。いかにいはんや十方群生海、この行信に帰命すれば摂取して捨てたまはず。ゆゑに阿弥陀仏と名づけたてまつると。これを他力といふ。ここをもつて龍樹大士は「即時入必定」（易行品）といへり。曇鸞大師は「入正定聚之数」といへり。（註釈版聖典、一八六頁）

といわれていた。

「真実の行信を獲る」とは、「南無（信）阿弥陀仏（行）」を獲得することである。本願成就の名号には、「我が真実なる誓願を信じて、我が名を称えよ」という本願の行信のいわれを表されているからである。南無阿弥陀仏を獲得して、往生成仏すべき身に定められたものは、世俗を超えた勝れた喜びが恵まれるから、その位を歓喜地（初地・不退転地）と名づけられる。歓喜地は、小乗仏教の修行者の位でいえば、初果（預流果）に例えられる。それは初果の聖者は、すでに見惑とよばれる煩悩を断ち切っているから、三悪道に墜ちないばかりか、たとえ修行を怠けるようなことがあったとしても、七回、人間界と天上界を往復し、二十八回生死をくりかえせば、自然に罪障が尽きて阿羅漢という最高の悟りに到達し、二十九回目の生を受けることはないといわれている。そのように、歓喜地の菩薩も仏の悟りを実現することに決定していて、心に大きな歓喜を得るからそう名づけられるのである。

ましで、南無阿弥陀仏（行信）をはからいなく信受（南無・帰命）したものは、誰であれ、その光明の中に摂め取って捨てたまうことはない。それゆえ阿弥陀仏と名乗られているのである。このように、南無阿弥陀仏とたのませて、護り救いたまう如来の利他の力用を「他力」というのである。こうして本願を信じ、念仏するものには、大きな喜びが与えられるから、歓喜地（初地）の菩薩と同じ位であるといえるが、そのことを龍樹菩薩は、信心を得た「即時に必定（必ず仏になることに定まっている）の位に入る」といい、曇鸞大師は、それを「正定聚の数に入る」といわれたというのである。

親鸞聖人が、信心の行者を「歓喜地」の菩薩に匹敵するといわれたのは、龍樹菩薩の『十住毘婆沙論』に依る。すなわち「入初地品」に、「初地に入るを歓喜地と名づく(2)」といい、「地相品」には、歓喜地と名づける理由を述べて、

初地を得ん必定の菩薩は、諸仏を念ずるに無量の功徳います。われまさにかならずかくのごときの事を得べし。なにをもつてのゆゑに、われすでにこの初地を得、必定のなかに入れり。余はこの心あることなけん。このゆゑに初地の菩薩多く歓喜を生ず。余はしからず。なにをもつてのゆゑに、余は諸仏を念ずといへども、この念をなすことあたはず、われかならずまさに作仏すべしと。（大正蔵二六、二六頁）

といわれていた。菩薩が初めて真如を悟る無漏の智慧を起こし、煩悩を断ち切ったときの位を初地と呼ぶ。それは世間道を転じて出世間道に入ることを意味していたが、それをまた歓喜地ともいうというのである。歓喜地というのは、菩薩はこの初地の境地に至ると心に大きな喜びを感ずるからである。すなわち初地以前の菩薩は、諸仏を念じても、私は必ずこのような仏になれるという思いを起こすことができない。仏の偉大な徳を聞き、学んでも、それを他人事としてしか聞けないから真の喜びは出てこない。いわば他人の財産を数えているようなものでしかないのである。それに引き替え、初地に

到達した菩薩が、さまざまな仏徳を聞き、偉大な菩薩の功徳を聞き、学ぶときには、それを必ず我が身の上に実現する功徳として聞き、心に多くの喜びが湧いてくるから歓喜地というのである。

親鸞聖人は、「入初地品」と「地相品」の文を「行文類」に引用して、行信の徳を証明されていた。(3)すなわち信心の行者は、本願力の必然として、往生・成仏せしめられることに決定しているから、世間道を転じて出世間道に入れしめられているものであり、諸仏の家であるような浄土を、私が生まれていく「いのち」の故郷として味わい、阿弥陀仏を、私の救い主であると同時に、将来の自分のすがたと領解することができるようになっている。そこに感じられる喜びは、私の心の上ではささやかな思いであっても、無限の深さと広がりをもっていて、私の「いのち」を包み、決して尽きることなく人生を潤し続ける。それはまさに歓喜地といわれるような、「心に歓喜多き」境地であるといわれたのである。

第八は知恩報徳の益である。知恩報徳とは、救主である阿弥陀仏の恵みに気づき、その恩恵に報謝することであるが、そこには自ずから阿弥陀仏の本願を教授したもうた釈迦・諸仏、さらには多くの祖師の恩徳を報謝するという意味も含まれていた。「恩徳讃」に、「如来大悲の恩徳」とともに、「師主知識の恩徳も、ほねをくだきても謝すべし」と讃詠されたのは、その心を述べられたものである。

辞書によれば、恩とは、「心の上にのしかかって何かの印象を残すこと」を意味する文字で、「恵みを与えて人に有り難いという印象を与えたこと」をいい、また報徳の徳には、恩恵の意味があるといわれている。すなわち私が信心の行者となったのは、全く如来の本願力の恵みであったことを信知したことを知恩といい、その恩恵に報謝することを報徳というのである。

このように恩を知るということが、本願力のはたらきを信知することであるならば、知恩は信心の内実であるともいえよう。逆に恩を知る心がないということは、他力の信心のないことを意味していた。自分の力で仏法に遇い、自分の力で念仏を申すようになったと考えて、その念仏が、如来より与えられた大悲回向の法であることに気づかないものは、真実の如来に値遇することができない。自力の善によって浄土を感得できると考えているひとは、真実の浄土を見失うことになる。「誡疑讃」に、

仏智の不思議をうたがひて　自力の称念このむゆゑ
辺地懈慢にとどまりて　仏恩報ずるこころなし（註釈版聖典、六一〇頁）

と誡められたのはその故である。こうして、自力の行者は、自身が広大無辺な仏恩に包まれていることに気づかないから、仏恩報謝というような豊かな心情は生まれてこないといわれるのである。

要するに、信心を得るということは、阿弥陀仏の本願力のはたらきによって、本願を信じ念仏する身になったことに気づくことであり、その恩徳に報謝しようという心と行いが恵まれてくる。それを知恩報徳の益といわれたのである。その報恩の具体的なありさまは、何よりも如来より賜った本願の念仏を相続することであり、如来の教法を一人でも多くの人に伝えようと勧めることであるといわれている。

『聖徳奉讃』には、

他力の信をえんひとは　仏恩報ぜんためにとて

如来二種の回向を　十方にひとしくひろむべし（註釈版聖典、六一五頁）

といわれており、「正信偈」の序文（偈前の文）には、「正信偈」を造る思いを述べて、

ここをもつて知恩報徳のために宗師（曇鸞）の釈を披きたるにのたまわく、それ菩薩は仏に帰す。孝子の父母に帰し、忠臣の君后に帰して、動静おのれにあらず、出没かならず由あるがごとし。恩を知りて徳を報ず、理よろしくまず啓すべし。（註釈版聖典、二〇二頁）

といい、「正信偈」、さらには『教行証文類』を著すことが、知恩報徳の営みであることを明らかにされている。

註

（1）『一念多念文意』（註釈版聖典、六八五頁）

（2）『十住毘婆沙論』「入初地品」（大正蔵二六、二五頁）

（3）「行文類」（註釈版聖典、一四六〜一五一頁）

第六節　常に大悲を行ず

現生十種の益の第九は常行大悲の益である。それは道綽禅師の『安楽集』下巻に引用された『大悲経』の文に依ったものである。

また『大悲経』にのたまはく、「なにをか名づけて大悲となす。もしもつぱら念仏相続して断え

ざるものは、その命終に随ひてさだめて安楽に生ず。もしよく展転してあひ勧めて念仏を行ずるものは、まさに知るべし、これらをことごとく大悲を行ずる人と名づく」と。（註釈版聖典七祖篇、二六四頁）

といわれたものがそれである。ただし『大悲経』にはこのままの文章は見当たらないから、道綽禅師が経の意を汲んで造語されたものであろう。親鸞聖人はこの文を「信文類」の真仏弟子釈に引用されている。ただし、「信文類」では「もしよく展転してあひ勧めて念仏を行ずるものは」が、「念仏を行ぜしむるものは」と訓点をうち、有縁の人々に念仏を勧めるという伝道の意味を明確に知らせるような読みになっている[1]。

「大悲」とは、いうまでもなく阿弥陀仏の大悲心のことである。そのような如来の大悲を煩悩具足の凡夫が行じられるはずがない。しかし阿弥陀仏の大悲を人々に伝えるものは「大悲を行ずる人」と讃えられるというのである。一切の衆生を信心の行者に育てて、救おうとはたらき続けられているのが如来の大悲であるとすれば、その大悲本願のおはからいに身を任せて、自らも信行し、有縁の人々にも伝えていくということは、阿弥陀仏の大悲の活動に参加していることになるからである。それゆえ本願を信じて、念仏の伝道を行うことが「大悲を行ずる」ことになるといわれるのである。それは、如来の大悲が、念仏者を拠点として、煩悩の大地に行ぜられていることであるともいえよう。先に挙げた「知恩報徳の益」が、具体的な行動としては、伝道を意味していたが、「常に大悲を行ずる益」を恵まれるということは、真宗における伝道の原点を顕しているのである。

龍樹菩薩の『大智度論』には、慈悲とは、衆生に喜楽の因縁を与え、離苦の因縁を与えることであるが、それに衆生縁、法縁、無縁の三種があるといわれている。(2)『論註』上巻の「性功徳釈」には、それによって、「慈悲に三縁あり。一には衆生縁、これ小悲なり。二には法縁、これ中悲なり。三には無縁、これ大悲なり」（註釈版聖典七祖篇、六一～六二頁）といわれている。衆生縁の小慈悲というのは、凡夫が起こす慈悲のことで、親子とか夫婦といった世俗の縁の深いものに対して起こる慈悲のことである。慈悲の起こる範囲が狭く限られているから小慈・小悲というのである。法縁の中慈悲とは、小乗仏教の聖者が起こす慈悲であるといわれている。彼らは「我空・法有」の道理を悟るという。私どもの、主体にせよ、環境にせよ、精神的、物質的なさまざまな要素の集合体であって、私どもが執着しているような「我」というものが実体的にあるわけではないと悟って、自身の生と死に執着する心がなくなっている聖者を阿羅漢と呼んでいる。この聖者は、自己へのとらわれは離れているが、まだ法（精神的、物質的なさまざまな要素）に対するとらわれを持っていて、完全な悟りには至っていない。このような聖者の起こす慈悲を「法縁の中慈・中悲」というのである。それに対して仏の起こされる慈悲は、一切は空であると悟って、自分にも、他者にもとらわれず自他一如の境地に至っているから、生きとし生きるすべてのものを分けへだてなく慈悲される。それゆえ無縁の大慈大悲というのである。無縁とは、縁がないということではなく、能縁（慈悲を起こす自分）にも所縁（慈悲の対象となっているもの）にもとらわれず、また順縁（親愛）にも逆縁（怨憎）にもとらわれない怨親平等の慈悲をいうのである。その心は、生きとし生けるすべての者を包含して、余すところがないから

「大」というのである。

このように大慈大悲とは、生きとし生けるものをあわれみ、いつくしみ、楽を与えようとする（与楽）心を慈といい、苦しみを除いてやろうとする（抜苦）心を悲というといわれている。武邑尚邦氏の『仏教思想辞典』によれば、慈の原語であるマイトリーは、ミトラ（友）から造られた抽象名詞で、本来は友情、友誼の意味であるが、一切の人びとに対する平等の友情のことを慈という。また悲の原語のカルナーは、痛む、悲しむであるが、その原意は「呻き」ということであって人生の苦に対する人間の呻きを意味していたという。そこから転じて自身の痛みを通して人の痛みを同感し、「その自分の中にある同苦の思いが、他の苦をいやさずにおれないという救済の思いとなって働く、それが悲である」といわれている。

ところで、人びとの苦悩を同感し、痛みを共感しながら、人びとの真実のしあわせを、わが事として願い求めてゆく慈悲の心の根源には、相手と一つに融けあうということがなければならない。一切の衆生と自分とが本来一つであると直覚してゆく万物一如の知見を智慧というならば、真実の慈悲の根源には自他一如を悟る智慧があることがわかる。このように万物は本来一如であるとさとり、自他の区別を超えて、生きとし生けるすべてのものと連帯し、万人の苦悩をみずからのこととして共感し、その苦を抜いて、真実のしあわせを恵み与えようとする方を仏陀とよぶのである。

『観経』真身観には「仏心とは大慈悲これなり。無縁の慈をもってもろもろの衆生を摂す」（註釈版聖典、一〇二頁）と説かれている。仏心とは、智慧と慈悲であるのに、あえて仏心とは大慈悲であるといわれているところに、阿弥陀仏とは、衆生の苦悩を共感し、救済しようとする大悲の願心を本体としている如来であることを顕していた。それゆえ善導大師は、仏道を学ぶということは「仏の大悲心を学ぶ」ことであるといわれたのであった。大悲心を学ぶということは、何よりも人の痛みのわかる人間になろうと努めることであろう。如来の大悲、すなわち痛みの共感ということをすべての価値の根源とし、それを思想と行動の原点にしていくものを菩薩と呼ぶのである。それを善導大師は「玄義分」に「われらことごとく三乗等の賢聖の、仏の大悲心を学して、長時に退することなきものに帰命したてまつる」（註釈版聖典七祖篇、二九八頁）といわれたのであった。

しかし、私どもの現実は、他の人と本当に痛みを共有しきることもできず、人の痛みを癒していくこともできないという、自他を隔てる厚い壁に遮られている。そしてまた、どんなにいとおしく思い、たとえわが身に代えてでも幸せになってほしい人がいたとしても、指一本の支えもしてやれないこともある。人生には、腸の断ち切られるような思いを懐きながらも断念しなければならないことがあるのである。人間の愛の手の及ばぬことがあるのだ。その人間の愛の悲しい断念を包み、支えたまうものは阿弥陀仏の大慈大悲の本願だけである。人間の手のとどかぬところにまで、如来の大悲の手は確実にさしのべられているのだと聞くとき、自分の力なさを悲しみながらも、希望と光がさしこんでくる。その心を親鸞聖人は、

　小慈小悲もなき身にて　　有情利益はおもふまじ
如来の願船いまさずは　　苦海をいかでかわたるべき（註釈版聖典、六一七頁）

と讃詠されたのであった。

聖人がこの和讃をよまれたのは八十五、六歳のころであったと推定される。その前年、八十四歳のときには、断腸の想いをもってわが子善鸞を義絶し、父子の縁を切らねばならなかった悲しい事件があった。わが子一人を救い切れない自分の無力さが、どんなにつらかったことか。「義絶状」のなかに「かなしきことなり」と記された一語には万感がこもっていた。(3) この事件の渦中にあって聖人は、我が力で人を救おうと願う人間の慈悲の空しさ、悲しさをひとしお深く感じられたのであろう。小慈小悲さえも行じえない愚かな身で、人を済度することができるなどと考えることは不遜な思い上がりである。力無き私ども一切の苦悩の衆生を救うて仏陀にならしめようと誓願された大悲の本願に身をゆだねて念仏を申すところにのみ、人間の愛の限界を超えて、自他ともに大悲に包まれて愛憎・生死の苦海を渡る大道が開かれていくといわれるのである。

「大悲を行ずる」ということが、自他を分けへだてする「私」という小さな殻を破って、万人と一如に感応しあい、自在に人びとを利益することであるとすれば、それはただ、如来にのみ可能なわざである。しかし凡夫であっても、万人を平等に救うと仰せられる阿弥陀如来の大悲招喚に応答して、大悲の本願に身をゆだね、その広大なはたらきに参加することは許されている。いいかえれば、如来の大悲に呼び覚まされて、苦しみ悩む人々と連帯しつつ、自他ともに大悲に包まれていることを讃仰するような身にならしめられることを「常に大悲を行ずる益」といわれたのである。

第十は入正定聚の益である。信心の利益として、現生において十種の益を得るのは、正定聚に入れしめられるからであって、入正定聚の益は総益であり、他の九種はその別益を開き顕したものである。
そのことについてはすでに詳しく述べたとおりである。

註

（1）「信文類」（註釈版聖典、二六〇頁）

（2）『大智度論』巻四〇（大正蔵二五、三五〇頁）、『大智度論』巻五〇（大正蔵二五、四一七頁）参照。

（3）『親鸞聖人御消息』（註釈版聖典、七五五頁）

第九章　悪人正機の教説

第一節　抑止門の意義

「信文類」で本願を信ずるものは、正定聚の機であり、弥勒と同じく等覚の菩薩であるから諸仏に等しい徳を持つ金剛心の行者であり、真の仏弟子であると、言葉を極めてその徳をたたえられていた。それがその結文にいたって突如深い悲歎の述懐に変っていく。

まことに知んぬ。悲しきかな愚禿鸞、愛欲の広海に沈没し、名利の太山に迷惑して、定聚の数に入ることを喜ばず、真証の証に近づくことを快しまざることを、恥づべし傷むべしと。（註釈版聖典、二六六頁）

それは仏陀から真の仏弟子と讃嘆され、弥勒菩薩と同じ位につけしめられていると聞くにつけても、いよいよ愚かなわが身を思い知らされ、慚愧に耐えないといわれるのであるが、その深沈たる言葉の底に流れている親鸞の悲喜の思いが心に響いてくる。真の仏弟子といわれるような尊い身にしていただいていることを知れば知るほど、逆に性懲りもなく煩悩を起こし、さまざまな罪業を造り続けている現実の自分の、底知れない煩悩を悲しむ心が呼び覚まされるのであった。それがこの「悲しきかな……恥づべし傷むべし」という自己への深い恥傷の思いとなって湧き起こってくるのである。

しかしよくみると、この文章はただ暗い絶望的な繰り言を述べているのではないことに気づくであろう。たしかに愛欲と名利に毒されている恥ずべき身であって、正定聚の数に入ることを喜ばないけれども、喜ばないまま正定聚に入れしめられている。この世のことに気を取られ、涅槃の浄土に近づくことを楽しまないけれども、楽しまないまま本願力によって浄土へ近づいているという喜びが文章の底を流れているのである。そこには不思議な明るさが漂い、希望の光が射している。

『教行証文類』の最初の注釈書である存覚の『六要鈔』には、この言葉に次のような注釈を施されている。

「誠知」等とは、傷嘆の詞なり。ただし悲痛すといへどもまた喜ぶ所あり、まことにこれ悲喜交流といふべし。「不喜」「不快」はこれ耻傷を顕す。定聚の数に入ると、真証に近づくとは、ひそかに自証を表す、喜快なきに非ず。（真聖全二、三二五頁）

たしかにそれは、わが身の愚かさを傷み嘆く言葉である。しかし喜びがないわけではない。それは悲しみと喜びが交わり流れる心情というべきであるというのである。闇を抱えながら光を仰ぐような心境というべきであろう。煩悩・罪障の影は死ぬるまであり続ける念仏者には、カラッと晴れ渡った真昼のような明るさはない。しかし生きることの意味と浄土へという方向を与えられている人生には根源的な惑いはなくなっている。それは、影を背負いながら光に向かう人生というべきであろう。

念仏者とは、ただ暗い悲しみに沈んだ人生を送るものでもなく、また逆に喜びに沸き立つような日々を生きるものでもない。如来の教えを聞けば聞くほど自分の罪障の底なしの深さを思い知らされて限りなく慚愧しつつ、このような愚かなものを救おうと願い立たれた悲願を仰いで喜ぶ豊かに開かれた一面があるのである。念仏者の人生は、まさに「悲喜こもごも流れる」というほかはない。

信心の行者がこのような深い慚愧と歓喜の交流する宗教的な人格を形成せしめられるのは、第十八願にその根元があった。すなわち第十八願には次のように説かれていた。

たとひわれ仏を得たらんに、十方の衆生、至心信楽して、わが国に生ぜんと欲ひて、乃至十念せん。もし生ぜずは、正覚を取らじ。ただ五逆と誹謗正法とをば除く。(註釈版聖典、一八頁)

「たとい私が仏陀になり得たとしても、十方世界のすべての衆生が、私の真実なる誓願を疑いなく信じ、わが国へ生まれようとおもうて、わずか十遍であっても私の名を称えているのに、もし生まれさせることができないようならば、私は仏陀にはなるまい。ただ五逆罪をつくり、仏法を誹謗しているようなものは除く」というのである。

初めから「もし生れずは、正覚を取らじ」までは、真実の行信を与えて救うという摂取を誓われているから摂取門といい、最後に五逆罪を犯し、正法を誹謗するものは除くといわれたものは、この二種の重罪を犯して恥じないものは往生できないと抑え止められているから抑止門といわれている。それは五逆罪を犯し、正法を誹謗することが極重の罪であることを思い知らせて、廻心させ、本願を信受するものに転換せしめようとする巧みな教化を示したものであった。

「五逆罪」とは、父母を殺し、阿羅漢（聖者）を殺し、悪意をもって仏陀を傷つけ、僧団（サンガ）を分裂させる五種の逆罪である。この世では一番深い恩を受けている父や母に反逆して、恩を仇で返すから逆罪というのである。また阿羅漢や仏やサンガは、自分にとっても、また人びとにとっても一番大切な心の拠り所であり、永遠の安らぎを与えてくれる安息所となってくれるものであるのに、それを敵意をもって殺したり、傷つけたり、攪乱することは、自分や人の心の拠り所を抹殺する反逆罪を犯しているから逆罪というのである。

「正法を誹謗する」とは、仏法を謗り、その真理性を否定することであって、曇鸞大師は、「仏を否定し、仏の教えの真理性を否定し、仏の教えに従って悟りの道を実践している修行者（菩薩）を否定し、菩薩の正しい生き方（六波羅蜜）の真理性を否定するものを謗法という」といわれていた。そして五逆罪よりも、むしろ正法を否定する謗法罪の方がもっと重い罪であるといわれていた。正法を謗り否定することは、自ら道理を見失って迷いを深めていくだけではなく、人びとの心から正しい人生観の基準を奪い、道理の感覚を失わせることを意味していた。道理の感覚を失い、正しい生き方が分からなくなったものは、まるでハンドルが壊れ、ブレーキが故障した自動車が暴走しているようなものである。我欲のおもむくままに暴走を繰り返し、他者をも巻き込んで、自他共に破滅の道を歩むことになる。

たしかに五逆罪は天地に容れられない重罪であるが、その根源には、正法を誹謗するということがあったからだと曇鸞大師はいわれていた。なすべきことと、なしてはならないこととを全身をもって判別する道理の感覚を教えるのが正法であるのに、それを否定するならば道理の感覚は麻痺し、是非の見極めがつかなくなる。そこから五逆罪も起こってくるのである。こうして正法を誹謗し、五逆を造っているものは、仏法のない世界に生きているのであるから、当然浄土を願うこともないし、仏に救いを求めることもあり得ないのである。ことさらに「除く」という必要すらないといわねばならない。親鸞聖人は『尊号真像銘文』にその心を釈して、

「唯除五逆誹謗正法」といふは、「唯除」といふはただ除くといふことばなり、五逆のつみびとをきらひ、誹謗のおもきとがをしらせんとなり。このふたつの罪のおもきことをしめして、十方一切の衆生みなもれず往生すべしとしらせんとなり。(註釈版聖典、六四四頁)

親鸞聖人は、この「除く」という言葉は、「仏が五逆罪を造るものを嫌い、正法を謗ることがいかに重い罪であるかということを知らせようとしてことさらに仰せられたものである」といわれている。正法を誹謗し、我欲に狂わされて五逆を造っている者は、それが非道であるとも悪行であるとも思っていないわけである。特に仏教を誹謗する人びとの多くは、むしろ自分の言っていることが正しいと信じている一種の確信犯である。その人びとに対して、ことさらに「除く」ということによって、彼らにその罪の重さを思い知らせようとされているというのである。自分が阿弥陀仏の救いからさえ除外されるほどの罪を造っているのだという罪の意識を喚起する言葉が「除く」という言葉であるというのである。

こうして自らの罪に気づき、罪を罪と認めるようになったとき、その人はすでに仏の教説の真理性

を認めたことになり、仏法の枠内に転入していることになる。自らの罪の深さを認め、その申し訳なさに気づいて回心し慚愧する人は、どれほどの罪業を抱えている者であっても、その罪障を転換して救いたまう阿弥陀仏の大悲の本願の御はからいをたのむ身になっていくのである。善導大師はそのことを「仏願力をもつて、五逆と十悪と罪滅し生ずることを得しむ。謗法も闡提（無信のもので、善を全く持たない者）も、回心すればみな往く」といわれていた。そのことを親鸞は「このふたつの罪のおもきことをしめして、十方一切の衆生みなもれず往生すべしとしらせんとなり」と仰せられたのであった。悪人が救われるということは、悪人が自らの悪を明確に認め、その申し訳なさを深く恥じて、自らをたのむ自力の心を捨てて、本願の御はからいに身をゆだねていくという回心がなければならないのである。この場合、回心とは、人間を中心とした価値観をさしおいて、如来のみ教えを自身のものの考え方の中心に持つようになることである。救われるということは、新しい価値観が与えられることであり、新しい人生観が確立せしめられることであった。それゆえ『歎異抄』第三条には「他力をたのみたてまつる悪人、もつとも往生の正因なり」といわれたのであった。親鸞聖人は、第十八願の「除く」という厳しい抑止のみ言葉の中に、様々な悪を犯しながらそれを正当化して逃げまどっている私ども人間の憍慢な心を打ち砕いて、自らの罪障に気づかせ、悪人であることを思い知らせて回心させ、真実の法の中に摂取し救い取ろうとはからわれた阿弥陀仏の巧みな「救い」の手だてを確認していかれたのであった。

「信文類」の後半に、『涅槃経』「梵行品」に説かれた阿闍世の回心の教説を長々と引用し、極悪人

の救済を論じ、

ここをもつて、いま大聖（釈尊）の真説によるに、難化の三機、難治の三病は、大悲の弘誓を憑み、利他の信海に帰すれば、これを矜哀して治す、これを憐憫して療したまふ。たとへば醍醐の妙薬の、一切の病を療するがごとし。濁世の庶類、穢悪の群生、金剛不壊の真心を求念すべし。本願醍醐の妙薬を執持すべきなりと、知るべし。（註釈版聖典、二九五頁）

といわれたものは、本願の抑止門の教意を顕わされたものというべきである。それゆえ続いて『論註』上「八番問答」（註釈版聖典七祖篇、九四頁）の逆謗除取釈や、「散善義」（註釈版聖典七祖篇、四九四頁）下下品釈の抑止門の釈文等を引用して、抑止の仏意を開顕されたのである。なお難化の三機、難治の三病とは、『涅槃経』「現病品」に、

世に三人あり、その病治しがたし。一つには謗大乗、二つには五逆罪、三つには一闡提なり。かくのごときの三病、世のなかに極重なり。ことごとく声聞・縁覚・菩薩のよく治するところにあらず。（註釈版聖典、二六六頁）

と説かれているように、五逆罪と謗法罪を犯したものと、一闡提とであって、本願に抑止されたものである。一闡提は本願には説かれていないが、謗法の究極において一切の善根を断じ、無信の状態に陥っているもので、謗法の中に収められる極重の悪人であった。聖人はこの難化の三機・難治の三病を持った阿闍世王の救いと重ね合わせながら悪人正機の仏意を開顕しようとされたのであった。ことに「梵行品」に説かれた、

またのたまはく「〈善男子、わがいふところのごとし、阿闍世王の為に涅槃に入らず。かくのごときの密義、なんぢいまだ解くことあたはず。なにをもつてのゆゑに、われ《為》といふは一切凡夫、《阿闍世王》とはあまねくおよび一切五逆を造るものなり。また《為》とはすなはちこれ一切有為の衆生なり。われつひに無為の衆生のためにして世に住せず。なにをもつてのゆゑに、それ無為は衆生にあらざるなり。《阿闍世》とはすなはちこれ煩悩等を具足せるものなり。（註釈版聖典、二七七頁）

という文は、法然聖人や親鸞聖人によって悪人正機説が強調されるときの強力な依りどころとなったに違いない。

実際、悪人正機説の根拠を本願の上に求めるとすれば、逆謗を抑止された抑止門の教説であったというべきであろう。すでに述べたように親鸞聖人は、「除く」という言葉のなかに極悪の機である五逆・謗法・一闡提の機の救済が顕わされているとさえいわれていたからである。すなわち「除外する」という言葉を以て自己の罪を認知させ、回心させて「摂取する」ことを顕わしていた抑止の心が悪人正機説に通底していたのである。

第二節　悪人正機について

『歎異抄』第三条は、悪人正機を説く法語としてあまりにも有名である。初めに全文を挙げておこう。

善人なほもつて往生をとぐ、いはんや悪人をや。しかるを世のひとつねにいはく、「悪人なほ往生す、いかにいはんや善人をや」。この条、一旦そのいはれあるに似たれども、本願他力の意趣にそむけり。そのゆゑは、自力作善のひとは、ひとへに他力をたのむこころかけたるあひだ、弥陀の本願にあらず。しかれども、自力のこころをひるがへして、他力をたのみたてまつれば、真実報土の往生をとぐるなり。煩悩具足のわれらは、いづれの行にても生死をはなるることあるべからざるを、あはれみたまひて願をおこしたまふ本意、悪人成仏のためなれば、他力をたのみたてまつる悪人、もつとも往生の正因なり。よつて善人だにこそ往生すれ、まして悪人はと、仰せ候ひき。（註釈版聖典、八三三～八三四頁）

「善人ですら往生をとげるのである。まして悪人が往生をとげられないことがあろうか。しかるに世間の人は常に、悪人すら往生するのだから、まして善人が往生しないことがあろうか、といっている。この考え方は、一応もっともなようであるが、阿弥陀仏の本願他力の救いのこころには背いている」というのである。このような発言は、善悪を厳しく判別することを要求する世俗の秩序を破り、廃悪修善を基本的な信条としてきた仏教の修行体系を完全に破る、挑戦的とさえ思える過激な発言であった。実際ここには「悪人なほ往生す、いかにいはんや善人をや」という従来の考え方を批判して次のようにいわれていた。

「そのわけは、自力で行った善行をたのんで往生しようとしている善人は、ひとすじに阿弥陀仏の本願他力をたのみ、まかせる信心がかけているから、阿弥陀仏の本願にかなっていない。けれども、そういう人も、わが身の善をたのむ憍慢な自力心を改めて、阿弥陀仏の本願他力をたのむならば、如来のさとりの境界である真実報土に往生をとげることができる」といい、さらに言葉をついで、「あらゆる煩悩を、身にそなえている私どもは、どのような修行をしてみても、生死の迷いから離れることができないことを憐れみたもうて、救おうと願い立たれたのが阿弥陀仏であった。その本願の御本意は、煩悩具足の悪人を、完全な仏陀にならせるためであるから、本願をたのみ、他力にまかせきっている悪人こそ、第一に往生すべきものである。それゆえ、善人でさえも往生をさせていただくのだもの、まして悪人はなおさらのことであると、仰せられた」というのである。

このように、阿弥陀仏の大悲の本意が聖者よりも凡夫に、善人よりも悪人の救済をめざしているという教説を悪人正機（悪人を救済の正しき対象とする）というのである。そしてそれはいつも「善人なほもつて往生をとぐ、いはんや悪人をや」というように端的に表される。しかしこのような法語は、親鸞聖人の著作の中には明確に書き表わされず、むしろ口伝として伝えられたものであった。それは後にくわしく述べるように、法然聖人から親鸞聖人へ、さらに唯円房、あるいは如信上人を通して覚如上人へと「口伝」された言葉であった。すなわち覚如上人の『口伝鈔』には、

かるがゆゑに傍機たる善凡夫、なほ往生せば、もつぱら正機たる悪凡夫、いかでか往生せざらん。しかれば善人なほもつて往生す、いかにいはんや悪人をやといふべし、と仰せごとありき。（註釈版聖典、九〇八頁）

といい、「正機たる悪凡夫」という言葉を「いはんや悪人をや」といいかえられているから「悪人正機」ということになる。そしてまた悪人正機は、善人を傍機とするということの対目として用いられていたこともわかる。

ところで善、悪とは、行為の価値判定をするときの用語で、善と悪と無記との三種に分類されている。善、悪についてさまざまな定義があるが、自他に安らかな幸せをもたらすような行為（安穏の業）を善といい、自他を不幸におとしめていくような行為（非安穏の業）を悪（不善）とするというのが一般的な定義であった。要するに楽果をもたらす行為を善といい、苦果を招く行為を悪というのである。その最も安らかな、真実の楽の境地は、煩悩が完全に消滅した涅槃であり、反対に最も非安穏な状況は、絶え間なく苦悩を受ける無間地獄である。したがって仏道修行とは、悪を廃して善を修することになるのである。それらに対して苦、楽の結果を招来しないので、善とも悪ともいえないような行為のことを無記といっている。したがって、善人とは安らかな生き方をしている人であり、悪人とは不安な生き方をしているもののことであった。(1)

註

（1）『阿毘達磨倶舎論』十五（大正蔵二九、八〇頁）に、「謂く、安隠の業を説きて善となす。よく可愛の異熟涅槃を得、暫永二時に衆苦を済うが故なり。不安隠の業を名づけて不善となす。此に由ってよく非愛の異熟を招く。前の安隠と性相違する故なり」という。

第三節　九品の往生

仏教では、仏道を歩む人をその修行による心境の進展の程度によってさまざまに分類している。最高の涅槃に到達した方を仏陀といい、修行者のなかで、真実をさとり、煩悩を断ち切る智慧（無漏智）を開いて輪廻を超えている人を聖者とよび、煩悩によって迷いの境界を輪廻していくものを凡夫という。その凡夫のなかでも、修行にはげんで、心が仏道に安住し、煩悩はあっても、よく制御して外に表れなくなった人は内凡（仏法の内にいる凡夫）といい、賢者といわれている。それに対して、仏教を聞かないものはもちろん、聞いて修行はしていても、煩悩を燃やしつづけ、修行もとぎれがちのものは外凡（仏道の外にいる凡夫）とよんでいる。その聖者や賢者はもちろん善人であるが、外凡とよばれる凡夫のなかにもまた善凡夫と悪凡夫とがいる。『観無量寿経』には浄土を願生する人々を九品（九種類）に分類していた。その内容は註釈者によってさまざまに見られていたが、善導大師は『観経』に説かれているのは外凡の衆生を九品に分けて説かれているのであって、賢者でも聖者でもないといい、浄土教が救済の対象としているものは、まさしく凡夫であるといわれていた(1)。

そのなか上品上生、上品中生、上品下生の三種の人々は「遇大の凡夫」であって、大乗仏教に遇うて修行をしてきた凡夫である。大乗経典を読誦し、大乗の教理を学んで実践し、人々にその教えを勧めるといった大乗の行（行福・行善）を励んだ善人のことである。中三品は「遇小の凡夫」で、小乗仏教に遇うた凡夫である。とくに中品上生と中品中生の二種類は、小乗仏教に遇い、十戒や具足戒を持って清らかな生活をしている出家の修行者と、五戒とか八斎戒を持つ在家の信者のことで、戒律を中心としたさまざまな善行（戒福・戒善）を実行している善凡夫である。中品下生は、世間の善人のことで、孝養とか儒教でいえば仁・義・礼・智・信といった世俗の倫理道徳（世福・世善）を実践している善凡夫である。ただし、その行が小乗の五戒と共通するところがあるので「遇小」のなかに入れられたわけである。以上の六品が善人である。

それに対して下品の三生は、「遇悪の凡夫」で、悪縁に遇い、悪業をおこなっている悪凡夫である。その罪の軽いものを下品上生、次のものを下品中生、最も重罪のものを下品下生という。まず下品上生は、十悪を犯した者である。十悪とは、身（身業）と口（口業）と心（意業）で造る悪行を十種に分類したもので、身体で造る殺生、偸盗、邪婬、口（言葉）で造る両舌、悪口、妄語、綺語、心で造る貪欲、瞋恚、邪見で、これを身三、口四、意三の十悪とよんでいる。下品中生は、重罪を犯した出家者のことで、破戒と、盗現前僧物と不浄説法の三罪を犯したものである。盗僧物とは、僧伽（教団）の共有物（僧物）を私物化することである。また不浄説法とは、名利のため生活のために仏法を説くことで、邪命説法ともいう。この三罪を犯して慚愧さえしないものを下品中生というのである。下品下生とは、十悪はもちろん、極重の悪行である五逆罪を犯したものである。このような悪逆無道な人生を生きたものであったが、臨終になって仏縁に遇い、わずかではあったが念仏をすることによって罪が滅して往生することができたと説かれていた。このように『観経』の九品段は、人間をその行いの善悪によって九種類（九品）に分類し、それらが救いにあずかり往生していくもようを説いた経典である。

まず凡夫ではあっても、行福、戒福、世福といった善を実行して、その善行をもって浄土へ生まれたいと願った上六品のものは、それぞれの善行の優劣に応じて、臨終に仏や菩薩・聖衆の来迎があり、浄土へ往生させ、それぞれの善因にふさわしい優劣の果報を得させると説かれている。それが善人往生のすがたである。それに対して、下品の三人は、平生は悪行のみを造っていたが、臨終間近になって善知識にあい、一声、あるいは十声の念仏を称えたことを善因として往生することができた人である。もちろんその浄土での果報は、上六品の善人には比べものにならない程度の低いものであった。これが『観経』の文面にあらわされている悪人往生のすがたであった。

このようにみていくと『観経』では、自業自得の法則に従って悪行をやめて少しでも善行をはげみ、悪人は善人になって、少しでも高い位の往生をとげるように勧められていた。しかし、どうしても悪行をやめられなかったものは、せめて臨終に十遍でも、いや一遍でも念仏という善を行えば往生させると、論功行賞的に救済が説かれていることがわかる。このように『観経』を文面どおりに読んでいけば、善人を正機とし、悪人を傍機として「悪人なほ往生す、いかにいはんや善人をや」と説かれた経説であった。したがって「善人なほもって往生をとぐ、いはんや悪人をや」といわれた悪人正機説は、この経説を逆転させたものであるといわねばならない。

悪人正機というときの正機とは、傍機に対する言葉である。もともと正とは、目標に対して「まっすぐ」に向かうということで、仏がその人を救いの対象としてまっすぐに向かっているような位置にあるものを正機というのである。それに対して傍とは、「かたわら」「わき」のことで、仏の救いの対象の中に入ってはいるけれども、わきに位置しているようなものを傍機というのである。

機とは、仏の説法の対象となっているもののことであった。天台大師は『法華玄義』で感応妙を釈するにあたって、機には微・関・宜という三つの意味があって、仏の教化の対象をあらわすのにふさわしい言葉だとしている。微とは機微というように、衆生は教えをうければ、それに反応して菩提心（信心）を発す「かすかなきざし」をもっているから機というのである。次に関とは機関というように「かかわる」「あずかる」の意味で、衆生は、仏の説法の対象として深い「かかわり」があり、教化に「あずかる」べきものであるからである。また宜とは機宜というように、救済者である仏と、被救済者である衆生とは、医者と病人のように、「ちょうどよい」関係にあるから、教化の対象を機とよぶというのである。(2)

こうして正機とは、仏が救済のめあてとして、まっすぐに向かっておられるようなもののことである。したがって阿弥陀仏はその救いの法を完成していかれるとき、善人と悪人とでは、どちらをまっすぐに見すえられていたのかという仏意の所在を問題にしているのである。善人正機、悪人傍機なのか、それとも悪人正機、善人傍機なのか。それによって仏の救済の性格が全く変わってくる。それはいいかえれば仏心をどう領解するかにかかわるから、仏陀観が変わるし、究極的には真理観の相違を表していた。すなわち善人正機説から悪人正機説への転換は、仏教理解の枠組みを変え、仏教に変革をもたらすというような思想的な意味をもっていたのである。

註

（1） 「玄義分」（註釈版聖典七祖篇、三〇九頁以下）。諸師が九品の行者の地位を高く判定したのに対して、善導大師は九品の行者はすべて凡夫であると判定し、浄土教の対象は聖者ではなくて凡夫であると論定されたのであった。

（2） 『法華玄義』六上（大正蔵三三、七四六頁）

第四節　大悲の必然

ところで自業自得・廃悪修善の因果観を、仏教倫理の法則としては認めながらも、浄土教の本義としては、それを超えて善悪平等の救いを説き、さらに悪人正機・善人傍機説を説かれた最初の人は法然聖人であった。聖人は常に、善人は善人のまま、悪人は悪人のまま、わけへだてなく救われていくといわれていたが、とくに『選択集』「本願章」で念仏を選択された法蔵菩薩の大悲の願心をつぎのように説明される。もし寺塔を建てたり、仏教を学んで智慧を磨いたり、戒律をたもてるような富者や智者や善人を標準にして往生行を選定するならば、大多数の貧困な者、愚鈍の者、破戒の者を絶望させることになる。それゆえ平等の大悲は、愚悪なものを標準として、それが救われるような易行の念仏を選択されたのであって、普遍平等の救いの道はこのようにして実現したのであるといわれていた。（1）

すなわち平等の大悲は、善人よりも悪人に、賢者よりも愚者に、焦点を合わせて救いの道を選んでいくというのである。もともと慈悲の悲とは「カルナー」の訳語で、他のものの痛みをわがこととして共に痛み、その苦痛を取り除こうとする自他一如の心であり、慈とは「マイトリー」の訳語で、他のものの幸せを純粋に願っていく純粋な友愛の心であった。それゆえ相手の痛みがはげしければはげしいほど、その苦をとり除き、真実の安らぎを与えようと深く強く働きかけていくのが慈悲の本性であった。

親鸞聖人はそうした法然聖人の教えを正確に受け継ぎ、阿弥陀仏の本願の救いは、こうした大悲の必然として与えられるものであることを強調されたのであった。それゆえその救いは、重病人に最善の薬を与え、力のかぎりをつくして治療する医師の治療行為や、病に苦しむわが子によりそって、献身的な介護をおこなう父母の慈愛にたとえられてきた。「信文類」に『涅槃経』「梵行品」の七子の譬えを引き、

たとへば一人にして七子あらん。この七子のなかに一子病に遇へば、父母の心平等ならざるにあらざれども、しかるに病子において心すなはちひとへに重きがごとし。大王、如来もまたしかなり。もろもろの衆生において平等ならざるにあらざれども、しかるに罪者において心すなはちひとへに重し。放逸のものにおいて仏すなはち慈念したまふ。不放逸のものは心すなはち放捨す。

（註釈版聖典、二七九頁）

といわれたものがそれである。父母が病子の看病をするのは、その子が母のために尽くしてくれた褒

賞としておこなうのではない。わが子と一体にとけあっている父母の愛情は、子が病んでいるというただそれだけで、身も心も捧げて看病せずにおれないのである。ちょうどそのように、阿弥陀如来の本願の救いは、私どもが煩悩に惑わされて苦悩しているという、ただそれだけで、如来よりたまわる一方的な慈悲のたまものであった。如来に対して、あるいは社会に対して功績があったから褒賞として与えるというような、論功行賞としての救いではなかったのである。

「善人なほもつて往生をとぐ、いはんや悪人をや」といわれたものは、善を行じて、安らかな人生を生きるものよりも、悪を行じて、その罪に泣く悲しきものにこそ、如来の大悲の心は強く深くそそがれているという、大悲の心が結ぶ焦点を的示された教説であった。いいかえれば悪人正機とは大悲の必然を顕わす教説だったのである。それゆえそれを聞き受けた私どもの心境は、『歎異抄』に「さればそれほどの業をもちける身にてありけるを、たすけんとおぼしめしたちける本願のかたじけなさよ」（註釈版聖典、八五三頁）といわれたように、ひたすらわが身の愚悪を慚愧し、仏恩の深きことを感謝するという心情のほかはないのである。

註

（1）『選択本願念仏集』（註釈版聖典七祖篇、一二〇九頁）

第五節　法然聖人と悪人正機説

もともと阿弥陀仏の大悲による救いを強調する浄土教は、悪人正機説にむかう傾向をもっていた。とくに善導大師の教学には強くその傾向がみられたが、「善人なほもつて往生をとぐ、いはんや悪人をや」というような言葉で表現されたのは法然聖人であった。

醍醐本『法然上人伝記』の「三心料簡および御法語」の第七条には、

一、悪機を一人置きて、此の機の往生しけるは謂はれたる道理なりけりと知るほどに習ひたるを、浄土宗を善く学びたるとは云ふ也。此の宗は悪人を手本と為し、善人まで摂す也。聖道門は善人を手本と為し、悪人をも摂す也。云云（『法然上人全集』四五〇頁）

といわれている。悪人を一人目の前において、この人が念仏して往生するのは、まことにもっともなことである、と言い切れるところまで聞きひらいた人を浄土宗をよく学んだ人といえるというのである。それは悪を廃して善を修行し、「智慧をきわめて生死を離れていく」聖道門が必然的に善人正機（手本）、悪人傍機という法門構造になっていくのに対して、ただ大悲の本願を信じ、「愚痴にかえって極楽に生まれる」浄土宗は、悪人正機（手本）、善人傍機という法門の構造になっているからだといわれたものである。こうして法然聖人はその思想構造からいっても、基本的には悪人正機説に立っておられた。それを明確なことばで表現せられたものが醍醐本『法然上人伝記』の「三心料簡および御法語」の最後にでている「善人尚以往生、況悪人乎（善人なほもつて往生す、いはんや悪人をや）」という一句であった。

この書の原本は、恐らく法然聖人の直弟子であった勢観房源智上人の見聞をもとにして、法然聖人滅後、三十年ぐらい経って源智上人の門弟の手によって編纂されたと推定されるものである。したがって『歎異抄』よりも、およそ四十年ほども前に成立したものということになる。もっとも現存しているのは、江戸時代の初期に醍醐寺座主であった准三后義演大僧正（一五五八〜一六二六）が書写させたものだけであるから「醍醐本」といいならわしている。そこに集録された多くのご法語は、法然聖人の晩年の心境と思想を知るうえで極めて大切なものである。そのなかに、「三心料簡事」という法語にはじまる二十七箇条の漢文で書かれたご法語が集録されている。表題はないが「三心料簡および御法語」と通称されている。その最後につぎのような一段がある。（全文書き下しにする）

一、善人なほもつて往生す。いはむや悪人をやの事。口伝これあり。

私に云く、弥陀の本願は、自力を以て生死を離るべき方便を有する善人のためにをこしたまはず、「極重の悪人、他の方便なき」やからを哀れんでをこしたまへり。しかるを菩薩、賢聖も、これに付きて往生を求め、凡夫の善人も、この願に帰して往生を得、いはむや罪悪の凡夫、もつともこの他力をたのむべしといふなり。悪しく領解して邪見に住すべからず。たとへば、「もと凡夫の為にして、兼ねて聖人の為にす」といふが如し、よくよく心を得べし。（『法然上人全集』四五四頁）

この文章の初めの「善人なほもつて往生す。いはむや悪人をや」というのが法然聖人の法語であり、

「私に云く」から後は、この御法語を聞いた人が加えた解説である。細注に「口伝これあり」といわれているのは、この法語は、聖人が信頼のできる弟子にだけ口頭でいい伝えられた（口伝）言葉であったということをあらわしている。親鸞聖人もそれを法然聖人から「口伝」を受け、さらに唯円房に法然聖人からこのようにお聞かせいただいたと口伝されたものが『歎異抄』に収録されたわけである。

さて醍醐本『法然上人伝記』の「私に云く」からあとは、法然聖人からこのことばを聞きうけた人の解説であるといったが、おそらく勢観房源智上人の領解であったかと考えられる。

ところで法然聖人はしばしば「悪人なを往生す、いかにいはんや善人をや」といわれていた。たとえば『西方指南抄』所収の「黒田の聖へ遣はす消息」に、

罪は十悪・五逆のものむまると信じて、少罪おもおかさじとおもふべし。罪人なほむまる、いはむや善人おや。（真聖全四、一二二頁）

といわれたものなどがそれである。しかしこの文章は、明らかに念仏者の行状を戒めるという倫理的な配慮をこめて書かれている。このことについて『和語灯録』所収の「十二箇条問答」には、次のような問答が示されている。

ほとけは悪人をすて給はねども、このみて悪をつくる事、これ仏の弟子にはあらず。一切の仏法に悪を制せずといふ事なし。（中略）たとへば人のおやの、一切の子をかなしむに、そのなかによき子もあり、あしき子もあり。ともに慈悲をなすとはいへども、悪を行ずる子をば目をいからかし、杖をさゝげて、いましむるがごとし。仏の慈悲のあまねき事をきゝては、つみをつくれとお

ぼしめすといふさとりをなさば仏の慈悲にももれぬべし。悪人までをもすて給はぬ本願としらんにつけても、いよいよほとけの知見をばはづべし、かなしむべし。父母の慈悲あればとて、父母のまへにて悪を行ぜんに、その父母よろこぶべしや。なげきながらすてず、あはれみながらにくむ也。ほとけも又もてかくのごとし。（真聖全四、六四一～六四二頁）

阿弥陀仏の本願の救いの前には、善悪、賢愚のへだてがないといったが、そのことは、善悪、賢愚がないということではない。行為の善悪は厳然として存在し、善なる行為によって、みずからを美しく荘厳していく賢善なる聖者もいるし、悪なる行為によって、自他ともに苦悩の中に沈んでいく愚悪なるものも無数にいることは事実である。それゆえ現実の生活をいましめる場合には、悪をつつしんで善に赴くべきことを勧めなければならない。それは人びとを悪から守り、平穏な生活を送らせるために必要な教説であった。

もっとも法然聖人は、相手の心境に応じては「悪人ですら救われるのだから、善人であるあなたは必ず救われますよ」というふうに、自分の往生に自信がもてないで心のゆらいでいる人を力づけていかれることもあった。たとえば『西方指南抄』所収の「しやう如ばう（聖如房?）への御消息」に、

返々もなほなほ往生をうたがふ御こころ候まじきなり。五逆・十悪のおもきつみつくりたる悪人、なを十声・一声の念仏によりて、往生をし候はむに、ましてつみつくらせおはしますさ御事は、なにごとにかは候べき。たとひ候べきにても、いくほどのことかは候べき。この経（観経）にとかれて候罪人には、いひくらぶべくやは候。（真聖全四、二〇六頁）

といわれたものなどがそれである。この「しやう如ばう」は、後白河法皇の姫宮、式子内親王ではないかともいわれているが、臨終を目前にして、心細さのあまり聖人に臨終の善知識になっていただきたいと請うてきたのに対するご返事である。彼女が当時の一般の人々が抱いていた常識にしたがって浄土教を受け止めていたようすが、このお手紙をとおしても読み取れる。こうした人に対しては、彼女たちの常識的浄土信仰に寄り添いながら、本願の念仏を勧めていかれるから、このような表現をとられるわけで、そこにかえって法然聖人の教化のふところの深さを見ることができよう。

第六節　悪人正機説の社会的意味

親鸞聖人の悪人正機説を考えるうえで忘れてはならないことがある。それは悪人ということを、自己を含めた具体的な社会の現実のなかで見据えられていたということである。すでに述べたように法然聖人は、当時の社会常識として富貴とみなされていたものと、貧賤とみなされていたものとを対照して、富貴にまかせて寺塔を建てたり、僧尼に莫大な布施をして功徳を積むことのできるものよりも、功徳も積めず、その日の生活のためにさまざまな罪を造らずには生きていけないものを絶望させまいとする大悲が念仏を選択したといい、貧賤なるもの、愚悪なるものに、如来の救済の焦点があわされているといわれていた。その教説を、実際に生きることによって確かめられたのが親鸞聖人の悪人正機説であったということである。

それを窺わせる文章が『唯信鈔文意』のなかに見受けられる。

具縛はよろづの煩悩にしばられたるわれらなり、煩は身をわづらはす、悩はこころをなやますといふ。屠はよろづのいきたるものをころし、ほふるものなり、これはれふしといふものなり。沽はよろづのものをうりかふものなり、これはあき人なり。これらを下類といふなり。（註釈版聖典、七〇七～七〇八頁）

それは法照禅師の『五会法事讃』に、「ただよく廻心して多念仏せしむれば、よく瓦礫を変じて金と成さしむ」(1)と言われた文の釈文である。まず「廻心」とは「自力の心をひるがへし、すつるをいふなり」といい、それを説明して、自力を捨てるというのは、我が身をたのむ心を捨てることであるという。すなわち善人は善をたのむ心を捨て、悪人は我が身の悪にたじろぐ心を捨てることである。そして本願の名号を信ずるものは、「具縛の凡愚」であれ、「屠沽の下類」であれ、かならず無上涅槃に至らしめられるのであるから、決して悪にひがみ、たじろぐべきではないといわれているのである。

そしてその「屠沽の下類」を解釈して「屠はよろづのいきたるものをころし、ほふるものなり、これはれふしといふものなり」といわれているが、これは殺生を職業としている猟師、漁夫を指していたとしなければならない。また沽を解釈して「沽はよろづのものをうりかふものなり、これはあき人なり」といわれているように商人のことである。当時はまだ商業倫理が確立していなかったために、商人は、うそ・いつわりをいって暴利を貪るものというようにみなされていたからである。もっとも親鸞聖人の弟子たちのなかで、新しい商業倫理が形成され始めていたことが、「善円の掟」などによ

って知ることができる。(2)

ともあれ当時の社会のなかでは、猟師や商人は、不殺生戒を犯し、不妄語戒を犯している罪深きものとして、仏教では悪人とみなされて救いの圏外に置かれ、また社会的にも極めて低い位置におかれていたのであった。それゆえ「下類」といわれていたのである。下類とは『観経』でいえば下品というのと同じである。下品の品とは品類のことであるから、下品といっても下類といっても同じ意味であった。ただし下品は経典が、その仏教倫理的な意味で名づけたものであり、下類は社会が位置づけたものであったが、当時は必ずしも両者を区別することなく使っていたことは、猟師、漁夫、商人というような職業を、破戒とあわせて罪深き行為とみなしていることでもわかる。

つづいて聖人は、「瓦礫を変じて金と成さしむ」と言われた言葉の解釈を通して、自分たちの救いを次のように述べられている。

れふし・あき人、さまざまのものは、みな、いし・かはら・つぶてのごとくなるわれらなり。如来の御ちかひをふたごころなく信楽すれば、摂取のひかりのなかにをさめとられまゐらせて、かならず大涅槃のさとりをひらかしめたまふは、すなはちれふし、あき人などは、いし・かはら・つぶてなんどを、よくこがねとなさしめんがごとしとたとへたまへるなり。(註釈版聖典、七〇八頁)

「猟師や商人など、社会の底辺に位置づけられているさまざまなものは、みな、石や瓦や小石のように、価値のないものとみなされている私どもである。それが、本願を疑いなく受けいれて、仰せに信順するならば、如来は摂取不捨の光明のなかに摂め取りたもうて、必ず煩悩の寂滅した大涅槃のさ成すようなはたらきであると譬えられたものである」というのである。

とりを開かせてくださる。それは、猟師や商人など、石や瓦や小石のようなものを、よく黄金に変え

これによって親鸞聖人は、仏法からは下品とよばれ、社会的には下類とみなされている「われら」こそ、阿弥陀仏から本願の正機であるとして救いを願われている者であったと受けとり、その視点に立って、従来の価値観を転換していかれたことがわかる。それが「よく瓦礫を変じて金とならしむ」という文章の意味であるといわれるのである。瓦や、小石のような無価値なものを、黄金という最高の価値をもったものに変えていくからである。

ここでも聖人は、「れふし・あき人、さまざまのものは、みな、いし・かはら・つぶてのごとくなるわれらなり」といって、猟師や商人と同じ位置に自身を置いて、そこから本願の救いを味わっておられたことがわかる。すなわち、戒律を中心とした従来の仏教の価値観からいえば、戒律を捨てた破戒・無戒の名字比丘（名ばかりで実の伴なわない修行者）に過ぎない自分を下下品の悪人として位置づけられていた。また社会的な地位からいっても下類といわれて疎外され、さげすまれていた人々と同じ生活地盤に生きる俗聖として、聖人はつねに自らを下品・下類といわれる地平におき、そこで本願を聞き、悪人正機の大悲を確認されていたことがわかるのである。なお親鸞聖人が、自身を下下品に位置せしめられていたことは、『唯信鈔文意』の下下品の釈文のなかに、本来ならば下品中生のところに挙げられていた僧侶の罪である「不浄説法」を挙げられていることによって、僧侶であった聖人自身を下中品からさらに下げて、下下品の機とみなされていたと考えられるからである。(3)

西本願寺に親鸞聖人自筆の『烏龍山師幷屠児宝蔵伝』という写本が伝えられている。[4] 法然門下の先輩であった成覚房幸西大徳が建保二年（一二一四）に撰述した『唐朝京師善導和尚類聚伝』からの抄出といわれ、筆跡は壮年時代（四十歳代？）とされている。なかでも「宝蔵伝」は屠殺を生業としていた宝蔵が、善導大師を殺害しようとしてかえって教化されて念仏者となり、称名しつつ捨身往生を遂げたという伝記である。このような伝記を抄出されたところに、関東に行かれた頃（四十二歳以後）の親鸞聖人の関心が、「屠児」の往生を保証するような伝記に集中していたことは注意すべきことである。ともあれ、自身を最下の品類とみなし、当時の社会の底辺に置かれて苦しむ人々と連帯しつつ、如来の大悲智慧の本願は、石・瓦・礫のような我等を正機として働きかけ、黄金のような尊厳なものに変えなしていく教えであることを確認されていったのである。そこに明らかな価値観の転換が見られる。それはまさに人間の意識改革の基盤となるような意味をもっていたのである。

悪人正機説は、すでに述べたように法然聖人から出てきた教説であったから、決して親鸞聖人だけのものではなくて、広く浄土宗の諸流のなかにも伝えられていた。少なくとも十三、四世紀頃までは浄土宗鎮西派にも、浄土宗西山派にも伝わっていた教説であった。[5] それがいつしか消えて、真宗のなかでのみ語り継がれてきたのは、悪人正機説を単なる教説としてではなく、自らの生き方とした親鸞聖人や唯円房の伝統のなかでのみ生き続けるという性格の教説だったからである。それは深い苦悩を抱えたものが、自らの罪障を慚愧しつつも、阿弥陀仏の大悲智慧に包まれてよみがえり、一人一人が仏子として黄金のような「いのち」の尊厳を確かめる思想だったのである。

註

（1）『五会法事讃』本（大正蔵四七、四八一頁）
（2）「善円の掟」（真宗史料集成一、一〇〇九頁）の第十三条に、「あきないをせんに、虚妄をいたし、一文の銭なりともすごしてとるべからず、すなはちかへすべし」というものは、あきらかに商業倫理の芽生えとみるべきであろう。
（3）『唯信鈔文意』（註釈版聖典、七一六頁）
（4）『烏龍山師弁屠児宝蔵伝』（親鸞聖人真蹟集成九、三一六頁）
（5）梶村昇氏『悪人正機説』（一二〇頁）参照。稲吉満了氏「輪圓草解題」（『深草教学』第一四号、一七五頁以下）参照。

第十章　真実の証

第一節　真実の証果

『教行証文類』の第四「証文類」には、真実の行信という如来回向の仏因が、仏果となって顕現する真実の証果が明かされる。「行文類」に「無上菩提の因を証す」（註釈版聖典、一四二頁）といわれた経文の「証」に「験なり」と注記されているように、もともと証とは「験」の意味で、「あかし、あかす、しるし」ということである。あることがらが、あることがらの因であるということは、果となったときにあきらかになるから、果は因の証《あかし》である。如来より回向された行信が、衆生を往生させ、仏果を完成せしめる因であるということは、衆生が往生成仏することによって「あかし」されるから、往生成仏の果を証、すなわち証果というのである。

「証文類」の初めに「必至滅度の願」（註釈版聖典、三〇六頁）と第十一願を標挙し、「難思議往生」とその願意が示されている。これは行信の因が第十七願（行）と第十八願（信）によって回向されたものであるように、往生即成仏といわれるような難思議往生の証果は、第十一願によって回向される果徳であるということを知らせるためであった。「証文類」では、第十一願を「必至滅度の願」「証大涅槃の願」と名付けられているが、『浄土文類聚鈔』には、そのほかに「往相証果の願」「無上涅槃の願」（註釈版聖典、四八一頁）ともいわれているように、全部で四つの願名を立てられていたことがわかる。その中「必至滅度の願」は魏訳『大経』の第十一願文から、「証大涅槃の願」は唐訳『如来会』の第十一願文からそれぞれ取られた文名であるが、他の二名は法義から立てられた義名であった。

「必至滅度の願」とは、必ず滅度に至らしめると誓われた願ということであるが、その滅度とは、涅槃（ニルヴァーナ nirvāṇa）の意訳語である。涅槃とは煩悩が完全に消滅した安らかなさとりの境地のことであるが、それは煩悩の濁流を乗り越えて、安らかな悟りの彼岸へ渡り着いた状態でもあるから、煩悩の消滅と、彼岸に渡ることとを合わせて滅度と訳したのである。ところで涅槃について、小乗仏教でいわれているような自利中心の消極的、静的な涅槃に対して、大乗仏教で語られる涅槃は、自利利他円満の境地であって、積極的、動的な境地であるから大涅槃と呼んでいる。第十一願力によって、証得せしめられる涅槃は、小乗的な涅槃ではなくて、無住処涅槃と呼ばれるような、智慧と慈悲、自利と利他の円満した最高の大涅槃であるというので、「証大涅槃の願」とも、「無上涅槃の願」ともいわれるのである。またそれが、自力の修行を因として到達した悟りの果ではなくて、阿弥陀仏の往相回向の証果として本願力によってめぐみ与えられた果徳であるということを表すために、「往相証果の願」といわれたのである。

ところで『大経』の第十一願文は、

たとひわれ仏を得たらんに、国中の人・天、定聚に住し、かならず滅度に至らずは、正覚を取らじ。（註釈版聖典、一七頁）

と誓われている。すでに述べたように、この文章を普通に読めば、浄土に生まれた者を、仏になることに決定している正定聚という位につけしめ、必ず仏にならしめると誓われているとしか理解できない。すなわち正定聚に至らせるということを誓ったもので、「必至滅度」は、その正定聚とは、「必ず滅度に至るべき位である」と正定聚を説明したものとみなければならない。それゆえその願成就の文には、

それ衆生ありてかの国に生るるものは、みなことごとく正定の聚に住す。ゆゑはいかん。かの仏国のなかにはもろもろの邪聚および不定聚なければなり。（註釈版聖典、四一頁）

と説かれていて、浄土に往生した者は、全て正定聚の位に住せしめられる。なぜならば、阿弥陀仏の浄土には、邪定聚や不定聚の者はいないからであるといい、滅度については説かれていなかったのである。

事実、曇鸞大師の『論註』下の三願的証の釈でも、第十一願文を引き、

仏願力によるがゆゑに正定聚に住す。正定聚に住するがゆゑに、かならず滅度に至りて、もろもろの回伏の難なし。ゆゑに速やかなることを得る二の証なり。（註釈版聖典七祖篇、一五六頁）

といい、浄土に生まれた者は第十一願力に依るから正定聚不退の位にいたらしめられる。すでに正定聚に住しているからもろもろの回伏の難なく、速やかに滅度に至ることができるといわれていた。そ

れをあえて、第十一願は滅度にいたらしめることを誓われた願であると聖人がいわれるのは、正定聚は信の一念に現生において得る利益であるとし、それも仏因円満した一生補処の弥勒と同じ金剛心の菩薩と見られたからであった。したがって浄土に往生すればただちに仏果を究竟して滅度を得るのであって、第十一願はこのような証果を誓われた願であるといわれるのである。もっとも親鸞聖人も正定聚を浄土の菩薩の位としてみていかれることもあるが、それは後に詳しく述べるように、仏果を極めた上での従果降因（果より因に降って菩薩の相を示現すること）の相であって、還相の一つの有様と見られる場合である。

さて「証文類」の冒頭には、真実の証果とは究極の仏果のことであるとして、

つつしんで真実の証を顕さば、すなはちこれ利他円満の妙位、無上涅槃の極果なり。すなはちこれ必至滅度の願より出でたり。（註釈版聖典、三〇七頁）

といわれている。「利他円満の妙位」の利他とは、如来の自他一如の活動としての利他力、すなわち他力のことであるから、如来の本願他力によってめぐみ与えられた妙覚（仏陀）の位ということである。「無上涅槃の極果」とは、最高の涅槃の境地を悟り極めた仏果ということで、十地の菩薩や等覚の菩薩の悟りのような有上の悟り（分証・一分の悟り）ではなく、全分の悟りであり、極証であることを示したものである。こうして真実の証とは、自力で完成する悟りではなく、如来より回向された最高の仏果であるということを顕されたのである。

法然聖人の証果論は必ずしも明確ではないが、その門下で、もっとも尖鋭な他力思想の持ち主であ

り、親鸞聖人にも大きな影響を与えたと考えられる幸西大徳[1]や隆寛律師たちでさえも、浄土に往生すれば無漏智を開いて無明の一分を破り初地の菩薩になるといわれていたのであるから、親鸞聖人の往生即成仏ということがどれほど破天荒な思想であったかがわかるであろう。すなわち『浄土法門源流章』に引用されている幸西大徳の『称仏記』には、聖道門の一乗（聖頓一乗）と、浄土門の一乗（凡頓一乗）とを対比して、

直ちに仏果を願いて即得するを正に如来蔵・頓教一乗と名づくべし。これすなわち為聖の教なり。先ず浄土を求め、順次生に菩薩の初地に階う、是れを菩薩蔵・頓教一乗海と名づく。（浄土宗全書一五、五九二頁）

というものがそれである。大徳によれば、真如の理を悟り、地上の菩薩となる道は凡頓一乗（凡夫のための一乗法）だけである。聖道門とは聖者所修の道ということで、地上の菩薩（聖者）の所修の道であるから、凡夫にとっての成仏道とはならない。ただ浄土に至って聖者になったものだけが、それによって悟りを極めることができるといわれていた。大徳はこれを聖頓一乗と呼んでいた。

また隆寛律師の『極楽浄土宗義』巻中によれば、往生人を報土往生者と、辺地往生者に分類し、

第二に往生の機を解すとは、この中に二あり。一つには報土往生の機、二つには辺地往生の機なり。（平井正戒『隆寛律師の浄土教・附遺文集』一二二頁）

といわれている。すなわち阿弥陀仏の浄土には報土と辺地があって、三心具足の念仏者と、三心具足の定善成就者とは報土に往生するが、自力疑心の念仏者と雑行の行者は辺地に往生するといっている。

それについての詳しい説明をするいとまはないが、その報土について、同じく『極楽浄土宗義』巻下に、

報土の中についてまたその二あり、一つには自受用土、唯仏与仏、自受法楽なり、金剛心位も見ることあたわず。二つには他受用土、広大にして辺際なし、能化者は八万四千の相好光明を具し、所化者は住行向地等の諸大菩薩なり。（『隆寛律師の浄土教・附遺文集』三〇頁）

といっている。すなわち自受用報土は、ただ仏のみの境界であって、三心具足の他力の念仏者が往生し受用する報土は他受用報土であるといっている。それは、たとえば天台大師の四種浄土の中では実報無障碍土にあたり、別教でいえば地上の菩薩、円教でいえば初住以上の断無明位の菩薩が感得する世界であった。したがって、隆寛律師は念仏行者の生後の果相を初地・初住と見られていたことがわかり、先に述べた幸西大徳と同じ考えであったといえよう。

註

（1）なお幸西大徳の証果論については、拙著『玄義分抄講述』（五一頁）を、また隆寛律師については、拙著『一念多念文意講讃』（二九頁）を参照されたい。

第二節　往生即成仏

天台大師智顗は、『維摩経文疏』巻一（『日本続蔵経』一八、四六六頁）に十界凡聖の所居の土を四種に分

類し、凡聖同居土、方便有余土、実報無障碍土、常寂光土の四種に分類し、その凡聖同居土に穢土と浄土を分け、娑婆は凡聖同居の穢土であるのに対して、西方安楽世界は四悪趣がないが、人天両道があるから凡聖同居の浄土である。『観経』によれば重罪人が臨終の懺悔念仏によって往生している。したがって、惑染を具している凡夫であるが浄土に居することができるわけであるから、阿弥陀仏の浄土は染浄凡聖同居の浄国であるといっている。方便有余土は、空仮二観の方便道を修し通惑を断じて分断身を捨てて界外に生じた二乗及び地前の菩薩の所居で、まだ無明を断じていないから変易生死を受ける。それゆえ有余土というのである。

実報無障碍土とは、一実諦を観じて真無漏の智慧を起こし、無明の一分を断じて真実の果報を得ているが、まだ完全に無明を断じ尽くしていないから無漏業を潤して法性報身を受ける。それゆえ実報といい、その土は蓮華蔵世界であって、一世界に一切世界を摂め、色心無碍の境界であるから無障碍土というのである。別教では初地以上、円教では初住以上の法身の菩薩の所居の土であるといっている。常寂光土は法身の所居であるからまた法性土ともいい、妙覚極智の所照である如如法界の理を名づけて国といっているだけである。真如法性は身でも土でもないけれども、その智性の辺を身と名づけ、法性の辺を仮に土と名づけて常寂光土といっているのである。常寂光とは、法身（常）解脱（寂）般若（光）の三徳秘蔵を表しているというのである。要するにそれは、仏陀のみの境界とするのである。

こうして天台大師は、前三土は衆生の自業の所感とし、常寂光土だけを仏の所得と見るわけである。

すなわち『仁王般若経』に「三賢十聖住果報、唯仏一人居浄土」といわれたものを詳細に分類したものであった。しかし仏は、衆生の土のなかにはいって教化をされるのであるから、四土における仏の在り方を法・報・応の三身に配当すれば、凡聖同居土と方便有余土は応身の所化の土であり、実報無障碍土は報身の所化の土であり、常寂光土は法身仏の所居の土であるとしている。こうして救済者としての最高の報身仏は法身の菩薩を教化する他受用報身であって、自受用報身は、常寂光土に住するから法身仏でもある。したがって、救済者がそこから顕現するということは言えても、救済者という立場を表すものではなかった。法身の領域は一如であって、自他、往来の相を絶し、救うものと救われるものといった分別を超えていたから、往生ということさえも成立しない境界であった。隆寛律師などが、往生を語りうる最高の領域は他受用報土であるといったのも、救うものと救われるものがあり、往来の相を見る往生を語り得る最高の仏は他受用報身であり、往生の対象としての最高の浄土は他受用報土であったからである。

親鸞聖人が阿弥陀仏の真実報土は無上涅槃であり、一如の領域であるといい、それ故報土に往生することは成仏することであるといわれたとき、それは天台の四種浄土でいえば常寂光土に往生するということに等しく、自受用報土に往生するというのに等しかった。したがって、そのようなことは天台教学の枠組みでは考えられないことであった。天台教学だけではなく従来の大乗仏教の仏身仏土論の枠組みを遥かに超えていたのである。

したがって親鸞聖人のいわれるように往生即成仏が成立するためには、独自の仏身仏土観が確立していなければならなかった。それが次の「真仏土文類」の課題であった。そこでここでは、親鸞聖人が、往生することが成仏することであるといわれた理由として、一つには正定聚を現生の益とみなし、しかもそれを弥勒菩薩と同じ一生補処の位であるといわれたことと、二には真実報土は無上涅槃であり大涅槃の境界であって、阿弥陀仏の悟りの領域であるとみられていたことにしぼって考察することにしたい。

聖人が、正定聚を現生の利益とみられたことはすでに詳しく述べたが、「証文類」はそれをうけて、

しかるに煩悩成就の凡夫、生死罪濁の群萌、往相回向の心行を獲れば、即のときに大乗正定聚の数に入るなり。正定聚に住するがゆゑに、かならず滅度に至る。（註釈版聖典、三〇七頁）

といわれていた。煩悩罪濁の凡夫が、滅度を悟ることができるのは、現生において往相回向の心行（行信）を得たとき即座に大乗正定聚の位に住せしめられているからであるというのである。曇鸞大師は正定聚を、龍樹菩薩の『十住毘婆沙論』によって菩薩の初地の位と見られていたようであるが、聖人はむしろ仏因の円満した等覚位であり、一生補処の位であるといわれていた。『正像末和讃』に、

真実信心うるゆゑに　すなはち定聚にいりぬれば
補処の弥勒におなじくて　無上覚をさとるなり（註釈版聖典、六〇五頁）

といわれたものがそれである。「補処」とは、仏陀の座処を補うということで、仏陀になることである。すなわち一生補処とは、今の一生が終われば、次の生において仏陀の位につくことに定まっている最高位の菩薩ということである。たとえば、釈尊の後継者である弥勒菩薩がその典型である。親鸞

聖人に依れば、本願を信じ念仏する行人は仏智を賜っているから、ただ今の一生が終われば、阿弥陀仏と同じ最高の悟りを完成せしめられる。その意味で一生補処の菩薩と同じである。一生補処の菩薩を等覚（妙覚に等しい）というように、念仏の行者は「すなわち弥勒と同じ（便同弥勒）」であるといわれるのであった。「信文類」に、

まことに知んぬ、弥勒大士は等覚の金剛心を窮むるがゆゑに、竜華三会の暁、まさに無上覚位を極むべし。念仏の衆生は横超の金剛心を窮むるがゆゑに、臨終一念の夕べ、大般涅槃を超証す。ゆゑに便同といふなり。（註釈版聖典、二六四頁）

といわれたのは、その心を示されたものである。そのことをまた晋訳『華厳経』「入法界品」に「この法を聞きて信心を歓喜して、疑なきものはすみやかに無上道を成らん。もろもろの如来と等し」といい、「如来と等し」と言い切っていかれたのであった。(1)

一般には同と等とは同義語と見なされているが、聖人はここで「等」と「同」とを使い分けられている。「同」は全同を意味し、「等」はほとんど同じではあるが全同ではないという意味として用いられているのである。これは「等覚」という言葉が、如来をあらわす場合（平等の真理を完全に悟ったもの）と、最高位の菩薩（如来とほとんど同じ境地にあるもの）をあらわす場合とがあったから、後者の意味で「如来と等し」といわれたのである。信心の行者は弥勒と同じ等覚の菩薩であって、如来とはほとんど同じ位であるが因位と果位の違いがあるから同ではないというのである。このように信心の行者が等覚の菩薩と同じ位置にあり、「如來と等しい」徳を持つといわれるのは、如來より与え

られた信心はその体仏智であり、元品の無明を破る金剛智（心）であったからである。それを「念仏の衆生は横超の金剛心を窮むるがゆゑに、臨終一念の夕べ、大般涅槃を超証す」といわれたのであった。

第二に、真実報土を大涅槃の境界として捉えていかれたということは、聖人独自の仏身・仏土観に裏付けられていた。法蔵菩薩の本願に報いて成就された真実報土は、因位の願行に報いた果徳の世界であると同時に、無分別智（法性法身）から示現された大悲・後得智（方便法身）の世界でもあるとみられていた。それは自と他、生と死、愛と憎しみといった二元的対立的な虚妄分別に閉ざされている煩悩具足の衆生を導いて、自他一如、生死即涅槃、怨親平等といった一如の悟りにかなわしめるための大悲方便の施設であった。それは無相の相であり、無分別の分別であった。

虚妄分別しかもたない凡夫に、一如とか真如といってもわかりようがないから、凡夫を救う本願成就の報身仏、すなわち方便法身となって顕現し、生死に迷うものの畢竟依となり、愛憎の煩悩を超えしめる怨親平等の浄土となって凡夫との接点を持たれたのである。しかし浄土の本体は、二元的対立的な分別的限定を超えた一如であるから、浄土に至れば、即座に無分別智をおこして一如を証得し、自他を超え、生死を超え、愛憎を超えて完全な悟りに到達せしめられる。いいかえれば阿弥陀仏もそこから示現してこられた根源的な一如の境地にいたらしめられるのである。このように聖人は、煩悩を転じてさとりを得しめるという一如の徳をもった大涅槃の領域として浄土を捉えていかれた。それゆえ真実報土に往生することは、生仏の仮名を絶し、救うものと救われるものとが一つに溶け合うことであって、それを成仏というのであった。

「証文類」の初めに、煩悩を具足し、生死に迷う凡夫も、本願力回向の行信をはからいなく領受すれば、即時に正定聚の位につけしめられる。それゆえ臨終一念の夕べには、必ず滅度にいたらしめられる。これを真実の証果というのであるが、滅度とは、常楽とも、畢竟寂滅とも、無上涅槃とも、無為法身とも、実相とも、法性とも、真如とも、一如ともいわれる完全な悟りのことであるといわれていた。

ところが、このように私どもの往相の証果を顕された最後に、突如、阿弥陀仏の一如よりの示現を述べて、

> しかれば弥陀如来は如より来生して、報・応・化、種々の身を示し現じたまふなり。（註釈版聖典、三〇七頁）

といわれている。一見唐突に見えるこの文章のなかに、往生即成仏といわれる生仏一如の悟りの有様が示されているのである。すなわち、救済の究極の姿は、救われた衆生が、救いたまう阿弥陀仏がそこから示現してこられた一如の領域に証入することであって、救うものと救われるものとが一つになることであった。聖人は、そのような一如を悟ることであるような往生を難思議往生といわたのであった。こうして往生と成仏とを統合していかれたのであった。

註

（1）晋訳『華厳経』「入法界品」巻六〇の最後に説かれた、「聞此法歓喜、信心無疑者、速成無上道、与諸如来等」（大

正蔵九、七八八頁）という文章であった。文殊菩薩の教えによって菩提心を起こした善財童子が、五十三（五）人の善知識をたずねて悟りを完成していくが、最後に出逢った普賢菩薩が説かれた仏徳讃嘆の偈頌の最後の四句である。「この法を聞いて」といわれた「法」とは「入法界品」では仏陀の功徳のことで「虚空はまた量るべし、仏徳は説くとも尽きることなし」の句を承けて「この法を聞いて」といわれたものである。したがって経文は「この法を聞いて歓喜し、心に信じて疑いなき者は、速やかに無上道を成じて、諸の如来と等しからん」と読むのであろう。しかし親鸞聖人は仏徳とは阿弥陀仏の功徳、すなわち本願の法と見、「阿弥陀仏の本願を聞いて信受し、聞き得た法を歓喜して疑いなき者は、速やかに無上道を成就する等覚の位に就く、それは諸の如来と等しい位である」という意味を顕す経文と読まれたのである。

第三節　難思議往生

従来の浄土教では、『観経』の九品段の教説によって浄土に九品（種類）の差別の相があるとみられていた。したがって、往生後の果相は、略していえば九品、理実には無量であると見られていた。たとえば浄影大師慧遠の『観無量寿経義疏』（浄土宗全書五、一九〇頁）に九品の往生人の階位を述べて、上品上生は第四・五・六地の順忍の菩薩であり、上品中生は初・二・三地の信忍の菩薩であり、上品下生は十住・十行・十回向の伏忍の菩薩であるとしている。中品上生は前三果の聖者であり、中品中生は内凡外凡の浄戒を持つものであり、中品下生は見道以前の凡夫で世福を修する善人であるとし、下品の三生は、大乗始学の凡夫で、罪の軽重によって上中下を立てたといっている。そして、それぞれが生前に造った功徳に従って、それに相応しい浄土を感得するといっているから、上品の上中二生は地上の菩薩が感得する実報土に、中品以下は円応土に生じて、それぞれの功徳に応じた浄土を感得すると考えていたことがわかる。なお善導大師はこの慧遠大師の説を批判して、九品はすべて凡夫であって、大乗に遇ったか（遇大）、小乗に遇ったか（遇小）、悪縁に遇ったか（遇悪）の違いに過ぎないという九品唯凡説を立て、しかも九品いずれも阿弥陀仏の本願力によって報土に生ずるという凡夫入報説を立てられたことは有名である。しかしその上で九品の差別を見られていたようで、完全に九品の差を否定されたとは考えられない。

法然聖人も、しばしば上品往生を勧める法話があるから、この世の念仏者の上には九品の差別を認められたようにも見えるが、浄土には九品の差別は認められなかったようである。『西方指南抄』所収の「十一箇条問答」には、

極楽の九品は弥陀の本願にあらず、四十八願の中になし、これは釈尊の巧言なり。善人・悪人一処にむまるといはば、悪業のものども、慢心をおこすべきがゆへに、品位差別をあらせて、善人は上品にすゝみ、悪人は下品にくだるなりと、ときたまふなり。いそぎまいりてみるべし。（真聖全四、二一四頁）

といわれたものは、明らかに浄土における九品の階位を否定されている。四十八願のなかには浄土に九品をもうけると誓われていないから、本願成就の報土には九品の差別はない。『観経』の九品段の教説は、善人と悪人が平等に一処に生まれるといえば、悪業のものどもが慢心を生じ、向上心を失う

おそれがあるから、そうした邪見による悪平等を防ぐために品位差別を説いて、悪をつつしみ、善に向かわせようとされた釈尊の巧みな方便説であるというのである。これによれば法然は、浄土そのものに、九品の差別があるとは考えられていなかったことがわかる。それと同時に、九品の差は、安心門よりも、むしろ起行門の立場で、念仏者の倫理性を強調するための教説であったと見られていたことがわかる。しかし九品の差別を完全に否定して、九品平等の証果を教義論として確立されるのは、親鸞聖人であった。

すなわち親鸞聖人は、真実報土は一如平等の世界であるといって九品の差別を否定し、九品の差別があるのは要門・真門の方便の教説であると言い切っていかれた。浄土に九品を立てるのは、自力の行業をたのんで往生する諸行往生、あるいは自力念仏往生者の果相であって、方便化土の特徴であるといい、本願力によって成就された真実報土には九品の階位はなく、一如平等の大涅槃界であるといわれている。往生の因が如来回向の南無阿弥陀仏ならば、往生の果も弥陀同体の平等の証果であるというのである。「信文類」に横超を釈して、

大願清浄の報土には品位階位をいはず。一念須臾のあひだに、すみやかに疾く無上正真道を超証す。ゆゑに横超といふなり。（註釈版聖典、二五四頁）

といわれた所以である。

こうして煩悩具足の凡夫でありながらも、はからいなく本願を受け容れるとき、仏智であるような信心を賜り、摂取不捨の利益に預かって、正定聚に住し、如来と等しい身となり、凡夫としての生涯

を終わるとき涅槃の浄土にいたって阿弥陀仏のような仏陀とならしめられるというのが親鸞聖人の信念であった。そのことを『一念多念文意』には、

「凡夫」といふは、無明煩悩われらが身にみちみちて、欲もおほく、いかり、はらだち、そねみ、ねたむこころおほくひまなくして、臨終の一念にいたるまでとどまらず、きえず、たえずと、水火二河のたとへにあらはれたり。かかるあさましきわれら、願力の白道を一分二分やうやうづつあゆみゆけば、無碍光仏のひかりの御こころにをさめとりたまふがゆゑに、かならず安楽浄土へいたれば、弥陀如来とおなじく、かの正覚の華に化生して大般涅槃のさとりをひらかしむるをむねとせしむべしとなり。（註釈版聖典、六九三頁）

といわれている。そして臨終の一念まで煩悩の火を燃やしながらしか生きられない煩悩具足の凡夫をして「弥陀如来と同じく大般涅槃のさとりをひらかしむる」ような主伴同証の往生を「難思議往生」といわれたのであった。

難思議往生とは、もとは善導大師の『法事讃』巻上（註釈版聖典七祖篇、五一四頁）にしばしば「難思議往生楽　双樹林下往生楽　難思往生楽」と繰り返して往生を讃嘆された言葉であった。すなわち、法会を勤修するに当たって、弥陀、釈迦、十方の諸仏、菩薩、聖衆の来臨を請い、穢土を厭い浄土を願って、自利利他のために法輪を転じようとして、難思議、双樹林下、難思と「往生楽」を讃嘆し、切実な願生の心を表白されたものである。それを親鸞聖人は転用して、第十八願の他力念仏往生の果を難思議往生といい、第十九願の自力諸行往生の果を双樹林下往生といい、第二十願の自力念仏往生の果

を難思往生というように、真仮三願の往生の果相を表す名目とされたのであった。

難思議往生とは、すでに述べたように、煩悩具足の凡夫が真実報土に往生し、即座に無上涅槃の仏果を極めることをいう。それは人間はもちろん弥勒菩薩といえども思議することのできない本願力回向の妙果であることを顕わして難思議往生であるといわれたのである。そのような往生は、往来を超えた往であり、生死を超えた生であるから、不往の往、無生の生である。それゆえ『高僧和讃』には、

如来清浄本願の　無生の生なりければ

本則三三の品なれど　一二もかはることぞなき（註釈版聖典、五八六頁）

といい、無生の生の往生こそ完全な平等の証果であると讃えられたのである。

双樹林下往生の双樹林下とは、応化身である釈尊が沙羅双樹のもとで入滅されたことに寄せて自力諸行の往生の果の特徴を表そうとされたものである。すなわち定散自力の諸行を以て浄土に往生しようと願うものは、臨終に阿弥陀仏の来迎を得て方便化土に往生してゆく。方便化土とは、自力の執情のために真実報土を直ちに感得することができない自力の機に応じて変現された有限な浄土のことである。有限な自力の執情に応じて変現された仏土であるから、浄土も仏も有限であって、そのような化土における化仏であるような阿弥陀仏は入滅される時がある。それはあたかも応化仏であった釈尊が入滅されたのと同じであるから、双樹林下往生と名付けられたのである。要するに諸行往生の果は、有限な方便化土の往生であることを顕わしたものである。

難思往生とは、真門自力念仏による往生の果を表していた。それは難思議往生の「議」の一字を省

くことによって、自力念仏は南無阿弥陀仏と称えている法自体からいえば本願成就の名号をいただいているのであるから真実であるが、そのことに気づかず、我がはからいによって称えていると誤解しているのが自力念仏である。そのことを聖人は教（法）は頓（真実）であるが機（信心）は漸機（方便）であるといわれていた。そのような自力のはからいをまじえた念仏によって得る往生の果徳は方便化土である。しかし、それは双樹林下往生よりは、より難思議往生に近いものであることを顕わそうとして、「難思」といい、しかし機は真実ではないということを知らせるために「議」の一字を省かれたのであるといわれている。この双樹林下往生と、難思往生については「化身土文類」の法義を論究するところで詳説する。

第四節　還相回向について

すでに述べたように往相の証果は、一如の境地である無上涅槃を証得することであったが、そのような涅槃は、無住処涅槃ともいわれるような境地であった。『摂大乗論釈』（大正蔵三一、二四七頁）には無住処涅槃を釈して「般若に由って生死に住せず、慈悲によって涅槃に住せず（中略）菩薩は無分別智を得、分別するところなきがゆえに処住無し」といわれている。それは菩薩についていわれているが、仏の無上涅槃は、究極の無住処涅槃であった。それは智慧円満するが故に生死に住せず、慈悲を円満するが故に涅槃にも住しないような悲智円満の境地であった。悲智円満の阿弥陀仏は無住処涅槃の自ずからなるはたらきとして、一如より形を現し、報・応・化種々の身を示現し、一如に背反して生死に迷うている衆生を救済されるが、阿弥陀仏に救われて無住処涅槃を悟った往生者もまた一如より形をあらわして観世音菩薩のように普門示現の教化活動をなすようになる。それが主伴不二・生仏一如の証果の必然であるということを知らせるために、「証文類」のはじめに、往生者の証果を明かす結文として「従如来生」の釈を施されたことはすでに述べたとおりである。このように往生者が、如より来生して観世音菩薩のように普門示現のはたらきをなすことを親鸞聖人は、往相に対して還相といわれたのである。還相が証果の悲用といわれる所以である。ところで、そのような還相の活動もまた阿弥陀仏の本願力の回向によってなさしめられる所であるというので「還相回向」といわれたのであった。

大乗仏教は、仏道の真の目的を一切衆生の救済においていた。自身が仏になるということは一切衆生を救済することのできる身になるということであって、仏になるということは仏道における一つの通過点に過ぎなかったともいえよう。源信僧都は、『往生要集』「正修念仏門」の作願門釈において菩提心を明かされるが、そこに「念仏・修善を業因となし、往生極楽を華報となし、証大菩提を果報となし、利益衆生を本懐となす」（註釈版聖典七祖篇、九三〇頁）といわれていた。極楽に往生して、菩提を完成することは、限りなく利益衆生を続けるという本懐を実現するためであるというのである。親鸞聖人が「証文類」のなかで還相回向を明かされているのは、還相が証果の悲用であるからであるが、さらにいえば、真の証果の内容は、限りない還相摂化にあったからであるともいえよう。「証文類」

の最後に「還相の利益は利他の正意を顕すなり」といわれた所以である。そのことはまた「証文類」で、往相の証果を顕される前半よりも、還相を顕わされる後半が四倍近い分量を費やされているというだけでもわかるのである。

証果の内容としての還相とは、無分別智（実智）が後得智（権智）となり、大悲をもって巧みな方便を設けて衆生を救済していく具体的な活動のことであった。それは形なきところにさまざまな形を表し、言葉を超えた領域を言葉で示し、因果を超えた不可思議の領域を、菩薩の自利・利他の活動というような因果の相を示して教え導くことであった。『論註』の「浄入願心章」から「願事成就章」に至る釈文は、真如にかなった権実二智と、その智慧の活動としての慈悲・方便の活動を論理的に解明したものであるが、それはそのまま還相の必然性を論証したものということができる。聖人が、元来は五念門の成就していく有様を顕わした『論註』のこれらの釈文を還相の論理として転用し、「証文類」の還相釈下に引用された所以である。また浄土の菩薩が真如に契って行ずる不行而行の有様を不動而至（空間を超えて行動する）、一念遍至（時間を超えて行動する）、無相供養（一切のとらわれを離れて諸仏を供養する）、示法如仏（仏法のないところに生まれて仏法を輝かす）という四種の有様で顕わした菩薩四種正修行も、還相の具体的な有様として引用されていた。それは『法華経』では観世音菩薩の普門示現の相として説き、『華厳経』では普賢菩薩の行願として明かされていたものがそれに匹敵するといえよう。このように仏果の徳相を、菩薩の自利利他の活動相をもって顕すことを従果降因（果より因に降る）と言いならわしている。還相とは、従果降因して、あらゆるものに身を変現して衆生を仏道に引き入れていく観世音菩薩の変幻自在の活動（普門示現）をすべての往生者が行うことであった。そのように還相摂化の活動は、一如を証得した往生者の上に証果の必然として顕現していくのであるが、そのことを告げているのが阿弥陀仏の第二十二願であるというので、親鸞聖人はこの願を「還相回向の願」と名付けられたのであった。

還相回向という言葉は、往相回向がそうであったように曇鸞大師の『論註』からとられたが、意味は変えられていたことはすでに述べたところである。すなわち曇鸞大師は、五念門の中で、礼拝・讃嘆・作願・観察といった止観を中心とした自利の行を実践して浄土を願生する願生行者が、自らの修行によって得た功徳を、一切の衆生に回向して、自他ともに浄土へ往生しようとする利他教化の回向門のことを往相回向というのであった。それに対して還相回向とは、浄土に往生して、近門・大会衆門・宅門・屋門といった自利の徳を完成して、八地以上の大菩薩となった聖者のなす利他教化のことで、五功徳門のなかの第五園林遊戯地門のことであった。それは、苦悩の衆生を救うために、煩悩の渦巻く穢土に還って来て、自らの成就した功徳を人々に回向し、浄土へ導いていくから還相回向というのである。このように浄土へ往生する過程で行う利他回向を往相回向といい、浄土から穢土へ還って来て行う利他回向を還相回向といい、いずれも回向する主体は浄土を願生する此土の願生者であり、浄土で成仏道を実践している彼土の菩薩であった。もっとも『論註』は最後に覈求其本釈を設けて、五念門も五功徳門もすべて阿弥陀如来の本願力を増上縁として成立することがらであるといわれているから、往相回向も還相回向も、他力によって成就するとみられていたといえる。しかし本願力は強力な増上縁ではあるが、往還回向の主体は願生行者であるというのが、『論註』の当分の見方であろう。

この曇鸞教学を展開させて親鸞聖人は、阿弥陀仏が衆生に南無阿弥陀仏という本願の名号を回向して浄土に往生成仏せしめたまう本願力の働きを往相回向（往相を回向する）といい、浄土に往生して自利の悟りを極めたものに、大悲を起こさしめ、自在無碍に衆生救済のはたらきをなさしめたまうことを還相回向（還相を回向する）といわれたのである。すなわち往還するのは衆生であるが、往還せしめるのは如来の本願力のはたらきであることを本願力回向といわれたのであるから回向の主体は阿弥陀仏であった。しかも後に詳述するように還相の内容が、単に五功徳門の中の第五園林遊戯地門だけではなく、近門から宅門に至る前四門までも還相とみなされているのが「証文類」の還相釈であった。したがって、親鸞聖人のいわれる還相は単に穢土に還来して利他の活動を行うというだけではなく、浄土、穢土に関わらず、仏果を極めたものが菩薩の相を現して、自利利他の徳を示現する従果降因（果より因に降る）の活動のすべてを還相と呼ばれていたとしなければならない。すなわち曇鸞大師の場合は、還相とは「還来穢国の相状」という意味であったが、親鸞聖人になると「従果還因（果より因に還る）の相状」といわねばならないような内容に転換されていた。

「証文類」の還相の釈下に、還相の有様を顕すために『論註』下巻の「起観生信章」の還相回向の釈文をはじめ、不虚作住持功徳釈の文や菩薩の四種正修行の釈文を引き、さらに「浄入願心章」以下「利行満足章」までの文を還相を顕す釈文として引用されている。「起観生信章」の還相回向の釈文と、五功徳門のなかの園林遊戯地門釈はまさに還相回向そのものであるから当然であるとしても、それ以外の引文は本来ならば還相を顕わす釈文ではなかった。しかし、すでに述べたように、「浄入願心章」から「願事成就章」までの釈文は、浄土を願生する菩薩が、自他一如の智慧の必然の展開として智慧と慈悲と方便を完成し、智慧心・方便心・無障心・勝真心（妙楽勝真心）を成就していくという自利・利他成就の有様が顕わされていた。それは従因至果の法門を顕わす釈文には違いないが、実はそのままが仏果の内容であり、還相の必然性を顕わしていたから還相を顕わす釈文として引用されたのであろう。

また「利行満足章」に説かれた近門・大会衆門・宅門・屋門・園林遊戯地門という五功徳門のすべてが引用されていたということは、それを還相の有様と見られたからに違いない。しかし、もともと五功徳門（五果門）というのは、浄土を願生する行者が、この世において実践した礼拝・讃嘆・作願・観察・回向（往相回向）という五念門行に応じて、浄土において近門・大会衆門・宅門・屋門・園林遊戯地門という五種の功徳が成就し、阿耨多羅三藐三菩提（無上正遍道）に至ると明かされていたのである。すなわち因の五念門が礼拝・讃嘆・作願・観察という自利の行と、回向という利他の行とから成っているから、それに応じて成就していく五功徳門も近門・大会衆門（初地から七地までの未証浄心の菩薩）へ、さらに止（作願）観（観察）を完成して宅門・屋門（八地以上の浄心の菩薩）へと進んで自利を成就し、蓮華蔵世界という悟りの境地に入っていく有様であるから、「入」の功徳といわれていた。回向門（往相回向）の成就相である園林遊戯地門とは蓮華蔵世界（浄土）から煩悩の世界（穢土）へ還って来て苦悩の衆生を自在に救済していく利他の修行のことであって、まさしく穢国に還来する還相回向のことであった。それは浄土から穢土へと出ていくから「出」の功徳といわれていた。こうして浄土の菩薩は自利と利他を完成して仏果に向かうというように示されているのであるから、『論註』では、五念門はもちろん五功徳門も、順次智慧と慈悲、自利と利他を完成して仏になっていくという従因至果（因より果に至る）の順序で明かされていたのである。先に述べたように浄土の菩薩の四種正修行を顕わす釈文は、八地以上の無功用地（特別に意志を働かさなくても自然に自利利他を行うことのできる境地）の菩薩が為す時間と空間を超えた二利行を顕わしていた。それは論の当分では従因至果の菩薩の行為に違いないが、そのままが還相の菩薩の働きでもあると見られたのに違いない。

このように親鸞聖人は、園林遊戯地門だけではなく、五功徳門すべてを成仏以後の還相のすがたとして引用されたのであるから、従因至果の五功徳門ではなく、すでに仏果を極めたものが、果から因に降ってすでに身に得ている仏徳の内容を示現していくという、従果降因の相とみなされていたとしなければならない。五功徳門を従果降因の相とみるならば、それは機縁に応じて自在の行相をとるはずであるから、必ずしも近門から大会衆門へ、大会衆門から宅門へというように順序次第を踏んで行位を昇っていくということではなくて、変幻自在に示現していく不次第の行位を顕していることになる。

第五節　第二十二願の意義

さて親鸞聖人は第二十二願を「必至補処の願」「一生補処の願」「還相回向の願」と呼ばれているが、還相回向の願というのが聖人の第二十二願観を的確に表していたと考えられる。それゆえ『三経往生文類』にもこの願を「還相回向の御ちかひなり」といわれていた。そしてのちに詳しく述べるように「必至補処の願」といっても、「一生補処の願」といっても還相としての一生補処を意味していたとしなければならない。第二十二願は次のように説かれている。

設我得仏　他方仏土　諸菩薩衆　来生我国　究竟必至　一生補処　除其本願　自在所化　為衆生故　被弘誓鎧　積累徳本　度脱一切　遊諸仏国　修菩薩行　供養十方　諸仏如来　開化恒沙　無量衆生　使立無上正真之道　超出常倫　諸地之行　現前修習　普賢之徳　若不爾者　不取正覚。

（原典版聖典、一二三頁）

この文章は原文の通りに読めば、

たとひわれ仏を得たらんに、他方仏土のもろもろの菩薩衆、わが国に来生せば、究竟してかならず一生補処に至らしめん。その本願ありて、自在に化せんとする所の衆生の為のゆゑに、弘誓の鎧を被て徳本を積累し、一切を度脱し、諸仏の国に遊びて、菩薩の行を修し、十方の諸仏如来を供養し、恒沙無量の衆生を開化して無上正真の道に立せしめ、常倫に超出して諸地の行現前し、普賢の徳を修習せんものを除く。若ししからずは正覚を取らじ。

と読むべきであろう。異訳の『如来会』の第二十二願も、梵本『大経』の第二十一願もみな『無量寿経』の「除其本願……」以下に該当する文は除外例を示されたものとなっているからである。すなわち、他方仏国の菩薩達が安楽国に生まれてきたならば、必ず菩薩の最高位である一生補処の位に至らせよう。ただし、その菩薩が、浄土に生まれてくる前に、次のような願いをもっているものは、その限りではない。すなわち浄土に生まれたならば、衆生を自在に救うことのできる身になろうという決意に身を固めて、多くの善行を積み、すべてのものを救おうと願い、そのために、諸仏の国々へ行ってあらゆる如来を供養し、無量の衆生を救うて悟りを得しめるという自利利他の実践を行おう。それについて菩薩の通常の階位を超え、その場で普賢菩薩がなされるような大悲の行を実践したい。このような願いを持っているものはその通りにしてあげようと誓われたものである。それゆえ古来この願を「一生補処に至らしめることを誓った願」といわれてきたのである。すなわち、穢土に還って衆生を救済するということは、願生の菩薩が起こしていた願いであって、阿弥陀仏はそれを除外例として許可されただけであるから、阿弥陀仏が還相回向を誓われた願とはいえないことになる。

ところが曇鸞大師は『論註』の三願的証のなかで第二十二願を引用し、「仏願力によるがゆゑに、常倫諸地の行を超出し、現前に普賢の徳を修習せん。常倫諸地の行を超出するをもつてのゆゑに、ゆゑに速やかなることを得る三の証なり」（註釈版聖典七祖篇、一五七頁）といわれていた。これに依れば、浄土に往生した人が、速やかに一生補処にいたり、速やかに仏果に至ることができるのは、この願に

「超出常倫諸地之行」と誓われているからであるというのであるから、この願は「常倫を超えて一生補処に至らしめる願」と見られていたことがわかる。それゆえ大師はこの願を、

たとひわれ仏を得たらんに、他方仏土のもろもろの菩薩衆、わが国に来生せば、究竟してかならず一生補処に至らん。その本願ありて、自在に所化の衆生の為のゆゑに、弘誓の鎧を被て徳本を積累し、一切を度脱し、諸仏の国に遊びて、菩薩の行を修し、十方の諸仏如来を供養し、恒沙無量の衆生を開化して無上正真の道を立せしめんをば除く。常倫諸地の行を超出し、現前に普賢の徳を修習せん。もししからずは正覚を取らじ。

と読んでおられたはずである。

「証文類」に引用されている『論註』下「不虚作住持功徳」の文も、その意を表していた。すなわち『浄土論』に、浄土に往生して仏を見たてまつったものは、本願力によって「未証浄心の菩薩畢竟じて平等法身を証することを得て、浄心の菩薩と上地のもろもろの菩薩と畢竟じて同じく寂滅平等を得る」といわれているが、その「畢竟じて同じく」について、『論註』には、畢竟等なのか即等なのかということを問題にされていた。すなわち浄土に往生すれば正定聚・不退転地（初地）に至るが、初地から七地までは未証浄心の菩薩であって、自利・利他を行うについて作心を用いる。しかし如来を見たてまつれば、その不虚作住持功徳力（本願力）によって、八地以上の浄心の菩薩と「畢竟じて」同じく寂滅平等法（真如）を悟り、平等法身を証得すると説かれているが、それは究極的には必ずそうなる（畢竟等）というのか、それとも即座にそうなる（即等）のかということであった。そし

て大師は、一応は畢竟等であって即等ではないといいながら、再往（大師の本意）は即等であると釈顕されるのであった。そしてその再往の実義を成立させる証文として第二十二願を引用されていたのである。それはこの願に「常倫諸地の行を超出し、現前に普賢の徳を修習せん」と誓われていたからである。菩薩の十地の階位を順を追うて進んでいくのではなくて初地からいきなり八地、十地、あるいは等覚の位にまで超越することを可能ならしめるのが本願力の妙用であるというのである。これは三願的証のなかの第二十二願の引用と同じように「超出常倫の願」と見られていたといえよう。しかし園林遊戯地門の根拠を阿弥陀仏の四十八願の中に求めるならば、第二十二願の他に見ることはできないから、恐らく曇鸞大師も還相回向の根拠は第二十二願と見られていたといわねばなるまい。

こうした曇鸞大師の第二十二願観をさらに展開されたのが親鸞聖人であった。「証文類」に引用された第二十二願門の訓点によれば、聖人はこの願を、

たとひわれ仏を得たらんに、他方仏土のもろもろの菩薩衆、わが国に来生して究竟してかならず一生補処に至らん。その本願の自在の所化、衆生のためのゆゑに、弘誓の鎧を被て徳本を積累し、一切を度脱せしめ、諸仏の国に遊びて、菩薩の行を修し、十方の諸仏如来を供養し、恒沙無量の衆生を開化して無上正真の道を立せしめんをば除く。常倫に超出し、諸地の行現前し、普賢の徳を修習せん。もししからずは正覚を取らじ。（註釈版聖典、三一六頁）

と読まれていた。「行文類」（註釈版聖典、三一六頁）や『三経往生文類』（註釈版聖典、六二〇頁）に引用されている第二十二願文の訓点も小異はあるが意味は全く同じである。

すでに「還相回向の願」と呼ばれているのであるから、はじめの「一生補処に至らしめる」と誓われた部分も還相の一相と見なければならない。すなわち浄土に往生したものは、従果降因して、観世音菩薩、勢至菩薩、普賢菩薩のような一生補処の位にあらしめようと誓われたもので、これは還相の菩薩の浄土における位相、すなわち本国位相を示されたものとしなければならない。すなわち還相の菩薩は、従果降因して観音菩薩や普賢菩薩のような在り方をしているというのである。次の「除其本願」以下の除外例は、還相の菩薩の「他方摂化」のすがたを顕したものであるが、「その本願」とは阿弥陀仏の本願（第二十二願）をさしており、本願の自在のはたらきによって他方摂化がなさしめられると見られていたのである。そして最後の「超出常倫」以下の文は、本国位相にせよ、他方摂化にせよ、従果降因の示現相であるから、従因至果の菩薩が初地から二地、三地、四地と順次に進むような常並の菩薩の階位を超えて、仏であれ、菩薩であれ、人であれ、天であれ、男であれ、女であれ、機縁に応じて自在に変現して教化がなされることを示すものである。それゆえ通常ならば「常倫諸地の行を超出し」と読むべきところも「常倫に超出し、諸地の行現前し」と読まれたのである。そしてそのような還相摂化は、説くことのできない仏陀の悟りの境界（果分不可説の法）を、大悲をもってあえて説き示して、衆生を仏道に入れしめる普賢菩薩の役割（因分可説）に相当することを顕すために「普賢の徳を修習す」といわれたのである。すなわち「普賢の徳」とは、大慈大悲の活動をいうのである。親鸞聖人が『浄土和讃』に、

安楽無量の大菩薩　　一生補処にいたるなり

普賢の徳に帰してこそ　　穢国にかならず化するなれ（親鸞聖人真蹟集成三、一三三頁）

といわれたのは、その心を顕されたものである。「国宝本」に依れば、「普賢の徳」に「われら衆生、極楽にまゐりなば、大慈大悲をおこして、十方に至りて衆生を利益するなり。仏の至極の慈悲を普賢とまうすなり」と左訓を施されている。これによって親鸞聖人は、還相とは仏になったものが行う究極の慈悲の活動相であると領解されていたことがわかる。

こうしてみると、阿弥陀仏が衆生の往相を回向されるということと、還相の菩薩が衆生を救うて浄土へ導いていくということが重なっていくことがわかる。往相を回向するということは、教・行・信・証という往生成仏の因果を回向していくことに限られていた。しかし還相の菩薩は、煩悩に惑わされ、邪道に迷っている衆生を呼び覚ますために、まず自力聖道の法義を説いて、煩悩の厭うべきことを知らせ、正見に導かれた正しい生き方を指示し、仏法の真理性を顕示していく。そして自力修行の破綻を契機にして浄土の要門を教えて浄土を願わせ、ついで諸行から念仏へと行を転換させ、自力念仏の真門に勧め入れ、最後に自力心を捨てさせて第十八願の本願力回向の法門に転入させていくのである。「化身土文類」に、聖道門を「自力利他教化地方便権門の道路なり」（註釈版聖典、三九四頁）と規定されているが、利他教化地とは園林遊戯地門の異名であったから、聖道門を還相の菩薩の他方摂化の場合の教化の法の一つと位置づけられていたことがわかる。いいかえれば自力聖道の法門は、還相の菩薩が、未熟の機を調育し誘引するために施設された方便権門の道路であったといわれるのである。

それをさらに具体的に述べられたのが『親鸞聖人御消息』第一通であった。そこには、
聖道といふは、すでに仏に成りたまへる人の、われらがこころをすすめんがために、仏心宗・真言宗・法華宗・華厳宗・三論宗等の大乗至極の教なり。仏心宗といふは、この世にひろまる禅宗これなり。また法相宗・成実宗・倶舎宗等の権教、小乗等の教なり。これみな聖道門なり。権教といふは、すなはちすでに仏に成りたまへる仏・菩薩の、かりにさまざまの形をあらはしてすすめたまふがゆゑに権といふなり。（註釈版聖典、七三六頁）
といい、現実に行われている華厳・天台・真言・禅・三論・法相・成実・倶舎等の諸宗は、すべて還相の菩薩が我らを育て導きたまう権仮方便の教法であったといわれていた。これによって聖人は、全仏教を阿弥陀仏の第十八願の法門に統摂すると同時に、自身が叡山で二十年に亘って学んだ天台宗の自力の学行もすべては還相の菩薩に育てられていたことであったと領解されていたことがわかる。
さらにそのような順縁だけではなく、逆縁となって迫害を加えてくるものの中にも、還相の菩薩の働きを読みとっていかれたことが『観経和讃』の中に窺うことができる。すなわち『観経和讃』には、

弥陀・釈迦方便して　阿難・目連・富楼那・韋提
達多・闍王・頻婆娑羅　耆婆・月光・行雨等
大聖おのおのもろともに　凡愚底下のつみびとを
逆悪もらさぬ誓願に　方便引入せしめけり（註釈版聖典、五七〇頁）

と讃詠されていた。『観経』に出てくる阿難・目連等の仏弟子達はもちろん、王舎城において我が子

に殺された頻婆娑羅王や韋提希ばかりか、そのような逆害を起こした提婆達多や、阿闍世王までも、「大聖」と呼び、逆悪の罪人を救済しようとする大悲の誓願に私どもを導き入れるために示現してこられた還相の聖者であると仰いでおられたからである。

また『教行証文類』の総序にも『観経』によってこれらの人々の名を挙げて「これすなはち権化の仁、斉しく苦悩の群萌を救済し、世雄の悲、まさしく逆謗闡提を恵まんと欲す」といい、逆悪無道の人までも「権化の仁」といわれたのは、私を導いて本願に入れしめる機縁となった人はすべて還相権化の菩薩であると仰がれていたことがわかる。すなわち私が念仏をもうす身になったのは、無数の還相の菩薩が、あるときは順縁となり、あるときは逆縁となって導き育てたもうたたまものであるといわれるのである。『高僧和讃』に、

弥陀の回向成就して　往相・還相ふたつなり
これらの回向によりてこそ　心行ともにえしむなれ（註釈版聖典、五八四頁）

と讃嘆された所以である。念仏しつつ浄土を目指す私の往相としての人生は、阿弥陀仏に護られ、無数の還相の菩薩に支えられていたのであった。

梯　實圓（かけはし　じつえん）

1927年兵庫県に生まれる。浄土真宗本願寺派宗学院卒業。浄土真宗教学研究所長を経て、現在、浄土真宗聖典編纂委員会編纂主監。行信教校教授。浄土真宗本願寺派勧学。

著書　『浄土教学の諸問題』全２巻
　　　『法然教学の研究』
　　　『妙好人のことば』
　　　『玄義分抄講述―幸西大徳の浄土教―』
　　　『西方指南抄序説』
　　　『一念多念文意講讃』
　　　『真俗二諦』　その他多数

教行信証の宗教構造
―真宗教義学体系―

二〇〇一年四月三〇日　初版第一刷発行
二〇一二年四月二五日　初版第四刷発行

著　者　梯　實圓
発行者　西村七兵衛
発行所　株式会社　法藏館
京都市下京区正面通烏丸東入
郵便番号　六〇〇-八一五三
電話　〇七五-三四三-〇〇三〇（編集）
〇七五-三四三-五六五六（営業）

印刷　中村印刷　製本　新日本製本

ISBN978-4-8318-7864-9 C3015

索　　引

書　名　索　引

あ

い

う・え・お

か

き

く

け

こ

さ

し

せ・そ

た

ち・て・と

に

ね

は・ひ・ふ・へ

ほ

ま・み・む・も

ゆ・よ

ら・り・れ・ろ・わ

人名索引

あ・い・う

え

か・き

く・け

こ

し

せ・そ

た・ち

て・と

に・ひ・ふ

ほ

み・む・も

ゆ・り・れ

事　項　索　引

あ

い

う・え

お

か

き

く

け

こ

さ

し

す・せ

そ

へ

ほ

ま・み

む

も・や・ゆ・よ

ら・り

る・れ・ろ